U0633576

本报告为《文化政治学的谱系及若干问题研究》和《中俄合作的文化—哲学基础》的阶段性成果

Настоящий доклад является этапным результатом по ТЕМАМ 《 Исследования иерархии политологии культуры и некоторых других вопросов》, и《культурно-философские основания китайско-российского соотрудничества》

年度报告
Annual Report

Годовой Доклад о культурном обмене между
Китаем и Россией. (2018-2019)

中俄文化交流年度报告
（2018-2019）

李　河　［俄］A.H. 丘马科夫　主　编
祖春明　执行主编

中国社会科学出版社

图书在版编目（CIP）数据

中俄文化交流年度报告. 2018－2019 / 李河，（俄罗斯）A. H. 丘马科夫主编.
—北京：中国社会科学出版社，2021.12

（中国社会科学院中国文化研究中心·中外文化交流报告系列）

ISBN 978－7－5203－7658－7

I.①中… Ⅱ.①李…②A… Ⅲ.①中俄关系—文化交流—研究报告—2018－2019
Ⅳ.①G125②G151.2

中国版本图书馆 CIP 数据核字（2020）第 257508 号

出 版 人	赵剑英	
责任编辑	喻 苗	王沛姬
责任校对	王玉静	
责任印制	王 超	

出 版	中国社会科学出版社	
社 址	北京鼓楼西大街甲 158 号	
邮 编	100720	
网 址	http://www.csspw.cn	
发 行 部	010－84083685	
门 市 部	010－84029450	
经 销	新华书店及其他书店	

印 刷	北京明恒达印务有限公司
装 订	廊坊市广阳区广增装订厂
版 次	2021 年 12 月第 1 版
印 次	2021 年 12 月第 1 次印刷

开 本	710×1000 1/16
印 张	30.5
插 页	2
字 数	411 千字
定 价	159.00 元

凡购买中国社会科学出版社图书，如有质量问题请与本社营销中心联系调换
电话:010－84083683
版权所有　侵权必究

中国社会科学院·中国文化研究中心

文化蓝皮书总编委会

主　任：王京清

副主任：王立胜　李　河　张晓明

委　员：（按姓氏笔画排序）

　　　　王　莹　王立胜　王京清　甘绍平　史东辉

　　　　冯颜利　李　炎　李　河　吴尚民　张志强

　　　　张晓明　陈　刚　单继刚　胡洪斌　章建刚

顾　问：（按姓氏笔画排序）

　　　　江小涓　江蓝生　李　扬　李培林　武　寅

　　　　卓新平　朝戈金

秘书长：周业兵

《中俄文化年度交流报告》
编委会成员名单

（中方）

王立胜：中国社会科学院哲学研究所党委书记、副所长，研究员，博士生导师，中国社会科学院中国文化研究中心主任

李 河：中国社会科学院哲学研究所二级研究员，博士生导师，中国社会科学院中国文化研究中心执行主任

张晓明：中国社会科学院哲学研究所研究员，中国社会科学院中国文化研究中心原常务副主任

马寅卯：中国社会科学院哲学研究所现代外国哲学研究室主任、副研究员

（俄方）

А. С. 丘马科夫：俄罗斯联邦莫斯科罗蒙诺索夫国立大学全球化系教授，俄罗斯科学院哲学研究所首席研究员兼全球研究小组负责人

О. Н. 阿斯塔菲耶娃："公民社会与社会传播"科学与教育中心主任

И. В. 康达科夫：俄罗斯国立人文大学文化学院历史与文化理论系教授

М. С. 斯蒂金斯基：国立人文科学学院（附属于俄罗斯科学院）教育计划部副主任

撰写人名单

（中方，按姓氏笔画排列）

丁 恒：北京联合大学旅游学院副教授、管理学博士

陈 余：中国社会科学院俄罗斯东欧中亚研究所助理研究员

祖春明：中国社会科学院哲学研究所副研究员，中国社会科学院中国文化研究中心俄罗斯中亚国家研究部主任

蒋 多：中国传媒大学文化产业管理学院助理研究员

（俄方）

А. С. 丘马科夫：俄罗斯联邦莫斯科罗蒙诺索夫国立大学全球化系教授，俄罗斯科学院哲学研究所首席研究员兼全球研究小组负责人

О. Н. 阿斯塔菲耶娃："公民社会与社会传播"科学与教育中心主任

И. В. 康达科夫：俄罗斯国立人文大学文化学院历史与文化理论系教授

Т. Ф. 库兹尼采娃：俄罗斯莫斯科罗蒙诺索夫国立大学教授

М. С. 斯蒂金斯基：国立人文科学学院（附属于俄罗斯科学院）教育计划部副主任

Н. С. 奇日科夫：俄罗斯科学院哲学所俄罗斯历史与哲学部初级研究员

Н. О. 巴布绍科：俄联邦莫斯科罗蒙诺索夫国立大学全球化系研究生

И. А. 阿列什科夫斯基：俄联邦莫斯科罗蒙诺索夫国立大学副教授

目　　录

中俄文化交流年度报告俄方报告（2018—2019）

附 录

中俄文化交流年度报告

中方报告（2018——2019）

新时代全面战略协作伙伴
关系中的中俄文化交流

——《中俄文化交流年度报告（2018—2019）》总报告

祖春明

　　本报告是中国社会科学院中国文化研究中心"中外文化交流年度报告系列"的第一本，原定于 2020 年初在俄罗斯莫斯科正式发布，由于新冠肺炎疫情的全球大爆发导致发布工作延迟。中俄关系是当代国际关系领域中最重要的双边关系之一，也是国与国之间相互尊重、公平正义、合作共赢的典范。近年来，在中国"一带一路"倡议与俄罗斯"欧亚经济联盟"全面对接的背景下，两国的全面战略协作在各个领域取得快速和深入的发展。从"陆上丝路""冰上丝路"到"数字丝路""绿色丝路"，从远东开发到北极开发，两国不断拓展合作新维度、发掘合作新潜力。2019 年 6 月 5 日，中俄两国元首将中俄关系提升为新时代全面战略协作伙伴关系，这标志着两国关系再次上升到一个新高度。

　　在所有上述成就的背后，我们尤为关注中俄两国在文化领域的合作发展。中国国家主席习近平曾指出："国之交在于民相亲，民相亲在于心相通。""民相亲""心相通"就是国与国文化交流的目的：国与国之间若没有"民相亲""心相通"，最多只能形成"利益共同体";唯有凭借"民相亲""心相通",才可能形成"平等信任""相互支持""共同繁荣""世代友好"的"命运共同体"。

正是基于这种意识,2019年7月,在两国元首将中俄关系提升为新时代全面战略协作伙伴关系之后的一个月,中国社会科学院中国文化研究中心与俄联邦罗蒙诺索夫国立大学全球化系商议,向中俄两国公众联合推出《中俄文化交流年度报告(2018—2019)》。

文化是个内涵很广的概念,本报告根据文化交流主体的性质,将两国文化交流界定于以下三个领域:政府主导的人文交流活动、市场主导的文化贸易和民众自发的双边旅游。围绕这三个领域,中方总报告后面分设三个专题报告。本文作为总报告,将总结中俄近两年文化交流领域呈现的亮点、发展的走向以及未来面对的共同挑战。

同时需要指出的是,由于这是中俄两国课题组的首次合作,双方在内容和形式上有分有合。第一,整个报告分为三个部分,中方报告、俄方报告和大事记。中方报告又进一步分为一个总报告和三个专题报告,俄方报告采用一个报告分章节论述的方式。第二,由于两国统计数据获取资源和统计口径上略有不同,部分领域数据并非完全一致。第三,大事记部分主要基于中方课题组所积累的素材,期待在第二本报告中增加更多俄方课题组的素材。第四,中方报告以中方为主,俄方报告以俄方为主,在语言表述上尊重双方的写作习惯,并未对其进行形式上的统一。

一 2018—2019年中俄文化交流总体状况:亮点纷呈,成就斐然

随着中俄两国关系进入新时代全面战略协作伙伴关系新阶段,中俄人文合作与文化交流更加密切。根据中华人民共和国海关统计数据,2018年中俄双边贸易额达到1070.6亿美元,首次突破1000

亿美元，中国连续九年为俄第一大贸易伙伴国。2018 年双边贸易增幅达到 27.1%，增速在中国前十大贸易伙伴中位列第一。2019 年，两国领导人提出了在未来五年将双边贸易额提升到每年 2000 亿美元的目标。

在中俄两国经贸往来日益紧密的大背景下，两国的文化产品贸易也获得了较快增长。根据中华人民共和国商务部、海关总署等发布的《对外文化贸易统计体系（2015）》，对中国海关进出口商品统计数据进行计算整理后可以看出，中俄两国文化产品贸易额从 2015 年的 8.86 亿美元增加到 2018 年的 13.22 亿美元，增幅达 49.2%。2019 年前三季度，两国文化产品进出口总额达到 10.05 亿美元。2018—2019 年是中俄两国关系进一步提升的关键期。两国在包括文化贸易、人文交流和旅游等多个领域均亮点纷呈、成绩斐然。

（一）政府主导的中俄人文交流合作进展显著：两国互派留学生人数正迅速接近 10 万人目标

人文交流与合作是中俄新时代全面战略协作伙伴关系的重要组成部分。中俄人文合作机制自 2000 年建立以来，从最初只涉及教育、文化、卫生、体育四个领域合作的中俄教文卫体委员会，发展成为今日涵盖教育、文化、卫生、体育、旅游、媒体、电影、档案、青年九个领域的人文合作委员会。中俄人文交流体制机制的建立和不断完善有效地促进了两国之间的人文交流活动。

《中俄人文合作行动计划》是中俄两国开展人文交流合作的重要指南。该《计划》提出，到 2020 年前两国互派留学生人数，包括短期交流（国家公派、单位公派、自费留学）在内达到每年 10 万人。

根据中华人民共和国教育部来华留学生情况统计，2016 年俄罗斯来华留学人数为 17971 人，2018 年达到 19239 人，增长率高达

7%。虽然俄罗斯来华留学人数并未名列前茅，但其增长速度却显著高于那些名列前茅的国家。

中国赴俄留学人数增加也较为迅速，2018 年共有 3 万名中国留学生在俄高校学习，与 2017 年相比增加 10% 以上。包括短期交流在内，2018 年的两国互派留学生总人数约有 8.5 万人，正迅速接近《中俄人文合作行动计划》所提出的每年 10 万人的目标。[①]

（二）中俄两国文化贸易持续稳定增长，数字内容贸易发展迅猛

近年来，两国文化贸易持续稳定发展，其中的数字内容贸易方面表现出强劲的发展势头。数字内容产业的发展需要高技术与高文化的联姻。截止到 2017 年 12 月底，俄罗斯的互联网用户为 1.1 亿人，互联网普及率达到 76.1%，成为整个欧洲互联网普及率最高的国家。[②] 互联网的高普及率为移动游戏、短视频、网络文学等数字内容产品的流通和传播创造了条件。

1. 中国移动游戏占据俄罗斯策略类游戏市场的半壁江山

近年来，俄罗斯移动游戏市场发展迅速。2019 年 8 月，AppAnnie 联合 Google 发布的《2019 年中国移动游戏出海深度洞察报告》显示，2019 年上半年在全球主要市场下载量排名中，俄罗斯以 11.7 亿次的下载量位列全球第四位。中国移动游戏产品在俄罗斯市场的用户支出年增长率高达 73%，其中的策略类游戏产品更在俄罗斯市场具有绝对优势。

2. 俄罗斯用户在中国短视频平台占比较高

仅以 2017 年进入俄罗斯市场的快手为例，AppAnnie 数据显示，快手海外用户数量中俄罗斯用户占比高达 31%。部分俄罗斯用户在

[①] 参见中央广播电视总台国际在线官方帐号 https：//baijiahao. baidu. com/s? id = 1620357817986097443&wfr = spider&for = pc.

[②] 熊若曲：《中俄跨境电商发展状况浅析》，《中国市场》2019 年第 22 期。

短视频平台上发布的视频在中国国内用户群体中广受欢迎。

3. 中国网络小说在俄罗斯网络小说平台中占比较高

根据《2018 中国网络文学发展报告》的统计，除了起点国际（Webnovel）、Wuxiaworld、Gravity Tales 等重要的海外网文平台之外，在俄罗斯推介和翻译中国网络小说的平台是 tl. RULATE. ru。该网站共有 419 部中国小说，78 部韩国小说，370 部日本小说，141 部英语小说，中国网络小说在该网站的数量占比较高。

（三）中俄两国旅游人数双双高居榜首，追求文化记忆催生中国"银发族"赴俄旅游浪潮

近年来，中俄两国的旅游呈现出典型的"黑马"态势。根据中国旅游报 2019 年 11 月 20 日的报道，2018 年，中国赴俄旅游人数超过 200 万人次，在俄罗斯入境客源国家中排名第一。[①] 2018 年俄游客赴华人数也超过 240 万人次。尽管俄罗斯赴中国的游客尚不及日、韩和美国，但远远超出其他欧洲国家和中亚各国，在欧洲国家中排列第一。

根据携程提供的中国赴俄罗斯游客年龄构成分析，2018 年通过线上旅游平台报名跟团游、自由行、定制游等产品的中国游客，50 后占比 30%，60 后占比 21%，70 后和 80 后分别占比 16% 和 15%，90 后占比 10%，00 后仅占 8%，50 后和 60 后的游客占比超过半数，"银发族"逐渐成为中国赴境外旅游的生力军之一，俄罗斯文化对他们具有特殊的吸引力，也成为其年轻时代的独特记忆。因此，今天"银发族"赴俄罗斯更多的是"追求文化记忆的旅游"。2020 年 1 月中国的贺岁影片《囧妈》就充分体现了出生在 20 世纪 50、60 年代的中国人对俄罗斯（苏联）文化的独特记忆。

由此可见，随着中俄两国政治互信和经贸往来的不断加强，两

---

① 详见人民日报海外网 2018 年 10 月 2 日报道，https：//baijiahao. baidu. com/s？id = 1613215510960317791&wfr = spider&for = pc.

国长期文化交流中积淀下来的历史记忆正在逐步转化为积极的推动因素，从而进一步促进两国之间的文化交流活动。

二 中俄文化交流形势的研判：新时代、新趋势、新可能

当前，世界各国之间的态势是合作与竞争并存的。中俄两国在共同对抗单边主义、霸凌主义，维护世界和平与地区稳定方面发挥着重要的作用。随着中俄两国关系进入新的发展阶段，两国的文化交流势必也会进入新的发展阶段。根据近年来中俄两国文化交流现状，我们认为，未来几年内中俄两国的文化交流将出现以下新趋势或新可能。受新冠肺炎疫情爆发的影响，两国文化交流不可避免会受到一定的客观障碍，但总体趋势是向好的。

（一）汉语被俄罗斯正式纳入国家高考科目，"汉语热"将持续升温

近年来，随着中俄经贸往来的日益紧密，"汉语热"在俄罗斯悄然兴起。截至 2019 年 9 月 30 日，俄罗斯共设立孔子学院 19 所，孔子课堂 4 个。尽管对于拥有 1.44 亿（2018 年统计数据）人口的俄罗斯而言，19 所孔子学院、4 个孔子学堂数量并不多，但它们在教授汉语方面发挥着重要作用。

此外，在俄罗斯国内也有多所学校开设汉语课程。目前，俄罗斯国内共有 175 所高校教授中文，在 24 个地区的 168 所中小学中专门开设汉语课程，共有 1.7 万中小学生学习汉语，其中高年级学生约有 3000 人。[①]

根据俄罗斯塔斯社 2019 年 6 月 3 日的报道，俄联邦教育科学

---

① 参见 https：//rg. ru/2018/09/19/rosobrnadzor－kitajskij－iazyk－v－rossii－izuchaiut－bolee－17－tysiach－shkolnikov. html.

部发文称，自 2020 年 1 月起，将允许各大高校将汉语的高考成绩作为招生准入条件之一。汉语将继英语、法语、德语和西班牙语之后成为第五门俄罗斯的高考外语科目。一旦汉语成为俄罗斯高考外语科目，"汉语热"将持续升温，并进一步促进中俄经贸往来和人文交流活动的深入开展。

（二）2022 北京冬奥会将进一步推动中俄两国体育领域的交流与合作

俄罗斯是世界公认的冰雪运动强国。中俄两国在冬季体育项目方面的交流与合作由来已久。2016 年，在中俄两国元首的见证下，大陆冰球联赛正式落地中国。同年，中俄共同举办了第一届冬季青少年运动会。2018 年 12 月第二届中俄冬季青少年运动会在俄罗斯乌法落下帷幕。继 2019 年成功举办了首届中俄冰雪汽车拉力赛后，双方确定 2020 年共同举办第一届中俄界江黑龙江国际冰雪汽车挑战赛。

自 2015 年成功申办 2022 年北京冬奥会以来，冰雪运动在中国迅速推广和发展，获得了越来越多普通中国人的关注与喜爱。随着 2022 年北京冬奥会的日益临近，中俄两国在体育方面，特别是冰雪运动领域的交流与合作将会更加密切。

（三）中俄两国人文交流主体日趋多元，地区和基层间合作日益密切

2018 年 9 月，习近平主席出席第四届东方经济论坛时就如何扩大和深化双方地方合作达成新共识。目前，中俄双方建立了"长江—伏尔加河""东北—远东"两大区域性合作机制，并确定 2018 年和 2019 年是中俄地方合作交流年。这些举措有力地促进了双方在投资、交通基础设施等重点领域的合作。

与此同时，在"中俄地方合作交流年"框架下，两国参与人文交流的主体不断基层化，实现了区域覆盖，地方政府和民间机构的参与使中俄人文交流朝着更加务实的方向发展，为中俄关系发展注入了新的动力。比如上文提到的第一届中俄界江黑龙江国际冰雪汽车挑战赛即为黑龙江省与阿穆尔州共同策划的国际体育赛事。

（四）关注用户体验度的个性化定制游将逐步超越无差异化跟团游

今天，为追求更好的旅游体验度，世界各地的游客更愿意选择个性化定制游或自由行的方式以取代无差异化的跟团游。无差异化的跟团游不仅会影响游客的旅游体验度，甚至可能由于"低价团""零团费"等旅游产业的痼疾而降低旅游目的地旅游吸引力和游客满意度。个性化定制游、特别是精准定位到特定群体的定制游则可有效规避上述问题，因此，近年来中国各大线上旅游产品销售平台积极策划和推出个性化旅游产品。

尽管从目前来看团体"免签"仍是中国公民赴俄旅行的主要形式（根据俄联邦统计局数据，近年来入境俄罗斯的中国公民中50%以上是免签团体游客，而俄联邦安全局边防局统计的数据显示，团体游比例接近80%[①]），但根据中俄双方文旅专家的普遍看法并结合近年来中国各大线上旅游产品销售平台上所推出的赴俄个性化旅游产品的销售情况来看，个性化定制游势必会逐步超越无差异化跟团游。

比如，2018年3月中俄两国共同启动"梦之旅"贝加尔湖自驾拉力赛暨国际文旅合作项目就是充分体现俄罗斯"野性"风情的旅游项目。双方约定以从黑龙江到俄罗斯布拉戈维申斯克南北长达2000多公里的全能混合户外越野拉力赛为主线，串连起沿线独具北

---

① См.：https://www.tourprom.ru/

方自然风情的中俄站点景点，将打造一个融合竞技、娱乐和人文于一体的超大型国际性文体旅游盛事。

由此可见，那些既能充分体现中俄两国各自的民族特色、又符合现代人消费习惯或审美趣味的文化产品或资源将成为中俄民众之间进行文化交流的重要载体。与此同时，两国的文化交流仍将越来越紧密地与双边合作的大战略结合起来。需要强调的是，除了上述这些新趋势之外，中俄两国青年群体之间的交流与互动以及线上文化消费（比如，音乐和视频的下载服务）等也始终是我们关注的重点，但由于这部分统计数据尚显不足，因此在本报告中并没有详细说明。

三　中俄文化交流面临的挑战与优化建议

中俄两个民族历史上有深厚和复杂的文化情感联系，这些年的文化交流又提升了两国多层次的文化吸引力，并开拓了良好的合作发展前景。然而，与两国密切的政治关系相比，与两国的规模体量来比，两国文化交流还具有巨大的开拓空间，特别需要着力克服"上层热、中下层冷"的交流困境，使文化交流真正发挥民族间"交心"的功能。为此，我们建议从以下几个方面进一步促进两国的文化交流：

（一）以数字内容产品为主要抓手，进一步激发中俄文化贸易的潜能

如上所述，2018 年，中俄双边贸易额首次超过 1000 亿美元，中俄两国文化贸易也总体处于稳步增长之中。根据我国与其他国家双边贸易发展的经验来看，当双边贸易额突破 1000 亿美元以后，两国的文化贸易通常也会进入一个较快的增长阶段。比如，中韩两国在 2005 年双边贸易额首次突破 1000 亿美元，两国文化贸易也随之

获得较快增长，特别是在视听产品领域。2016年在中国国内热播的韩国电视剧《太阳的后裔》，其制作成本约为6869万元人民币。在中国的网络版权销售是每集23万美元（约合人民币150万元），若以16集计算，单这一项的收入约有2400万元人民币，已经能够核销该剧制作成本的三分之一。① 中韩两国文化贸易的发展经验向我们表明，只要找准两国文化贸易发展的主要抓手，两国的文化贸易就可以获得突飞猛进的发展。

尽管近三年来中俄两国文化产品贸易额增长并不明显，但如上文所述，数字内容产品正随着互联网技术的迅猛发展，成为越来越多中俄普通民众所喜闻乐见的文化体验方式。比如，中国移动游戏产品在俄罗斯市场的用户支出年增长率高达73%，包括付费下载和应用内付费（未去除商店分成）。Teebik2017年全球手游市场报告的数据显示，中国游戏公司开发的游戏在TOP10中占据了半壁江山，更以《列王的纷争》占据最受俄罗斯游戏用户欢迎的游戏榜首。在中国游戏市场中，俄罗斯游戏以动作射击类、战略类、角色扮演（克格勃）等具有鲜明俄罗斯"战斗民族"特征的游戏征服了相当多的中国游戏用户。因此，我们建议相关的文化管理部门对数字内容产品贸易做适当的政策倾斜，着力打造数字内容产品"杠杆"，撬动中俄文化贸易发展进入"快车道"。

（二）不断提高两国版权交易水平，促进经典文学作品互译

除上文提到的视听产品之外，版权交易也是文化贸易的核心组成部分。根据中国国家版权局最新统计数据，2018年，中国共引进版权16829项，其中图书版权16071项。中国引进版权数量排名第一的是美国，引进5047项，其中图书4833项，从俄罗斯引进版权仅83项，其中图书版权78项，软件3项，电视节目2项。② 不仅

---

① 参见人民网：http://culture.people.com.cn/n1/2016/0316/c87423 - 28204204.html.

② 国家版权局：http://www.ncac.gov.cn/chinacopyright/contents/11942/411492.html.

远低于美英日法德，甚至低于新加坡（228 项）、加拿大（127 项）和韩国（124 项）。2018 年，中国共输出版权 12778 项，其中图书版权 10873 项。中国向俄罗斯输出版权 477 项，其中图书版权 452 项，[①] 位列第七位，依然低于英、德、韩等国。

图书版权贸易的发展在一定程度上可以反映两国文化交流人文水平的提升。进一步对比 2000 年以来的中国版权局数据可以看出，尽管近年来中国向俄罗斯输出的图书版权数量有了很大的提升，但与其他国家或地区相比仍有一定差距。从俄罗斯引入的图书版权数量在近 20 年里增长并不明显，与中俄两国作为出版大国的出版体量和规模并不相符。[②]

中国普通民众对俄罗斯文学作品的接受度一直较高。上世纪 50—60 年代是中俄两国关系的"蜜月"时期，大量苏联（含俄国）经典文学作品被译介到中国，成为当时中国各个阶层民众所普遍推崇和喜爱的文化风尚。因此，建议相关文化管理部门出台政策进一步促进两国当代经典作品的翻译工作，以不断提高两国版权交易的水平。

（三）展现丰富多样的历史文化资源，进一步激发两国旅游市场的发展潜力

尽管近年来中俄两国旅游人数呈现井喷式增长，但与中国庞大的出入境人数相比，俄罗斯来华游客和中国赴俄游客的人数占比仍较小。如上所述，2018 年中国赴俄罗斯旅游人数约为 240 万人次，仅占当年中国公民出境游 1.48 亿人次的 1.62%；俄罗斯赴中国旅游人数约为 200 万人次，仅占中国入境旅游人数 1.4 亿

---

① 国家版权局：http://www.ncac.gov.cn/chinacopyright/contents/11942/411496.html.

② 根据中国国家版权局公布的统计数据，2000 年中国从俄罗斯引进的图书版权为 43 项，2001 年为 117 项，2002 年仅 10 项，2005 年为 49 项，2008 年为 49 项，2011 年为 55 项，2013 年为 84 项，2016 年为 101 项，2017 年为 90 项。2005 年中国向俄罗斯输出的图书版权仅为 6 项，2008 年激增为 115 项，2011 年为 40 项，2013 年为 124 项，2016 年为 356 项，2017 年为 306 项。

人次的 1.43%。这表明，中俄两国的旅游市场还有巨大的可开发潜力和空间，特别需要着力于如何吸引青年群体与创新旅游组织方式。

在旅游目的地的选择上，中俄两国游客的选择范围正在逐年扩大。根据清博数据基于对全网信息检索、相关信息梳理、讨论热词、网民评论、部分机构景区游客排名以及旅游达人评论性文章等因素的综合评定测算，俄罗斯游客对中国最感兴趣的景区和中国游客对俄罗斯最感兴趣的景区（目的地）TOP10 分别是：海南三亚、北戴河、北京万里长城、故宫、少林寺、长江三峡、黄果树瀑布、兵马俑、西湖、桂林漓江；贝加尔湖、摩尔曼斯克州、圣彼得堡、莫斯科、谢尔吉耶夫、弗拉基米尔、苏兹达尔、海参崴、雅库特（钻石）、加里宁格勒（琥珀）。

通过对比中俄游客的不同目的地和景区类型偏好，可以看出：俄罗斯游客对休闲度假型旅游产品和中国最具特色的世界文化遗产更感兴趣，而中国游客除对俄罗斯独具特色的人文历史景观和文化遗产尤为关注外，对旅游目的地的购物也是重要的考量要素。

对于中俄两国游客而言，旅游目的地选择的相对有限和景区类型偏好的相对集中可能会固化对方的旅游形象。这将不利于两国进一步发掘自身历史文化资源对彼此的旅游吸引力。中俄两国的历史文化资源极其丰富，如何将其转化为具有吸引力和竞争力的旅游资源是两国共同面临的问题，也是进一步激发两国旅游市场潜力的核心所在。因此，我们建议由两国的研究机构组成专业信息发布渠道，定期向两国民众介绍双方独具特色、鲜为人知的历史文化资源信息。

总之，中俄两国的政治互信已经达到历史最高水平，这为促进中俄两国文化交流活动的进一步发展奠定了重要的基础。在建构新时代中俄全面战略协作伙伴关系的过程中，文化交流将不仅可以增进两个国家的民族情感，更能成为文明互鉴的重要渠道和平台。中国与俄罗斯都是重要的文明型国家，在全球特别是区域内发挥着重要的文明影响力。因此，如何在全球化和现代化的时代背景之下，始终保持自己文明的影响力甚至为世界贡献一种新的文明典范是我们两国需要共同面临的问题，也是建构新时代中俄全面战略协作伙伴关系的基本文化内涵。

中俄人文交流专题报告（2018—2019）

陈　余

一　中俄人文合作状况概述

近年来，中俄两国关系一直保持高水平稳步发展，双方在各领域间的合作都取得了可喜成绩。2019 年 6 月 5 日，习近平主席与普京总统共同签署了《中华人民共和国和俄罗斯联邦关于发展新时代全面战略协作伙伴关系的联合声明》，将两国关系提升为"平等信任、相互支持、共同繁荣、世代友好的中俄全面战略协作伙伴关系"，双方一致同意将人文交流作为两国关系的五大重点领域之一。以"传承世代友好，巩固民间友好往来，促进文明互学互鉴"为目标的中俄人文交流为推动两国关系在高水平上实现更大发展、更好地促进"一带一路"建设与欧亚经济联盟对接合作奠定了坚实的民意基础。

早在 2000 年中俄之间就确立了人文合作交流机制，在中俄总理定期会晤机制框架下成立了中俄教文卫体合作委员会。中俄人文合作机制也是中国建立的第一个中外高级别人文交流机制。经过 20 年的探索与实践，中俄人文交流与合作的机制日趋成熟与稳固，2007 年中俄教文卫体合作委员会更名为中俄人文合作委员会，合作范围从最初的四个领域拓展到九个领域。各类主题化的人文交流活动异彩纷呈，双方成功打造了一批有持续影响力的品牌项目，成为两国人文交流的"亮点"。中俄人文合作大众化趋势明显，随着合作的日益深入，两国参与人文合作的人员往来密度持续增加，成果惠及面不断扩大。中俄建交 70 周年之际，双边关系达到新的高度，掀起中俄人文交流新高潮。

二 2018—2019 年中俄人文交流的主要成绩

在过去的两年里，中俄友好关系的进一步发展和两国的文化盛会为这一时期两国人文交流增添了新的内涵，使得 2018—2019 年中俄人文合作"亮点"频出。

首先，2018—2019"中俄地方合作交流年"的确立，拉开了中俄新一轮全方位、多层次交流的大幕。2018 年，中俄地方层面举行了数百次互访，在省州、城市等层面建立了 363 对友好伙伴关系，建立起"东北—远东""长江—伏尔加河"两大区域性合作机制，中俄地方合作步入"快车道"。在"地方合作交流年"框架下，两国参与人文交流的主体不断基层化，实现了区域覆盖。地方政府和民间机构的参与使中俄人文交流朝着更加务实的方向发展，为中俄关系发展注入了新的动力。

其次，2018 年俄罗斯世界杯进一步拉近了中俄两国民众的心。俄罗斯世界杯期间，近 10 万名中国球迷和游客到访俄罗斯，中国游客在为俄罗斯带来巨大的世界杯经济效益的同时，也通过近距离接触感受到俄罗斯民众的热情和友善，世界杯期间的中俄民间人文交流使两国民间好感大幅提升。

再次，中国戏剧元素为 2019"俄罗斯戏剧年"和中俄人文交流增添了一抹亮色。"戏剧年"期间，话剧《知己》、京剧《司马迁》、芭蕾舞剧《长恨歌》、昆曲《牡丹亭》、时尚功夫剧《十一个武者》等富有中国传统文化气息的剧目向俄罗斯观众展现了中国戏剧艺术的古典美和现代美，获得俄罗斯观众一致好评。

最后，为庆祝中华人民共和国成立 70 周年及中俄建交 70 周年，2019 年从官方到民间，两国举办了一系列人文领域的庆祝活动。两国外交部互办纪念建交 70 周年的文献展、全俄国立电视广播公司制作了为 70 周年献礼的《中国的重生》纪录片、中俄合作拍摄的纪录片《这里是中国》第二季开播、《中俄友好城市》系列微视频发布会、"中俄互评人文交流领域十大杰出人物"、莫斯科"中国节"等活动异彩纷呈，见证中俄 70 年风雨历程的同时，进一步夯实了两国民意友好的基础。

当然，两国人文交流的内容绝不仅限于此，近年来中俄人文交流各领域务实合作不断深化，合作路径不断拓宽，成果显著。

（一）教育合作蒸蒸日上

作为人文合作极为重要的一个领域，中俄在教育领域的合作发展迅速。培养适应中俄关系发展需求的外语复合型人才是中俄教育合作的主要目标之一，目前，全国已有 166 所高校开设了俄语专业，22 所大学和研究机构设立了俄罗斯研究中心。教育部连续 12 年举办全国高校俄语大赛，已成为中俄教育领域合作的机制化项目之一。与此同时，俄罗斯的"汉语热"也悄然兴起，全俄有 175 所高校教授中文，2013 年首届"汉语桥"全俄中学生中文比赛开幕，2020 年汉语科目考试被俄罗斯正式纳入国家考试科目。作为语言教育和文化交流的重要机构，孔子学院在人文交流过程中扮演了重要角色。截至 2019 年 9 月 30 日，俄罗斯共设立孔子学院 19 所，孔子课堂 4 个。其中 2018 年 7 月和 2019 年 4 月新增两所孔子学院。[①]

互派留学生方面，根据教育部 2018 年来华留学统计，俄罗斯仅次于韩国、泰国、巴基斯坦、印度和美国，以 19239 人的来华留

---

① http://www.hanban.org/confuciousinstitutes/node_10961.htm.

学人数成为第六大留学生源国。① 近年来俄罗斯成为中国学生出国留学的热门之选，中国赴俄留学人数逐年增加，2018 年共有 3 万名中国留学生在俄高校学习，与 2017 年相比增加 10% 以上，7 年内增加了近一倍。② 自 2014 年起，每年俄罗斯政府资助的中国赴俄留学生名额不断增加，2018 年俄罗斯政府共资助 1.5 万外国留学生赴俄留学，其中享受俄罗斯公费留学名额的中国留学生人数最多，达到 950 人，较 2014 年的 642 人有了大幅增长。③ 根据俄罗斯政府公费高校留学名额平台 Russia. Study 提供的信息，仅该平台 2019 年共收到 2259 份中国公民赴俄公费留学申请，2018 年是 2059 份。除苏联时期国家外，外国公民申请人数方面中国位居第八。④ 2018 年两国长短期留学交流人员（国家公派、单位公派、自费留学）已达 8.5 万人，距《中俄人文合作行动计划》所制定的到 2020 年前两国互派留学生人数达到每年 10 万人的目标更近了一步。⑤

合作办学方面，中俄两国高校合作办学机构和项目已有 100 多个。⑥ 由深圳市政府、北京理工大学和莫斯科罗蒙诺索夫国立大学三方合作创办的深圳北理莫斯科大学为扩大两国高校合作树立了典范，为东西方科技文化交流搭建了新的平台。继该校之后，2018 年俄罗斯圣彼得堡大学和哈尔滨工业大学宣布两校即将在哈尔滨合作创办哈工大圣彼得堡中俄联合大学，预示着中俄合作办学正进一步深化。

---

① http：//www. moe. gov. cn/jyb_xwfb/gzdt_gzdt/s5987/201904/t20190412_377692. html.

② https：//mp. weixin. qq. com/s? src = 11&timestamp = 1571638766&ver = 1925&signature = nJtZSwGithgl6gWWv3Z5LBM9vWvel7Tml MIOBpQwRN2eTM8xJz7U94Bfl * z6yfjMr8KC7s ANU5NZpBdcHC - cJCvJuF34wsrCMWLbbNju84i47NMwb4O9knk8HWqhI - Jk&new = 1.

③ http：//dy. 163. com/v2/article/detail/E3FVNMF9051497H3. html.

④ http：//sputniknews. cn/society/201910251029918967/.

⑤ http：//dy. 163. com/v2/article/detail/E3FVNMF9051497H3. html.

⑥ http：//www. moe. gov. cn/jyb_xxgk/xxgk_jyta/jyta_jijiaosi/201812/t20181229_365488. html.

(二) 媒体合作深入创新

中俄关系的深入发展需要两国媒体贡献智慧与力量。经过 2016—2017 "中俄媒体交流年"的积累,中俄媒体合作已达国家水平,交流年期间中俄两国规划了 250 多个合作项目,充分展示了两国的发展合作成就。2018 年两国媒体联合举办了 60 场活动,参与合作的中俄机构从 30 家增加到 50 家,2019 年活动数量达到 120 场。连续举办 5 届的中俄媒体论坛,已成为两国媒体交流合作的重要机制性对话平台。两国主流媒体在联合采访、代表团互访、人员交流和培训、合作办展等方面开展了广泛合作。

在移动互联网普及和信息获取方式改变的大背景下,中俄媒体顺应数字化媒体发展潮流,着重加强在新媒体领域的合作,在融媒体合作方面进行了有益尝试并取得重大突破。中国国际广播电台和"今日俄罗斯"国际通讯社于 2017 年 7 月联合推出的"中俄头条"双语客户端上线两年来,下载量已突破 600 万次,成为中俄媒体合作的明星品牌。2018 年 10 月中俄人文交流合作频道正式在"中俄头条"客户端上线,为两国民众及时了解中俄人文交流信息提供了便利。截至 2019 年 10 月 21 日,央视俄语频道官网总浏览量达 3868 万次,移动端客户访问占比较大,观众兴趣点集中于美食烹饪、媒体娱乐和新闻政治。

随着合作的深入,中俄媒体合作的科技含量在不断提高,双方借助虚拟现实(VR)、人工智能(AI)等前沿科技手段共同打造更具体验感的交流活动。2019 年中俄建交 70 周年之际,"中俄头条"推出"乐动中俄"全媒体跨国创意活动,以新颖的形式展现中俄友谊,吸引大量中俄民众参与活动,点阅互动量超 10 亿。[①] 在 2019 年 6 月举行的第六届世界通讯社大会和圣彼得堡国际经济论坛期

---

① http://www.sohu.com/a/319135799_115239.

间，中俄共同推出了俄语 AI 主播。

（三）体育合作强项互鉴

中俄都是体育强国，两国在体育方面的合作由来已久，从 2006 年起中俄互办青少年运动会，迄今已连续举办 8 届。中俄合作举办的丝绸之路国际汽车拉力赛作为一个横跨欧亚大陆的品牌赛事，如今已走过 4 个年头，每年有来自 30 多个国家和地区的选手参赛，共同见证中俄友谊。

中国成功申办 2022 北京冬奥会后，冰雪运动在中国得到快速推广和发展，中国同冰雪运动强国俄罗斯的体育合作与交流更加密切，中俄以冰雪运动为依托，加强区域体育合作，2015 年第二届会议期间中俄双方在社会体育、竞技体育、体育产业、体育科研医疗等方面达成了 21 项具体交流协议，2017 年第四届会议期间签署了 25 份合作协议和 1 个备忘录，创历史新高。

在交流中，中俄双方突出优势项目，互鉴互助。俄罗斯冰球项目举世瞩目，黑龙江冰球俱乐部加入俄罗斯超级冰球联盟，共建中俄青少年冰球联盟，双方积极开展冰壶、雪车、雪橇、花样滑冰等冰上项目的交流，安排运动员教练员的互访互训，助力北京冬奥会。为进一步加强冬季项目合作，中俄创办了冬季青少年运动会，2018 年 12 月第二届中俄青少年运动会在俄罗斯乌法落下帷幕。中方在乒乓球、武术等传统优势项目上对俄有很大吸引力。

中俄民间体育运动交流内容全域拓宽，带动体育产业发展。每年黑龙江各地同俄罗斯开展的各项体育活动多达几十次，2014 年至今连续举办中俄民间体育交流大会，突出冰雪特色和边境特色，开展群众喜闻乐见的体育项目，拓展了中俄民间交流的领域和层次。中俄体育合作正向着全方位，多领域，常态化的方向发展。以体育为载体，以冬奥会为契机，推动中俄在经济、文化、教育、旅游等多领域的合作，是现阶段中俄体育合作的目标。

（四）文化交流全民参与

2018年10月中俄头条双语客户端进行了"中俄人文交流合作线上有奖调查"活动，在参与调查的1856位中国网民和1239位俄罗斯网民中，75.61%俄罗斯民众对中国人文领域最感兴趣的方面是"文化"，同样，82.89%中国民众也将"文化"视为对俄罗斯人文领域最感兴趣的内容，其次是旅游和教育，可见文化交流在中俄人文交流中的重要性。在众多的文化内容中，俄罗斯民众对中国的长城（70.73%）、熊猫（45.12%）、功夫（35.37%）、京剧（29.27%）、丝绸（17.07%）和少林寺（17.07）最感兴趣，而中国民众对俄罗斯印象较深的依次是红场（71.20%）、伏特加（70.45%）、芭蕾舞（51.79%）、套娃（43.48%）、红肠列巴（35.77%）和油画（27.72%）。①

近年来中俄双方通过举办系列文化活动增加了两国人民的相互了解和友谊。自2006年和2007年中俄在"国家年"框架内互办文化节后，两国在国家层面互办文化节已成机制。莫斯科中国文化中心和北京俄罗斯文化中心作为国家文化推广机构，数年来举办数百场文化活动，成为中俄两国民众了解对方文化的窗口。由中国文化和旅游部、黑龙江省政府、俄罗斯联邦文化部、俄罗斯阿穆尔州政府共同主办的中俄文化大集至今已举办十届，活动突出高层交流和民间参与，注重传统文化与时尚元素的相结合，包括高端交流、展览展销、文艺汇演、民众文化、体育文化、文化旅游等丰富多彩的文化形式丰富了中俄地方民众的文化生活。

---

① http://focus.sinorusfocus.com/p/6884.html.

（五）青年交流覆盖面广

青年是国家的未来，是维护和延续中俄世代友好关系的主体。2014—2015 为期两年的中俄青年友好交流年为新时期中俄青年人文交流揭开了新的篇章，两国共举办活动 300 余项，通过青年互访、文化交流、会议论坛、留学访问、体育竞赛、冬夏令营等方式，为中俄青年提供相互深入了解的机会。2016 年由中华全国青年联合会和俄罗斯青年联盟共同发起的"中俄青年创业孵化器"交流项目是中俄人文交流机制框架下的创新型青年人文交流项目，目前已在中俄 20 个城市举办 29 期交流项目，300 余名中俄创业导师、青年创业者和大学生参与其中，有利于促进两国青年在创新创业领域的合作，进一步丰富中俄青年交流的内涵。

中俄青年交流的广度和深度在不断扩大，覆盖多个领域，双方不仅在教育、旅游、体育、文化等人文领域各方面取得了丰硕成果，更在科技、经贸等领域展开了全方位的交流与合作，为中俄两国的世代友好打下坚实基础。

三 趋势预测与政策建议

近年来随着中俄关系的直线升温，中俄在人文领域展开了全方位合作。人文交流机制不断完善，双方合作不断加深，呈现出多层次、宽领域、高融合的特征，人文与科技、经贸、互联网等领域相互交融发展，中俄人文交流的影响力日渐提升。结合现阶段两国发展实际，中俄人文交流还有广阔发展空间，在今后的中俄人文交流中我们可以在以下几个方面继续加强和提高。

（一）充分发挥民间团体在中俄人文交流中的主力军作用

建国 70 周年之际，习近平主席授予中俄友好协会第一副主席加林娜·库利科娃中华人民共和国"友谊勋章"，表彰其60多年来为中俄（苏）人文交流做出的巨大贡献，充分体现出党中央、国务院对中俄人文交流和民间外交的高度重视。两国地方政府在继续深入合作的同时，需本着"政府搭台、民间唱戏、多方参与"的原则，积极引导本国地方民间团体参与交流，充分发挥民间团体在中俄人文交流中的主力军作用。

（二）打造文化交流品牌项目的同时，兼顾大众流行文化的传播与交流

文化交流中中俄双方应及时掌握本国民众关于对方国文化的兴趣点，有针对性地举办群众喜闻乐见的娱乐活动，推广中俄当代音乐电影等流行文化元素，更快提升两国民众的亲切感，拉近两国民众的距离。

（三）利用好互联网传播途径，抓住5G时代发展机遇

互联网以其高效、便捷、覆盖面广等传播优势成为中俄两国民众获取信息了解对方的最主要渠道。因此，网络媒体在中俄人文交流中扮演着重要角色，对于加深两国民众友谊、拉近双方距离起到至关重要的作用。我们应抓住5G变革时代带来的机遇，打造一批有影响力的交流平台，通过新颖有效、极具沉浸感的"互联网＋"模式向俄罗斯民众讲好中国新故事，展示中国新面貌，提升中国媒体的互联网传播能力。线上线下互动有机结合，最大限度保障两国民众的交流参与度。

（四）继续加强中俄青年在各领域的全方位合作，重视少年儿童的交流

青年是最具活力和创造性的社会群体，中俄在深化两国青年人文交流、巩固青年友谊的同时，可充分利用青年的学习能力和创新

能力，鼓励中俄青年加大科技创新和经贸合作力度，将知识转变为生产力，迎接即将到来的"中俄科技创新年"。同时，也不能忽视两国间少年儿童的交流，多一些"海洋"全俄儿童中心这样的温暖项目，让中俄友谊的种子在少年儿童的心中生根发芽。

中俄文化贸易专题报告（2018—2019）

蒋　多

　　2019 年是中俄建交 70 周年、中俄地方合作交流年的收官之年，作为两国建设全面战略协作伙伴关系中的重要内容之一，人文交流与合作的规模、层次和水平不断提升，为中俄文化贸易发展带来了新的机遇和动力。基于中俄文化产品和服务进出口结构分析及其凸显出的主要问题，探索中俄文化贸易发展空间，寻求文化贸易发展路径的创新和突破，有助于深化两国在文化领域的交往合作，符合两国长远互惠互利的价值追求。

一　中俄文化贸易概况

（一）中国对外文化贸易总体情况

　　来自海关总署和商务部的统计数据显示，2018 年，中国文化产品和服务进出口总额 1370.1 亿美元，较上年增长 8.3%。其中，文化产品进出口总额 1023.8 亿美元，较上年增长 5.4%；文化服务进出口总额 346.3 亿美元，较上年增长 17.8%。2016—2018 年，中国文化产品和服务进出口总额年均增速为 9.7%，文化产品进出口总额年均增速为 7.8%，文化服务进出口总额年均增速为 16.1%。总体而言，中国对外文化贸易规模不断扩大，贸易总额持续增长，在国际贸易发展中的作用愈发凸显。具体表现在：

第一，文化产品贸易一直是中国文化贸易的主要力量。2018年，中国文化产品进出口1023.8亿美元，同比增长5.4%。其中，出口925.3亿美元，增长4.9%；进口98.5亿美元，增长10.3%；顺差826.8亿美元，规模比上年扩大4.3%。文化产品出口结构趋于优化，文化用品为出口第一大类别，增长2.0%，占比达50.6%。工艺美术品及收藏品、出版物出口增幅较高，分别增长9.9%和5.9%，增幅比上年分别提升12.4个和9.3个百分点。文化专用设备出口增长4.4%，占比13.1%，比上年下降0.1个百分点；美国、中国香港、荷兰、英国、日本为文化产品出口前五大市场，合计占比达59.6%。与新兴和发展中经济体贸易保持稳步增长，对"一带一路"沿线国家出口162.9亿美元，为历年最高水平，对金砖国家、中东欧国家出口分别增长18.1%和8.9%，对拉丁美洲、亚洲出口分别增长14.5%和7.5%。

第二，中国文化服务贸易体量快速增长。2018年，中国文化服务进出口总额346.3亿美元，增长17.8%，占文化产品和服务进出口总额的比重为25.3%，比上年提升2.1个百分点。文化服务出口72.9亿美元，增长18.2%，增幅比上年提升22.1个百分点。其中，处于核心层的文化和娱乐服务、著作权等研发成果使用费、视听及相关产品许可费三项服务出口18.7亿美元，增长21.4%，高出整体增速3.2个百分点，占比提升0.8个百分点至25.7%。2018年，中国文化服务进口增势保持良好，文化服务进口273.4亿美元，增长17.7%，增幅比上年下降2.8个百分点。其中，视听及相关产品许可费、文化和娱乐服务、广告服务进口成为增长较快的领域，分别增长37.5%、23.2%和22.4%，占比分别提升1.6个、0.6个和0.4个百分点。①

---

① 商务部中国服务贸易指南网 http://tradeinservices. mofcom. gov. cn/article/lingyu/wh-maoyi/201903/79501. html。

2019 年初联合国贸易和发展会议发布的《创意经济展望：创意产业国际贸易趋势》指出，尽管全球贸易增长放缓，但全球创意产品及贸易正在扩大，平均出口增长率超过 7%。在报告研究的 130 个国家和地区中，中国创意产品贸易增长显著，表现优异，在过去 13 年里，一直是推动全球创意经济繁荣的主要力量，并持续在全球创意经济中处于领先地位。

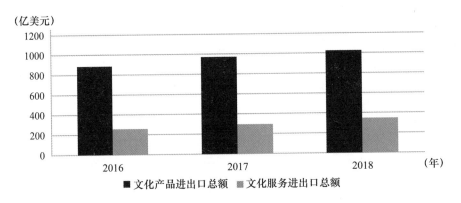

图 2 - 1　2016—2018 年中国文化产品和服务进出口总额

数据来源：商务部。

（二）俄罗斯对外文化贸易情况

自普京 2000 年执政以来，经过 16 年的沉淀和发展，俄罗斯逐渐形成以各时期的《俄罗斯联邦文化专项规划》为具体实施路径，以《俄罗斯联邦文化基本法》为法律保障，以"统一文化密码"为国家民族文化复兴的最高理想的独特的文化复兴之路。[①] 其根本目标在于重塑国内文化环境和扩大俄罗斯文化国际影响力。2016 年之后，俄罗斯联邦政府又先后制定《俄罗斯国家文化政策基础》和《2030 年前俄罗斯联邦国家文化政策战略》，这两项具有重大战略

[①] 汪宁、韦进深：《俄罗斯文化战略评析》，《国际观察》2018 年第 4 期。

意义的纲领性文件正式开启了俄罗斯在文化领域的复兴计划，引起俄罗斯社会各界乃至国际社会的高度关注。

来自俄罗斯海关的贸易统计数据显示，[①] 2014—2018 年，在俄罗斯出口商品类别前 30 中，涉及文化产品的有 6 大类，按出口金额排序，依次是珠宝、贵金属制品、首饰，木制品，音像设备，塑料制品，纸制品和照相设备，其中具有相对优势的是珠宝、贵金属制品、首饰和木制品两大类。各类别合计占俄罗斯出口总额的比重逐年上升，年均占比约 7.5%。在俄罗斯进口商品类别前 30 中，涉及文化产品的有 7 大类，包括音像设备、塑料制品、照相设备、服装及其附件、纸制品以及玩具、游戏或运动用品等。各类别合计占俄罗斯进口总额的比重五年来波动不大，年均占比为 23.6%。

2014—2018 年，俄罗斯对中国出口的商品类别前 30 中，涉及文化产品的共有 7 大类，包括木制品，塑料制品，照相设备，纸制品，音像设备，珠宝、贵金属及首饰，印刷品、手稿、打字稿及设计图纸等。其中除了木制品之外，其他类别的金额和占比都较小。除 2018 年有所下降之外，各类别合计占俄罗斯对中国出口总额的比重近年来上升较快，年均占比超过 10%。在俄罗斯自中国进口的商品类别前 30 中，涉及文化产品的共有 10 大类，包括音像设备，塑料制品，玩具、游戏或运动用品，服装及其附件，照相设备，织制品，纸制品，陶瓷制品、玻璃制品等。除音像设备类之外，其他类别金额和占比都不高，近五年来各类别合计占俄罗斯自中国进口总额的比重波动较小，年均占比超过 42%。[②]

---

① 由于俄罗斯海关未将文化产品进出口单独分类统计，只能参考其他类别中与文化产品和服务最为接近的部分，以了解主要构成情况、金额以及占比的变化。

② 《商务部国别货物贸易及双边贸易概况》https://countryreport.mofcom.gov.cn/default.asp.

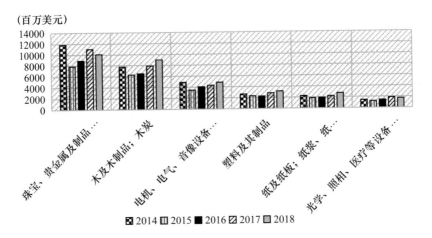

图2-2 2014—2018年俄罗斯主要文化相关产品出口

数据来源：俄罗斯海关。

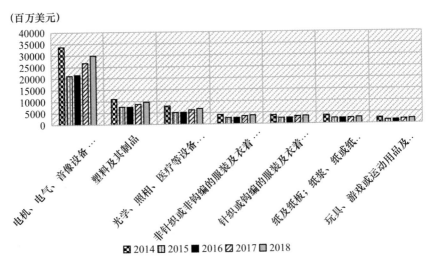

图2-3 2014—2018年俄罗斯主要文化相关产品进口

数据来源：俄罗斯海关。

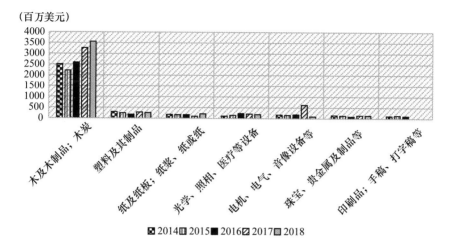

图2-4 2014—2018年俄罗斯对中国出口的主要文化相关产品

数据来源：俄罗斯海关、中国商务部。

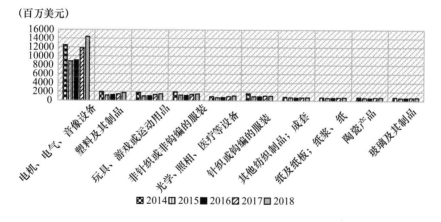

图2-5 2014—2018年俄罗斯自中国进口的主要文化相关产品

数据来源：俄罗斯海关、中国商务部。

二 中俄文化贸易结构分析与主要特点

（一）中俄文化产品进出口结构

目前可以获得的这一领域最为权威和完备的国际数据来自联合

国贸易与发展会议（UNCTAD）创意经济统计数据库。该组织于2017年发布了2003—2015文化产品贸易统计数据。从中我们可以对中俄文化产品进出口情况有所了解。

首先，中俄文化产品贸易快速增长。2006—2015年间，中俄两国文化产品贸易额从16.891亿美元增加到40.6872亿美元，年均增长率为10.26%。高于同期俄罗斯对世界文化产品贸易的年均增速（5.29%），高于世界文化产品贸易的年均增速（4.47%）。其中，2006—2014年，中俄文化产品贸易额持续增加，2015年由于世界经济发展放缓的影响，中俄文化产品贸易规模比2014年有所缩小。

其次，中国对俄罗斯文化产品贸易总体呈现较大顺差。从出口情况看，2006—2015年，中国对俄罗斯文化产品出口额从16.7253亿美元增加到40.484亿美元，年均增速为10.32%。从进口情况看，2006—2015年间，中国对俄罗斯文化产品进口额从1657万美元增加到2032万美元，年均增速为2.29%。顺差额从16.552亿美元增加到40.2808亿美元。

表2-1　　2006—2015年中国与俄罗斯文化产品贸易发展状况　　（百万美元）

贸易额	年份									
	2006	2007	2008	2009	2010	2011	2012	2013	2014	2015
出口	1672.53	1740.14	2117.98	1629.51	2635.25	3048.64	3940.81	5339.89	6457.41	4048.40
进口	16.57	26.41	34.24	35.66	33.94	11.03	22.84	32.72	19.45	20.32
总额	1689.10	1766.55	2152.22	1665.17	2669.19	3059.67	3963.66	5372.61	6476.86	4068.72
差额	1655.96	1713.73	2083.74	1593.85	2601.32	3037.61	3917.97	5307.17	6437.97	4028.08

数据来源：UNCTAD。

第三，中国成为俄罗斯最重要的文化产品进口贸易伙伴。长期以来，欧盟是俄罗斯第一大文化产品进口贸易伙伴，但这一局面逐渐被中国打破。2006—2015年，欧盟在俄罗斯文化产品进口中占比逐年下降，从51.89%缩减至26.51%，减少近一半。中国在俄罗斯文化产品进口中的地位不断上升，占比由 28.63% 上升到 46.15%，2010 年超过欧盟成为俄罗斯第一大文化产品进口国。但是，2006—2015 年，在俄罗斯文化产品出口中，中国占比依然很低，一直在 3% 左右，不仅落后于欧盟，而且也落后于乌克兰、中亚、西亚等国。

表 2-2　　2006—2015 年俄罗斯文化产品进口贸易伙伴占比情况　　（%）

国家	年份									
	2006	2007	2008	2009	2010	2011	2012	2013	2014	2015
中国	28.63	31.20	34.98	35.63	46.98	46.58	43.55	40.26	41.26	46.15
白俄罗斯	—	—	—	—	—	—	2.91	3.77	4.26	5.72
欧盟	51.89	47.42	45.09	44.30	33.79	34.82	31.93	26.79	34.13	26.51
日本	0.64	0.95	0.72	0.56	0.43	0.36	0.34	0.26	0.24	0.41
美国	1.98	2.68	2.10	1.32	1.56	1.67	1.39	11.57	1.56	1.85
韩国	0.71	0.61	0.63	0.43	0.69	0.48	0.57	0.71	0.44	0.55
乌克兰	6.83	7.02	6.12	6.37	6.19	6.19	5.64	5.79	5.34	4.70
中亚五国	0.28	0.22	0.20	0.20	0.21	0.17	3.95	0.22	0.18	0.24
西亚	4.41	3.44	3.41	2.92	3.54	3.41	2.96	3.00	2.64	2.56
其他	4.63	6.46	6.76	8.26	6.61	6.32	6.76	7.63	9.95	11.32

数据来源：UNCTAD。

　　第四，设计类产品是中俄两国文化产品贸易的主要内容。2006—2015 年，中俄两国文化产品贸易结构总体变化不大，进出口主体都是设计类产品，2006—2015 年，诸如玩具、游戏用品、装饰品等设计类中国文化产品在俄罗斯文化市场占有较大份额，年均占比 81.75%。中国自俄罗斯进口的文化产品中也是设计类文化产品占比最高，虽然各年份增速有所放缓，但比重快速提升，从 2006 年的 42.19% 上升到 70.79%。新媒体、表演艺术在进出口结构中所占比重均很小。工艺品在中国对俄罗斯文化产品出口中占有一定分量，视听产品在中国对俄罗斯文化产品进口结构中的份额仅次于设计类产品，此外，出版物和视觉艺术产品也是中国自俄罗斯进口的重要文化产品。[①]

表2-3　　2006—2015年中国对俄罗斯文化产品出口结构　　（%）

类别	年份									
	2006	2007	2008	2009	2010	2011	2012	2013	2014	2015
工艺品	10.06	10.87	12.99	9.33	8.35	8.99	11.47	12.39	11.33	8.17
视听产品	0	0.05	0.10	0.11	0.07	0.06	0.01	0.01	0.01	0.01
设计	85.05	78.65	71.77	83.12	84.52	82.77	82.82	83.18	83.22	87.37
新媒体	1.72	4.26	2.19	1.47	1.26	1.22	1.00	0.54	0.53	0.76
表演艺术	0.27	0.42	0.65	0.50	0.41	0.46	0.42	0.37	0.37	0.27
出版物	0.30	0.76	1.28	1.13	1.57	1.60	1.07	0.80	0.64	0.42
视觉艺术	2.60	5.00	11.03	4.33	3.82	4.90	3.21	2.71	3.89	3.00
工艺品	10.06	10.87	12.99	9.33	8.35	8.99	11.47	12.39	11.33	8.17

数据来源：UNCTAD。

表2-4　　　2006—2015年中国对俄罗斯文化产品进口结构　　（%）

类别	年份									
	2006	2007	2008	2009	2010	2011	2012	2013	2014	2015
工艺品	0.59	0.67	0.30	0.48	0.27	1.27	0.01	0.03	1.27	0.26
视听产品	44.51	70.11	65.74	59.68	12.35	20.74	27.68	39.23	21.35	17.45
设计	42.19	24.14	26.86	16.92	24.70	57.99	44.66	26.82	51.19	70.79
新媒体	—	—	0.12	0.06	0.01	0.15	0.03	0.01	2.64	1.07
表演艺术	—	0.01	—	0.03	0	0.12	0.02	0.01	0.03	0.19
出版物	7.04	3.62	5.36	20.34	22.04	11.37	8.70	8.74	12.09	7.91
视觉艺术	5.66	1.45	1.63	2.48	40.63	8.36	18.90	25.17	11.43	2.33
工艺品	0.59	0.67	0.30	0.48	0.27	1.27	0.01	0.03	1.27	0.26

数据来源：UNCTAD。

---

① 联合国贸易和发展会议创意经济统计数据库（UnctadStat Creative Economy）。

依据商务部、海关总署等发布的《对外文化贸易统计体系(2015)》,对中国海关进出口商品统计数据进行计算整理,可以看到2017—2019年中俄文化产品贸易的发展变化:出口方面,2017—2019年中国向俄罗斯出口文化产品总额有所下降,2017年为80.73亿元,2018年为76.59亿元,2019年1—9月为67.61亿元,但结构基本没有变化,按照出口额大小,依次是文化用品、文化专用设备、工艺美术品及收藏品、出版物。其中文化用品占比最大,虽逐年略有下降,但年均占比仍有64.8%。文化专用设备和工艺美术品及收藏品两类出口额十分接近,合计年均占比达33%,并呈现小幅增长趋势。占比最小的是出版物,年均占比仅2.2%。从各类别出口构成情况看,玩具、游艺器材及娱乐用品出口占据文化用品出口主体,文化专用设备出口绝大部分依靠广播电视电影专用设备,工艺美术品出口优势远远大于收藏品,2019年1—9月,收藏品出口为零。音像制品和电子出版物占出版物出口比重极小,图书、报纸、期刊虽然出口金额逐年上升,但与其他出版物出口相比,仍有较大差距。

进口方面,2017—2019年中国自俄罗斯进口文化产品总额波动较大,2018年为峰值,达到1.38亿元,2017年和2019年1—9月,分别为0.71亿元和0.73亿元,基本持平。与出口结构恰好相反,进口额从大到小依次为出版物、工艺美术品及收藏品、文化专用设备、文化用品。其中,出版物和工艺美术品及收藏品两类较为接近,合计年均占比超过75%。文化专用设备进口下降明显,2019年1—9月占比仅为7.2%。文化用品占比最小,不足1%,但2019年1—9月大幅回升至17.5%。从各类别进口构成情况看,出版物类别中其他出版物比重逐年下降。图书、报纸、期刊和音像制品、电子出版物的进口份额增长较快。虽然工艺美术品进口还是主流,但收藏品进口份额显著提高。在文化专用设备进口中,广播电视电影设备的地位不可替代,印刷专用设备在2018年和2019年1—9月进口为零。乐器、游艺器材及娱乐用品作为文化用品进口的主体，出现大幅增长。

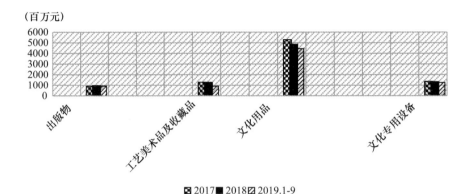

图 2 – 6　2017—2019 年中国向俄罗斯出口文化产品类别与金额

数据来源：中国海关。

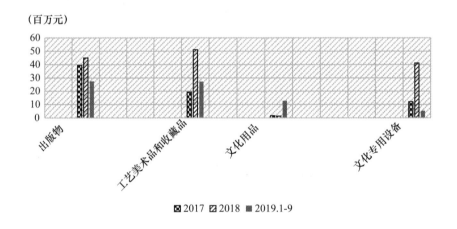

图 2 – 7　2017—2019 年中国自俄罗斯进口文化产品类别与金额

数据来源：中国海关。

　　综上所述，虽然联合国贸发会议和中国海关进出口商品统计存在口径上的差异，细分类别表述也不完全一致，但大体反映出中俄文化产品贸易的基本态势，即中国向俄罗斯出口文化产品大于进

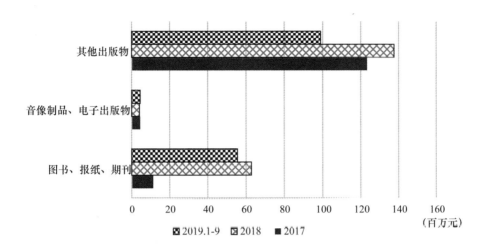

图 2 - 8 2017—2019 年中国向俄罗斯出口出版物构成情况

数据来源：中国海关。

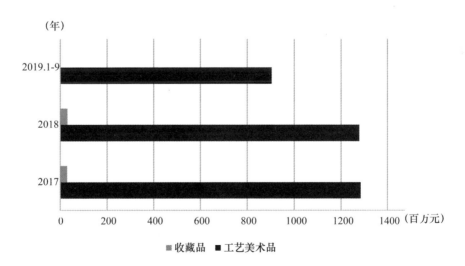

图 2 - 9 2017—2019 年中国向俄罗斯出口工艺美术品及收藏品构成情况

数据来源：中国海关。

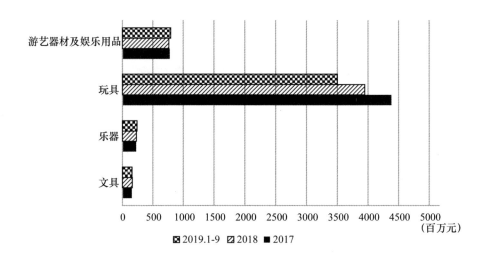

图 2 – 10　2017—2019 年中国向俄罗斯出口文化用品构成情况

数据来源：中国海关。

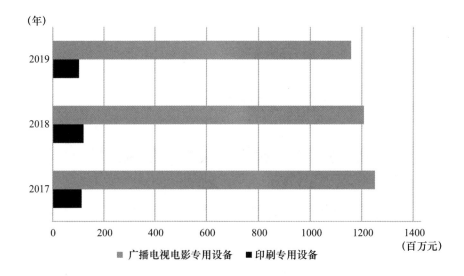

图 2 – 11　2017—2019 年中国向俄罗斯出口文化专用设备构成情况

数据来源：中国海关。

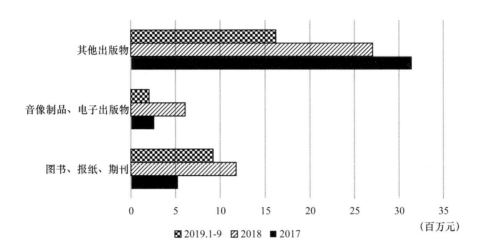

图 2 – 12　2017—2019 年中国自俄罗斯进口出版物构成情况

数据来源：中国海关。

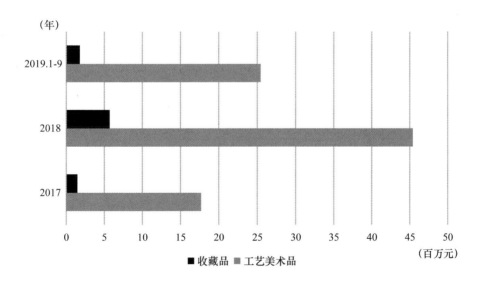

图 2 – 13　2017—2019 年中国自俄罗斯进口工艺美术品及收藏品构成情况

数据来源：中国海关。

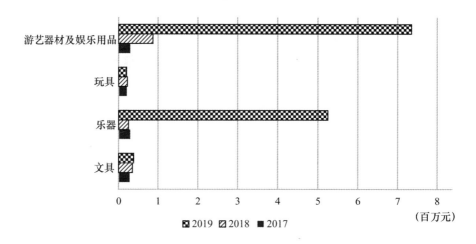

图2-14 2017—2019年中国自俄罗斯进口文化用品构成情况

数据来源：中国海关。

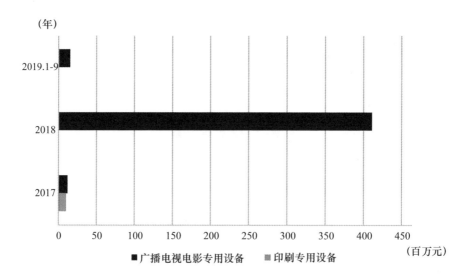

图2-15 2017—2019年中国自俄罗斯进口文化专用设备构成情况

数据来源：中国海关。

口，俄罗斯处于对中国文化产品净进口的地位。中国向俄罗斯出口的文化产品主要集中于文化用品和文化专用设备等相关领域，这些产品大多来自资源密集型和劳动密集型的生产制造领域，成本低、价格便宜、易于流通和销售，而与核心内容和文化价值观紧密相关、高创意附加值或高技术含量的文化产品出口尚未成为主流。相反，中国自俄罗斯进口的文化产品主要由出版物、工艺美术品及收藏品、视觉艺术和设计类产品构成，并且在整体进口结构中有稳步增加的趋势，一定程度上体现了俄罗斯对中国出口文化产品所具有的内容优势。当然，出现上述现象有一定的客观原因，在中国与俄罗斯开展文化贸易之前，俄罗斯在某种程度上更强调自身的欧洲性，对外贸易采取欧盟优先战略，其文化产品主要面向欧盟国家消费者，适合中国消费者的俄罗斯文化产品较少。受欧盟文化的影响，本国消费者也已经形成固定的文化消费理念和文化消费习惯，这种状况在短期内很难转变，加上受近年来俄罗斯经济不景气影响，人们对实用性强的物质类文化产品需求更大。

（二）中俄文化服务进出口结构

1. 图书版权贸易空间有待拓展

2017 年俄罗斯出版图书 11.74 万种，同比增长 5.6%；总印张 53.89 亿，同比增长 14.5%。有声读物市场销售收入达到 6.5 亿卢布，比 2016 年增长 54.8%，有声读物正成为俄罗斯出版业的蓝海。2017 年俄罗斯印刷品图书小册子出口对象国位列前 10 名的是印度、孟加拉国、越南、伊朗、美国、哈萨克斯坦、中国、白俄罗斯、阿尔及利亚和埃及，这 10 个国家出口额约为 2.63 亿美元（约合 2.21 亿欧元），同比增长 54.7%。印度一直是俄罗斯的图书出口大户，2017 年出口额达到 1.14 亿美元，同比增长 62.8%；伊朗和美国也是俄罗斯图书出口的主要国家，2017 年出口到这两个国家的图书出口额分别为 0.18 亿美元和 0.17 亿美元，同比分别增长 5.9% 和 19.8%。①

根据中国国家新闻出版署每年定期发布的《新闻出版产业分析报告》，2017 年，全国出版新版图书 25.5 万种，降低 2.8%；总印数 22.7 亿册（张），降低 5.6%。2018 年，全国累计出口图书、期刊、报纸、音像制品、电子出版物、数字出版物（不含游戏）1701.4 万册（份、盒、张），较 2017 年降低 21.9%；10092.6 万美元，降低 6.3%。全国累计进口图书、期刊、报纸、音像制品、电子出版物、数字出版物（不含游戏）4096.9 万册（份、盒、张），增长 25.3%；74222.1 万美元，增长 11.5%。进出口总额 84314.7 万美元。从实物进出口角度来看，无论是图书、期刊、报纸还是音像、电子出版物，进口量均大于出口量，进口金额远大于出口金额，显示为逆差。从版权贸易角度来看，引进输出比逐年缩小，但逆差状况仍然持续。客观来说，俄罗斯年度出版图书品种不及中国一半，单本平均发行量也不高，但是出口金额远高于中国出版物，特别是在欧亚出版领域和单一国家市场的竞争力更强。

从版权贸易角度来看，2012—2017 年，中国向俄罗斯累计输出各类版权 1259 项，其中，图书版权 1202 项，占比 95.5%，录音制品、录像制品、电视节目以及电子出版物合计 57 项，占比 4.5%。2012—2017 年，中国从俄罗斯累计引进版权 527 项，其中，图书版权 506 项，占比 96%，录像制品、电影、电子出版物和软件合计 21 项，占比 4%。② 总体上中国对俄罗斯版权输出远大于引进，并且出现顺差扩大的趋势。与中国图书版权贸易总量相比，俄罗斯所占比重也非常小，美、英、日、法、德仍然是中国主要的图书版权贸易伙伴，作为两个出版业大国，未来中俄在出版物进出口和版权贸易两方面都有较大拓展空间。

---

① 参见范军主编《国际出版业发展报告（2018 版）》，中国书籍出版社 2019 年版。
② 国家统计局国家数据，http://data.stats.gov.cn/easyquery.htm?cn=C01。

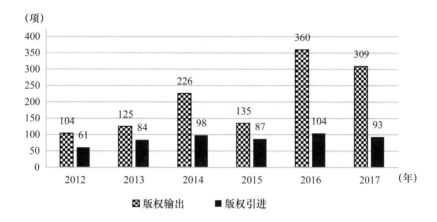

图 2-16 2012—2017 年中俄版权贸易情况

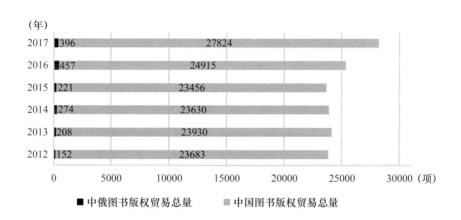

图 2-17 2012—2017 年中俄图书版权贸易总量占比情况

2. 电影市场接受度亟需提高

2017 年，俄罗斯电影市场延续了之前 5 年的稳步增长态势，俄罗斯本土电影已经成为市场增长的主要驱动器。国产电影发行累计票房收入增长 10.9%，电影院上座率增长 11.4%。俄罗斯电影票房收入和观影人数均比 2016 年增长 1.5 倍,分别达到 536 亿卢布和 2.134 亿人次,创历史新高。2017 年俄罗斯一共上映 471 部电影,其中 123 部是俄罗斯本土电影,俄罗斯本土电影占影院上座率的 25.6%、票房收入的 24.3%,分别比上年提高 7.2% 和 6.5%,也是自 2010 年以来首次突破 20%。[①]

截止到 2017 年底,俄罗斯的电影总售票量,超过了法国和英国,居欧洲第一位。俄罗斯共有电影银幕 4793 块,其中数字银幕 4786 块(含 3D 数字银幕 3773 块),银幕数字化比例接近 100%,3D 数字银幕比例远高于世界平均水平。俄罗斯成为欧洲最大的电影市场一部分归功于俄罗斯文化部和俄罗斯电影基金会所采取的保护本土影片市场份额的措施,虽然在发行放映公司的强烈抗议下放弃了对进口影片放映配额和征收发行费的立法草案,但实行对每张电影票征收 3% 的税,用于支持本土电影的生产,在保护主义措施与本土制片行业复苏的共同作用下,俄罗斯影片市场发展态势良好。[②]

根据中国国家电影局的统计,2018 年全国电影总票房(含服务费)609.76 亿元,同比增长 9.06%;全国观影人次 17.16 亿,同比增长 5.9%。2018 年度前十影片票房均在 16 亿元以上,观影人次均在 4500 万人以上,前十影片票房合计 243.8 亿元,同比增长 19.9%。在 2018 年上映的 542 部影片中,国产片(包括合拍片)430 部,进口片 112 部,分别实现票房 379 亿元和 301 亿元,前者同比增长 25.9%,连续两年增幅超过 10 个百分点。后者同比下降 10.6%,拖累总票房增速。相应国产电影票房占比也有大幅提升,2018 年票房占比提升 8.4 个百分点至 62.2%。2018 年电影银幕数

---

① 陈阳、〔俄〕德米特里·利沃维奇·卡拉瓦耶夫:《俄罗斯商业电影发展新趋势》,《艺术评论》,2018 年 7 月。

② 李怀亮主编:《国际文化市场报告 2018》,首都经济贸易大学出版社 2019 年版,第 83—84 页。

量为 60079 块，同比增长 18%，居世界首位。

与中俄两国国内电影市场的各自繁荣相比，中俄电影贸易还处于起步阶段，无论是上映影片数量和类型，还是票房收入和口碑效应，中俄电影在对方市场的能见度有限，互补性和接受度也比较小。2015—2019 年，共有 27 部俄罗斯电影在中国院线上映，其中合拍片 6 部，中俄合拍占 5 部。从类型来看，上映数量最多的是动画片和动作片，各有 7 部，合计占比 50%，前者大都带有奇幻冒险色彩，后者则多与科幻惊悚悬疑有关，其次是爱情片，共有 5 部，战争片则有 3 部。从票房收入来看，票房超过千万元人民币的俄罗斯电影共有 16 部，占比 60%。票房收入最高的五部俄罗斯电影分别是《绝杀慕尼黑 3》《冰雪女工 3：火与冰》《他是龙》《冰雪女皇之冬日魔咒》《火海凌云》，票房合计 2.93 亿元人民币，不及好莱坞大片、印度电影、日本动画在中国的单片票房成绩。即使在俄罗斯国内引起轰动的票房冠军电影在中国的反响也不如预期。例如，在俄罗斯一上映就口碑爆棚的科幻电影《太空救援》，在中国的放映收入仅为 1686 万元人民币，《花滑女王》在俄罗斯国内票房突破 10 亿卢布（约 1.12 亿元人民币），但是在中国的票房收入仅为 1718 万元人民币。此外，从院线排片密度来看，俄罗斯电影被中国市场接纳的程度与美国、日本乃至印度电影相比仍有不小差距，11 部电影上映天数仅有 10 天，5 部电影上映天数不足 10 天，放映档期超过 20 天的只有 3 部。

可以看出，2015—2019 年在中国院线上映的俄罗斯电影总体数量不少，但票房收益不高，而且没有一部电影进入中国票房排行前 25 位。2018 年俄罗斯年度票房排名前 25 位的电影中，美国占 21 部，中国仅一部上榜，并且是中美合拍，即《巨齿鲨》，该片于 2018 年 8 月在俄罗斯上映，票房收入 1330 万美元，观影人数 343 万人次。同年中国年度票房排名前 25 位的电影中，美国占 11 部，印度电影 1 部，而俄罗斯电影则无一上榜。有关调查显示，俄罗斯

2016 年全年对中国电影的年均观影数量仅为 2.17 部。囿于传播障碍和交易壁垒，以俄罗斯为代表的独联体国家（白俄罗斯、乌克兰、摩尔多瓦）已经成为中国电影海外传播的洼地。[①]

总体而言，中俄两国电影合作已经从互办电影节、互相引进影片，拓展到了电影合拍，但进入俄罗斯的中国电影参加电影节展远大于在商业院线放映，主要原因是中国电影在俄罗斯销售渠道和网络建设相对滞后，加上语言障碍，大多只能通过国际合拍片的方式进入俄罗斯市场，中俄两国影视贸易层次和水平都有待提升。

表 2-5   2015—2019 年俄罗斯电影在中国上映情况一览表

上映年份	影片名称	影片类型	票房收入（万元人民币）	上映天数	备注
2015	战火中的芭蕾 Ballet in the Flames of War	战争	1211	17	中俄合拍
	这里的黎明静悄悄 The Dawns Here Are Quiet	战争	730	13	
	冰雪女王 The Snow Queen	动画	408	7	
2016	冰美人 Ice Beauty	爱情/冒险	5.3	NA	中俄合拍
	他是龙 On - drakon	爱情/奇幻/冒险	6015	17	
	超能太阳鸭 Sun Duck	动画	2008	10	
	火海凌云 Ekipazh	动作/冒险/灾难	3079	10	

---

① 田秒：《"一带一路"背景下中国电影对外传播研究——从中国电影在俄罗斯的传播现状说开去》，《中国电影市场》2017 年第 10 期。

续表

上映年份	影片名称	影片类型	票房收入（万元人民币）	上映天数	备注
	暗杀游戏 Mafia：Survival Game	动作/惊悚/科幻	2110	10	
	黑海夺金 Black Sea	冒险/惊悚	226	3	
	冰雪女皇之冬日魔咒 The Snow Queen 2：The Snow King	动画/奇幻/冒险	3576	16	
2017	灵狼传奇 Savva：Heart of the Warrior	动画/冒险	1151	16	
	守护者：世纪战元 Guardians	动作/科幻/冒险	2023	10	
	绿野仙踪之奥兹国奇幻之旅 Fantastic Journey to OZ	动画	905	10	
	时间去哪儿了 Where Has Time Gone	剧情	854	18	南非/印度/俄罗斯/巴西/中国
	维京：王者之战 Viking	战争/动作	1411	10	
2018	太空救援 Salyut 7	科幻/冒险/剧情	1686	10	
	莫斯科陷落 Attraction	爱情/科幻/剧情/灾难	238	10	
	花滑女王 Ice	爱情/剧情/运动	1718	10	
	冰雪女王3：火与冰 The Snow Queen 3：Fire and Ice	动画	7422	60	中俄合拍
	最后一球 The Coach	运动/剧情/励志	609	17	

上映 年份	影片名称	影片类型	票房收入 （万元人民币）	上映 天数	备注
2019	网络谜踪 Searching	惊悚/剧情/悬疑	3051	10	美俄合拍
	最萌警探 Naparnik	动作/喜剧	21	NA	
	战斗民族养成记 How I Became Russian	爱情/喜剧	804	11	中俄合拍
	最后的勇士 The Last Knight	动作/喜剧/冒险	66	3	
	绝杀慕尼黑 3 Seconds	剧情/运动	9178	32	
	冰雪女王4：魔镜世界 The Snow Queen: Mirrorlands	动画/奇幻/冒险	2357	24	
	龙牌之谜 The Mystery of Dragon Seal	奇幻/冒险/动作	1851	10	中俄合拍

数据来源：艺恩咨询、中国票房网 http://www.cbooo.cn

3. 艺术贸易存在较大逆差

2015—2019 年，中国正步入文化娱乐消费最快的增长阶段，剧场等硬件设施条件日益完善，观演需求和艺术素养日渐增长，演出市场的发展潜力正在释放，但对外演出仍以交流居多。俄罗斯芭蕾、戏剧和大马戏历来被视为俄罗斯三大艺术瑰宝，其悠久的历史传承、深厚的舞台技艺以及高水平的民众艺术鉴赏力成就了在世界演艺市场的重量级地位，具有相当的市场号召力和国际影响力。这种差异在中俄演艺服务贸易领域表现得十分突出。

根据文化部涉外营业性演出审批信息公示系统数据，赴中国商演的俄罗斯文艺表演团体数量 2015—2019 年总体呈现下滑趋势，但已经在国内形成固定的受众群体和稳定的票房收入。其中不乏俄罗斯顶尖甚至是世界级水准的文艺表演团体，它们在华演出上座率高、票房亮眼、口碑稳定。例如被称为世界十大交响乐团之一的俄罗斯圣彼得堡爱乐乐团几乎年年都来中国登台亮相，由著名形体剧团 HAND MADE 打造的百变形体剧《魔法师的白手套》曾经在 23 个国家上演，来华演出也已经 3 年，上演超过 120 场。

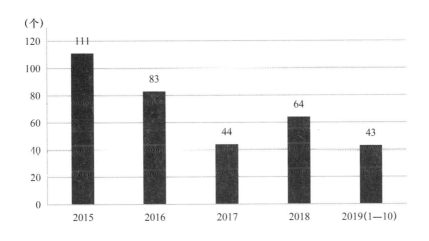

图 2 - 18　2015—2019 年来华商演的俄罗斯文艺表演团体数量（个）

数据来源：文化部涉外营业性演出审批信息公示系统。

相较而言，中国文艺表演团体赴海外演出收入持续增长，但仍以交流性演出为主体，商业性占比较低。根据中国演出行业协会年度报告统计，2016 年，中国赴海外演出收入 27.23 亿元，比 2015 年上升 4.15%。国外来华演出收入为 43.68 亿元，演艺贸易存在较大逆差。2017 年，文艺表演团体赴海外演出收入 29.74 亿元，同比上升 8.43%，其中，商演比重依然很低，占赴海外演出总场次的 38.1%，不到一半。2018 年文艺表演团体赴海外演出收入为 31.86 亿元，较 2017 年增长 6.66%；其中，商业演出场次 0.20 万场，收入 12.97 亿元，比上年增长 4.76%。从演出类型来看，舞蹈、杂技、武术是中国在国际演出市场最具商业价值的三种艺术类型，尤其是杂技，2018 年中国演艺产品海外商演中近 40% 是杂技类项目，已经是中国演艺"卖出去"的主力军。由于商演类型的同质性和海外市场营销能力有限，中国文艺表演团体赴俄罗斯的规模和数量都很有限，多数是交流性质，真正形成口碑并持续商演的团体非常少，中俄两国演艺服务贸易存在较大逆差。

在视觉艺术方面，俄罗斯油画在世界艺术领域中具有很高的地位，出现过列宾、列维坦、希施金等多位世界级绘画大师。过去俄罗斯油画一直禁止以私人名义在市场买卖，直到叶利钦时代，才被允许进入艺术市场。2002年以来，俄罗斯艺术品市场出现长足发展，同中国、印度一起被认为是新兴艺术品市场的代表。随着苏富比和佳士得俄罗斯油画的拍卖价格和成交率不断刷新，俄罗斯油画的收藏价值逐渐为国际市场认可，行情一路看涨。由于中国民众对俄罗斯油画有着天然的亲近感，俄罗斯油画成为中国人较大规模收藏的外国艺术品类之一，自上世纪90年代开始，以北京华阳艺术工作室为代表的中国藏家和艺术爱好者开始关注并购买俄罗斯油画，带动国内俄罗斯艺术品经营风潮。但是与欧洲其他国家油画相比，俄罗斯油画的市场价格明显低于其艺术价值，相对于当前迅速膨胀的中国艺术品市场，俄罗斯大部分艺术家的价值更是被低估了。此外，俄罗斯政府对艺术品采取了入境免关税、出境要经过专门艺术机构鉴定的限制性政策，进入中国市场的俄罗斯油画精品非常少。

相对而言，以古玩为主的非绘画类型成为俄罗斯艺术品在中国拍卖市场的主流，根据中国嘉德和保利拍卖这两家最大的中国拍卖公司交易数据，2015—2019年，上拍并成交的俄罗斯拍品共有32件，主要类别从多到少依次为古籍（17）、邮品（5）、钱币（5）、绘画（3）、摄影（1）以及瓷器（1），古籍占比超过一半。与美国、法国、英国相比，俄罗斯拍品数量极少，甚至不及十分之一。但是从成交价格来看，俄罗斯拍品具有一定的优势，柴可夫斯基、鲁宾斯坦、列宾等大师级俄罗斯音乐家和画家的手稿，单件成交价

格从上万到数十万不等。尽管俄罗斯拍品 2015—2019 年成交总额
不稳定，2015—2017 年出现明显下降趋势，但是在大师手稿拍卖价
格强劲的支撑下，2018 年俄罗斯拍品总成交额突破 70 万元。

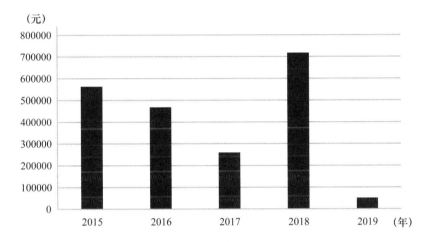

图 2 - 19　2015—2019 年中国嘉德和保利拍卖俄罗斯拍品成交额

数据来源：中国嘉德、保利拍卖。

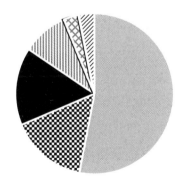

▨ 古籍　◔ 邮品　■ 钱币　⊞ 绘画　⌃ 摄影　◌ 瓷器

图 2 - 20　2015—2019 年中国嘉德和保利拍卖俄罗斯拍品类型构成

数据来源：中国嘉德、保利拍卖。

4. 数字内容贸易成为新兴增长点

近年来，以游戏、短视频、网络文学为主体的数字内容产品正在成为中俄文化贸易的新兴增长点，形成了以 IP 为中心、视频内容与出版、音乐、文学、游戏、电商等领域协同的跨国娱乐内容生态。根据 Newzoo 发布的《2019 年全球游戏市场报告》，2019 年，全球游戏市场预计将产生 1521 亿美元的收入，同比增长 9.6%。全球游戏市场收入规模前 15 的国家分别是：美国、中国、日本、韩国、德国、英国、法国、加拿大、意大利、西班牙、澳大利亚、俄罗斯、墨西哥、巴西、印度。其中，中国作为亚太区域第一和世界第二大游戏市场，其规模将达到 365 亿美元。作为欧洲游戏市场中起步较晚的区域，东欧地区的游戏市场结构及消费习惯具有自身特点，并在近年来发展迅速，占据愈发显著的位置，俄罗斯作为东欧市场的领头羊和最吸引国际投资商和游戏厂商关注的国家之一，其2019 年游戏市场收入预计将达到 18 亿美元。

综合历年中国游戏产业报告的统计数据，2018 年，中国自主研发网络游戏海外市场实际销售收入达 95.9 亿美元，同比增长15.8%。2019 年上半年达 55.7 亿美元，同比增速 20.2%，高于自主研发游戏国内市场收入增速。海外市场已成为中国游戏企业重要的收入来源。中国正在以一个成熟且规模巨大的游戏经济体形象，把游戏产品、运营方式和文化 IP 向东南亚、中东、印度、俄罗斯和欧洲等地输出。这些区域对中国来说是最佳的影响力辐射区域，他们有足够庞大的游戏需求，却还没有形成跟得上玩家脚步的游戏产业，而且随着国内市场和人口红利见顶，处于战略窗口期的中国游戏企业不断强化对于全球市场的布局，进一步拓宽游戏产业"走出去"的通道。

以近年来增长迅速的移动游戏为例，俄罗斯游戏市场保持着SLG（策略游戏）、RPG（角色扮演游戏）＋ACT（动作游戏）为主的重度游戏占据绝大部分市场份额，偶尔穿插消除类手游等休闲游戏的格局。2019 年 8 月，AppAnnie 联合 Google 发布的《2019 年中国移动游戏出海深度洞察报告》显示，基于 iOS 和 GooglePlay 的综合数据，2019 年上半年全球主要游戏市场下载量排名中，俄罗斯以 11.7 亿次，同比增长 9%，排在印度、美国、巴西之后，位列第四。中国移动游戏产品在俄罗斯市场的用户支出年增长率高达 73%（包括付费下载和应用内付费，未去除商店分成）。从类别来看，在策略类游戏中，中国移动游戏产品在俄罗斯市场具有绝对优势，在角色扮演和动作类别中，中国移动游戏产品与美、日、韩游戏企业竞争较为激烈。从产品来看，包括《王国纪元》《列王的纷争》《阿瓦隆之王》在内的中国移动游戏产品在俄罗斯市场收入在过去两年中实现了翻番。以 IGG、智明星通、网易为代表的中国游戏企业纷纷在俄罗斯实施本地化策略，除了与谷歌商店、苹果应用商店等建立长期稳定的合作关系外，围绕当地文化、用户习惯等方面进行深入研究，强化对于用户的深度运营，从而更好地生产契合本土用户需求的产品。

凭借着碎片化、低门槛和高传播特性，以抖音、快手为代表的中国短视频 APP 自 2017 年开始，加快国际化发展步伐并且高速增长。AppAnnie 数据显示，快手于 2017 年 5 月进入俄罗斯市场，其海外用户数量中俄罗斯占比高达 31%。到 2018 年 5 月，快手成为俄罗斯市场安卓和 iOS 系统移动应用下载量"双榜冠军"，在俄罗斯受到欢迎得益于其人气视频和积极的广告宣传。而根据《2018 中国网络文学发展报告》的统计，在俄罗斯，除了起点国际（Webnovel）、Wuxiaworld、Gravity Tales 等重要的海外网文平台之外，主要推介和翻译中国网络小说的平台是 tl. RULATE. ru。该网站建立于 2012 年，到 2017 年已经累计注册 34059 个用户（含译员），翻译 1998 部作品，60 万个文章片段，对译文修改 5 万多次。有 419 部中国小说，78 部韩国小说，370 部日本小说，141 部英语小说。中国小说大多是网络小说。在近 2000 部小说的总榜中，前

15 部中有 12 部是中国网络小说。

三 中俄文化贸易前景的趋势预测

（一）巩固人文交流成果，壮大对外文化市场主体实力

作为共建"一带一路"的合作伙伴以及同为金砖国家和上合组织成员国，俄罗斯和中国在多方面有着相同的目标和共同的利益追求。但是中俄两国的文化产业结构都处在调整过程中，迫切需要进一步释放国内生产力，通过贸易一体化和投资便利化措施，将本国文化产品和服务推向国际市场。在 2012 年 8 月正式成为世贸组织成员国之后，俄罗斯下调了总体关税水平，把跨国企业合作规则纳入统一框架中，这一系列变化有利于中俄两国文化企业展开合作。但是依据俄罗斯《战略领域外国投资法》，外资进入的限制性行业就包括覆盖俄罗斯领土一半区域的广播媒体、发行量较大的报纸和出版公司等，对中俄文化贸易和投资会产生一定的影响。

从总体趋势来看，中俄文化贸易将会向广阔和纵深的方向发展。但是与政治关系和经贸关系相比，中俄文化贸易的发展潜力尚未得到充分挖掘。因此，两国面临的首要任务是基于现有高级别人文交流机制和多年来各领域民间交往，夯实战略互信基础，巩固人文交流成果。大型交流活动能够为中俄人文合作提供契机和平台，以及相互了解的信息渠道，但是使合作扩大、产生持久的动力在于强有力的制度支撑，需要综合考虑经济性、社会性、市场性的因素，避免短期效应，通过市场化手段真正促进贸易发展。有必要加大对俄罗斯相关文化战略、文化政策以及具体国情、民情的研究，把握差异性地域文化特质，对本地市场进行深入的积累。尤其是要壮大两国文化贸易相关市场主体，突出企业的主体地位和市场导向作用，扫清通关成本过高、标准不统一等种种障碍，不断改善营商环境，为两国企业的文化贸易投资合作创造良好条件，实现文化贸

易规模和质量提升，给中俄经贸合作注入新的动力。

（二）瞄准数字内容市场，创新中俄文化服务贸易模式

在全球数字贸易规模不断扩张的背景下，各国都在积极推动以创新为主要引领和支撑的数字经济发展。2019 年，《俄罗斯联邦国家科技发展计划》和《2030 年前俄罗斯国家人工智能发展战略》正式公布，前者以国家"科学""教育"和"数字经济"项目为专项指标，于 2019 年至 2030 年实施。后者旨在促进俄罗斯在人工智能领域的快速发展，包括强化人工智能领域科学研究，为用户提升信息和计算资源的可用性，完善人工智能领域人才培养体系等，并将纳入"俄罗斯联邦数字经济"国家发展计划。

作为全球化与数字化结合的热点，新兴技术与文化创意产业逐步融合形成中国数字创意产业的基础架构，特别是随着数字创意产业被中国定位为国家战略性新兴产业，5G 商用落地指日可待，中国数字文创意产业正在迎来爆发式增长阶段。不仅电子游戏、影视视频、会展、旅游、新闻出版等产业将受益，产业互联网与消费互联网形成的跨界融合性互联网，将激发文化产业作为生产性服务业所能发挥的重要作用。而向海外市场拓展已经成为中国数字创意企业的共同选择。

面对数字贸易的巨大发展机遇和经济发展战略转型的现实，中俄两国应该积极调整贸易战略，挖掘和培育数字经济新增长点，大力发展以数字技术为支撑、高端服务为先导的"服务＋"整体出口，积极培育文化服务贸易新业态和新模式。促进版权应用便利化的各种探索，将保护创意者商业变现的权利，有效推动创意生成和生产转化；利用大数据的消费主导效应以获取对外文化贸易价值的认可，避免产品同质化等供需错节因素所造成的贸易损失，实现文化贸易的本土化。打破文化产品出口种类单一的弊端，重点打造出版物、影视传媒、动漫游戏、音乐等具有原创知识产权的产品，并

在此基础上向版权交易、参股投资等方面拓展，实现更多自主和多样的深度合作。

（三）发挥口岸效应和集聚功能，推动中俄文化贸易升级

中俄两国边境线长，开放口岸众多，地缘相近、人缘相亲、文缘相通，这是中俄文化贸易发展的重要优势之一。如何发挥口岸效应和集聚功能，是推动中俄文化贸易尤其是中国与远东地区的贸易转型升级的关键。

应当加强对俄罗斯口岸基础设施建设，为口岸发展文化贸易奠定硬件条件和物质基础。加强与俄罗斯的沟通和协调，优化通关环境，为发展文化贸易提供便利条件。加强与内陆文化产品和文化服务发展具有优势的城市联系和合作，打造发展文化贸易直通车。加强政策宣传，吸引更多具有国际竞争力的文化企业落户优势口岸或建立分支机构，畅通产业合作渠道，方便企业贸易结算并协助两国企业进行技术对接，帮助中俄企业开拓对方文化市场。

促进中国边境口岸城市与俄罗斯在文化展览、文艺演出、教育培训等等方面的合作，利用哈洽会等平台打造具有较大文化魅力、经济效益和国内外影响力的大型中俄跨境文化贸易集市，形成文化艺术交流、艺术品展销、文化经济贸易集散地，推动口岸城市向拥有较高经济附加值的高科技产品和文化产品贸易转型，推动口岸经济多元化。

以哈尔滨、黑河、满洲里为重点，面向俄罗斯和欧亚市场，整合现有中俄文化大集、中俄文化驿站等综合性平台，联动哈尔滨国际油画交易中心、黑河俄罗斯油画城等各类交易平台，促进中俄演艺业、娱乐业、动漫业、游戏业、文化旅游业、体育业、艺术品业、工艺美术业、文化会展业、网络文化业以及教育、金融、贸易、服务等相关产业集聚，建设对俄贸易平台、产业平台、金融平台和科技合作平台。

　　积极利用《（黑龙江）自由贸易试验区总体方案》的政策机遇，落实演艺、会展、艺术品、游戏等行业领域的贸易投资便利化措施，吸引中俄相关企业和机构集聚，借助俄加入 WTO 后投资环境日趋转好之势，实现文化产业跨国经营和投资合作，培育发展高端文化服务和数字内容产业新业态，形成中俄文化贸易先导区和示范区。

中俄旅游专题报告（2018—2019）

王　恒

　　中俄两国山水相连，人文相亲，建交70年来，双方立足全面战略伙伴关系，在政治、经济、文化等领域一直开展着卓有成效的合作与交流。作为文化交流的重要内容，双方围绕旅游产业进行的形式多样的合作也逐步走向深入。2013年3月22日习近平主席在俄罗斯"中国旅游年"开幕式上的致辞中指出："旅游是传播文明、交流文化、增进友谊的桥梁，是人民生活水平提高的一个重要指标，出国旅游更为广大民众所向往。旅游是综合性产业，是拉动经济发展的重要动力"。① 为此，本报告立足近年来中俄两国在旅游领域的合作交流实践，在回顾和梳理双边旅游交流发展现状的基础上，借助社交媒体分析工具，检视中俄两国旅游目的地形象的网络口碑传播效果，进而提出中俄旅游目的地协同营销策略建议。

一　中俄双边旅游交流发展现状

（一）中俄旅游交流规模不断扩大，签证便利化程度逐步增强

　　回顾中俄旅游交流的发展历史可以看到：两国旅游交流规模已

---

　　① 习近平：《在俄罗斯"中国旅游年"开幕式上的致辞》，中国旅游研究院，中俄全面战略协作协同创新中心，俄罗斯"无国界世界"旅游协会：《中国—俄罗斯旅游合作论坛文集2013》，旅游教育出版社2014年版，第3页。

经从 20 世纪 90 年代初不足 10 万人次扩展到 2011 年的 330 万人次，2002—2011 年两国双向旅游交流人数年均增长 9.6%。截止 2018 年，双向交流人数超过了 400 万人次。2017 年中国赴俄罗斯旅游人数约达 150 万人次，成为俄罗斯最大的外国客源地，其中 90 多万名中国游客通过免签的方式到俄罗斯旅游。（如图 3 - 1 所示）

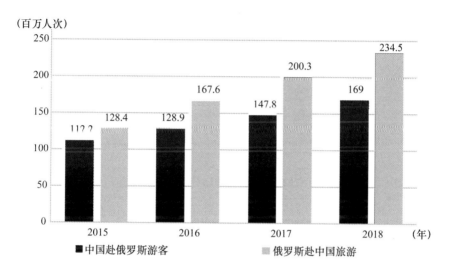

（百万人次）

图 3 - 1　中俄双向旅游人次对比（百万人次）

数据来源：俄罗斯联邦国家统计局

中俄两国在 2000 年就已签署团队旅游互免签证协议，根据该协议，人数在 5 - 50 人的旅游团队可以在 15 个工作日内进行免签旅游。俄罗斯于 2017 年 8 月 8 日起，在符拉迪沃斯托克自由港区域，对包括中国公民在内的有关国家公民实行电子签证制度。中国公民前往俄罗斯远东五个地区可申请免费电子签证，有效期 30 天，自签证颁发之日起一次有效，单次停留 8 天，只能从符拉迪沃斯托克航空港等 11 个口岸出入境。俄罗斯组团游客则享有中国特定省市口岸和广东珠江三角洲地区 144 小时免签以及海南省 30 天免签政策。①

（二）中俄旅游交流推广形式多样，合作平台机制逐步形成

2010 年以来，中俄两国政府间、友好省份及城市间的官方合作持续开展、有序推进，特别是随着 2010 年"俄罗斯汉语年"、2012 年中国"俄罗斯旅游年"以及 2013 年俄罗斯"中国旅游年"的成功举办，加深了两国政府和人民之间的了解和信任，奠定了国家间交流的广泛的公民和社会基础。②

近年来，以会展节庆活动为代表的官方和民间的旅游文化交流层出不穷，我们仅以 2017 和 2018 两年的主要交流活动为例来一窥究竟。（见表 3 - 1）

表 3 - 1 　　　　　2017—2018 年中俄文化旅游交流大事列表

时间	事件主题	活动内容
2017 - 02 - 22	《安全文明俄罗斯行》领事保护宣传片推介会举行	《安全文明俄罗斯行》领事保护宣传短片推介会在中国驻俄使馆举行。俄外交部、联邦旅游署、"旅游无国界"组织和中国国家旅游局、航空公司、中资公司、华侨华人社团及留学生代表共 130 余人出席。中国驻俄大使李辉、俄外交部无任所大使陶米恒、俄联邦旅游署副署长科罗廖夫及中国国家旅游局、南航驻俄代表先后致辞。

① 一带一路人文交流大数据报告编写组：《一带一路人文交流大数据报告 2018》，大连理工大学出版社 2018 年版，第 95、104 页。

② ［俄］普京：《在俄罗斯"中国旅游年"开幕式上的致辞》，中国旅游研究院，中俄全面战略协作协同创新中心，俄罗斯"无国界世界"旅游协会：《中国—俄罗斯旅游合作论坛文集 2013》，旅游教育出版社 2014 年版，第 5 页。

续表

时间	事件主题	活动内容
2017 - 04 - 04	中俄合拍大型系列纪录片《这里是中国》首播仪式在莫斯科举行	中俄合拍大型系列纪录片《这里是中国》首播仪式在中国驻俄罗斯大使馆隆重举行。中国驻俄罗斯大使李辉、俄外交部新闻发言人扎哈罗娃、中国国务院新闻办公室副巡视员田哲一、俄政府新闻局副局长卡明斯卡娅出席活动并致辞，俄总统新闻局、政府新闻局、外交部新闻局及中俄媒体代表约 150 人出席了活动。
2017 - 04 - 28	驻俄罗斯使馆举行俄罗斯下诺夫哥罗德市推介会	俄罗斯下诺夫哥罗德市专场推介会在中国驻俄使馆隆重举行。驻俄罗斯大使李辉，驻喀山总领事吴颖钦，下诺夫哥罗德市副市长霍尔金娜，济南市代表团团长、济南市出版社社长霍刚出席并致辞。俄外交部代表、下诺夫哥罗德市主要部门负责人，以及中俄企业家、媒体、使馆外交官 150 余人出席。这是中国驻俄使馆第 9 次为俄联邦主体举办专场推介会。
2017 - 06 - 22	第八届中俄文化大集在黑河隆重开幕	第八届中俄文化大集在黑河世纪广场隆重开幕。本届文化大集由中国文化部、黑龙江省政府和俄罗斯文化部、俄阿州政府主办，黑龙江省文化厅、黑河市政府、俄阿州文化档案部、布市行政公署承办，以"文化交流、文化贸易、文化旅游、繁荣发展"为主题，突出展示"中国文化走出去"理念，旨在推动中俄文化交流互鉴，促进"一带一路"倡议深入实施。

续表

时间	事件主题	活动内容
2017 - 07 - 21	地坛庙会全球行·2017 莫斯科之旅圆满闭幕	世界著名的莫斯科革命广场上每天都人头攒动,茶叶、丝绸、景泰蓝、书画、雕漆、紫砂壶等一大批中国非遗技艺引得莫斯科民众纷纷驻足观望,这是"地坛庙会全球行"继 2016 年之后再次来到莫斯科,4 天的庙会吸引了 16 万人次浏览驻足,活动在中国及俄罗斯都受到了广泛关注,中央电视台、新华社、人民日报都进行了专题新闻报道,俄罗斯众多媒体也特别进行了跟踪报道。
2017 - 07 —20	第八届中俄蒙美食文化节暨第三届中国乌兰察布美食节开幕	第八届中俄蒙美食文化节暨第三届中国乌兰察布美食节在乌兰察布市集宁区开幕。活动持续到 7 月 30 日,为期十天。
2017 - 08 - 10	"三亚日"城市形象推介活动在莫斯科举行	2017"三亚日"城市形象推介活动 8 月 10 日在莫斯科举行,俄罗斯联邦文化部副部长雷日科夫、中国驻俄罗斯大使李辉和海南省三亚市市长吴岩峻等出席活动。这次活动以"美丽三亚,浪漫邀请"为主题,俄政府部门及中俄旅游业代表共 100 多人出席。
2017 - 09 - 12	2017"俄罗斯文化节"在广州拉开序幕	由中俄两国文化部共同主办的 2017"俄罗斯文化节"开幕式音乐会在广州大剧院举行。上百位中俄艺术家同台献艺,两国有关人士和上千名观众一同观看了演出。
2017 - 09 - 19	2017 中俄红色旅游合作交流系列活动开幕	2017 年中俄红色旅游合作交流系列活动暨首届湘赣边红色旅游节在浏阳市文家市镇秋收起义会师纪念广场开幕。

续表

时间	事件主题	活动内容
2017 - 09 - 21	中俄蒙"万里茶道"4＋2自驾骑行旅游文化交流之旅落幕	内蒙古自治区呼伦贝尔市旅游发展委员会发布消息称,为期13天的"茶路放歌·低碳行动"中俄蒙"万里茶道"4＋2自驾骑行旅游文化交流之旅落下帷幕。
2017 - 12 - 24	大兴安岭呼玛县中俄冰雕雪雕大赛暨首届冰雪文化旅游节开幕	呼玛县"一带一路"中俄国际冰雕雪雕大赛暨首届冰雪文化旅游节由中共呼玛县委员会、呼玛县人民政府和俄罗斯哈巴罗夫斯克边疆区人民对外友好协会共同主办,由呼玛县委宣传部和俄罗斯太平洋国立大学联合承办,黑龙江省黑土文化艺术研究院、呼玛县旅游和文化广电体育局协办。
2018 - 07 - 25	中俄人文合作委员会旅游分委会第十五次会议在三亚举办	中俄人文合作委员会旅游分委会第十五次会议在海南省三亚市举办,文化和旅游部党组成员杜江和俄罗斯联邦旅游署副署长科罗廖夫分别率领双方代表团参会。双方回顾了旅游分委会第十四次会议以来中俄旅游领域合作情况,就完善中俄互免团体旅游签证机制、深化中俄地方旅游合作、加强在多边框架下的协调、拓展合作新领域、探索建立旅游市场联合监管机制等议题进行了深入交流,达成广泛共识。

（三）中俄旅游要素互融互通走向深入，出游满意度逐步提高

中俄旅游交流日趋频繁，旅游要素的融通也水到渠成。以游客体验最强的餐饮要素互通为例。根据大众点评网的数据，俄罗斯特色餐馆在中国主要分布在东北和新疆，以哈尔滨、满洲里等靠近中俄边境的城市为主，如哈尔滨市 125 家、呼伦贝尔市 97 家、北京市 47 家、牡丹江市 25 家、大连市 22 家、阿勒泰地区 20 家。在俄罗斯的中餐馆有 842 家，其中莫斯科 240 家、圣彼得堡 180 家、符拉迪沃斯托克 61 家、伊尔库兹克 33 家，在俄中餐馆主要为川湘口味、北京菜及东北菜。①

根据中国旅游研究院《中国出境旅游发展年度报告 2018》和《中国出境旅游发展年度报告 2019》中对赴俄罗斯旅游的出境游客的满意度调研可知，中国游客对俄罗斯的总体满意度呈现提高趋势。（如表 3 - 2 所示）

表 3 - 2   俄罗斯出境旅游满意度对比

项目	2017 年	2018 年
游客总体满意度	76.83	81.9
问卷总体满意度	7.86	7.63
网评满意度指数	79.95	83.38

那么，满意或不满意又集中在哪些方面呢？根据清博数据对全网信息检索、网民评论、旅游达人评论性文章等综合因素的评定，俄罗斯游客赴中国旅游以及中国游客赴俄罗斯旅游的总体满意度评分均为 7 分（满分 10 分），通过对比典型的正负面评价（如表 3 - 3 所示）可知：

---

① 一带一路人文交流大数据报告编写组：《一带一路人文交流大数据报告 2018》，大连理工大学出版社 2018 年版，第 104 页。

表3－3　　　　　　　　中俄网络口碑满意度典型评价对比

	排序	中国	俄罗斯
正面评价	1	中国人好客，感觉亲切温暖	俄罗斯建筑恢弘大气
	2	旅游性价比	国民教育程度和素质比较高
	3	旅游景点、娱乐餐饮服务好	俄罗斯是有着深厚文化底蕴的国家
	4	旅行社服务好	
负面评价	1	北戴河海水污染比较严重	俄罗斯旅游业、服务业相当不发达
	2	部分从业人员服务不到位	旅游旺季餐馆、酒店常显得不足
	3	黄金周和小长假人非常多	周日超市拥挤，需长时间排队
	4	酒店及厕所基础设施未达标	街头破车很多且不怕撞，高速乱窜
	5	景区俄语导览标识不足	旅游成本太高

在正面评价方面，俄罗斯游客对中国旅游接待业的整体服务水平持充分肯定态度，而中国游客对俄罗斯的正面评价多集中于对整个国家的人文历史和国民素质的肯定；就负面评价而言，中国游客显然更多地对俄罗斯旅游及相关配套服务业颇有微词，而俄罗斯游客的抱怨多集中在出游环境和游览便利性方面。

二　中俄旅游目的地形象网络口碑传播效果

（一）国际社交媒体平台传播效果对比

目前，以 Facebook（脸书）、Twitter（推特）为代表的全球性社交媒体已经成为旅游营销，特别是目的地营销的重要信息传播和营销推介平台。据统计，全球已经有近 800 个国家（地区）和城市开通了 Facebook 账号，有超过 200 个国家（地区）和城市开通了 Twitter 账户。而俄罗斯和中国也已拥有这两个社交媒体平台的官方账户，因此，对上述两个平台账户的传播效果进行对比分析，具有重要的现实意义和参考价值。本文主要以 2017 年 9 月至 2019 年 11 月俄罗斯和中国旅游 Facebook 和 Twitter 账户发布的帖文为数据来源进行对比分析。

1. Facebook 官方账户传播效果对比

（1）帖文呈现方式

从呈现方式来看，俄罗斯和中国 Facebook 旅游官方账户的贴文呈现方式均分为三种，即文本、视频和图片。其中，中国旅游官方账户中三类贴文的占比为 67.06%、7.86% 和 25.08%，而俄罗斯旅游三类帖文的比例分别为 46.13%、3.32% 和 50.55%。可见，俄罗斯旅游帖文的发布在视觉体验方面更为丰富。（见图 3 - 2）

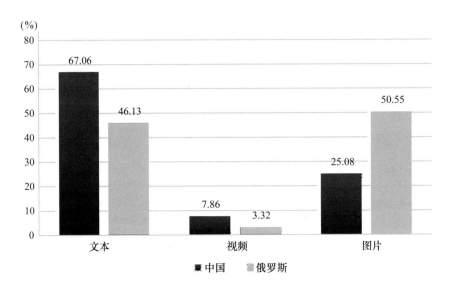

图 3 - 2 中俄 Facebook 帖文呈现方式对比

（2）帖文互动效果

从数据发布频率来看，俄罗斯旅游 Facebook 官方账户同期发布帖文数量是中国旅游官方账户的近 3 倍，但在由此产生的平均转发量和平均评论量方面差别不大，平均点赞数量上，中国旅游帖文平均点赞数超过了俄罗斯旅游帖文平均点赞数。从单篇帖文传播美誉度方面，中国旅游的传播互动效果略胜一筹。（见表 3 - 4）

表 3 - 4 中俄 Facebook 贴文传播数量对比

	中国	俄罗斯
数据条数	674	1927
总转发量	16194	56935
平均转发量	24.0	29.6
总评论量	1696	5834
平均评论量	2.5	3.0
总点赞数	314435	382757
平均点赞数	466.5	198.6

（3）帖文情感倾向

通过统计对比可以看出：在 Facebook 上，受众对俄罗斯和中国旅游帖文产生的情感态度有所差别。其中持中立态度的占比都是最大的，分别是 58.16% 和 67.67%，但中国旅游帖文带来的积极和消极情感比例更高一些，说明帖文在传播说服力方面做得较为充分。（如图 3 - 3 所示）

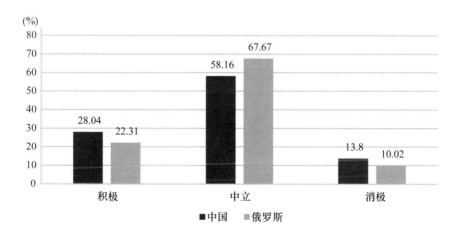

图 3 - 3 中俄 Facebook 旅游帖文情感倾向对比

2. Twitter 官方账户传播效果对比

（1）帖文呈现方式

与 Facebook 账户一样，俄罗斯和中国旅游的推特账户贴文种类也包括文本、视频和图片三种类型。统计可知，中国旅游帖文上述三种呈现方式的占比分别为 28.77%、5.48% 和 65.75%，而俄罗斯三类帖文的比例则分别为 5.06%、0.13% 和 94.81%。图片的比重占据绝对优势，而中国旅游账户虽然图片比例也不低，但依然遵循着图文并茂的传统传播方式。（见图 3-4）

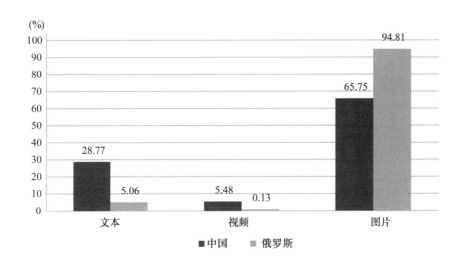

图 3-4 中俄推特旅游帖文呈现方式对比

（2）帖文互动效果

根据统计可知，俄罗斯旅游的推特账户同期发帖数量约为中国旅游的 11 倍，俄罗斯旅游推特账户遥遥领先，由此带来的平均转发量也有 2 倍的差距，但由于中国旅游账户帖文中文字比例相对较高，解释说明功能更强，所以平均评论量较之图片为主的俄罗斯帖文要高一些，但在平均点赞数方面，俄罗斯旅游帖文略胜一筹，显然图片产生的直观体验更易带来积极的情感评价。（见表 3-5）

表 3 - 5 中俄推特贴文传播数量对比

	中国	俄罗斯
数据条数	73	810
总转发量	70	1436
平均转发量	1.0	1.8
总评论量	25	97
平均评论量	0.3	0.1
总点赞数	300	4334
平均点赞数	4.1	5.4

（3）帖文情感倾向

通过统计对比可知：受众对俄罗斯和中国旅游推特账户帖文产生的情感态度差别较为显著，虽然持中立态度的占比都是最大的，但中国旅游帖文产生的积极情感效果更好，正面反馈比例超过了45%，消极情感体验仅约为4%，这也说明与推特传播特点更为契合的立足文本内容的传播方式效果更为理想。（如图 3 - 5 所示）

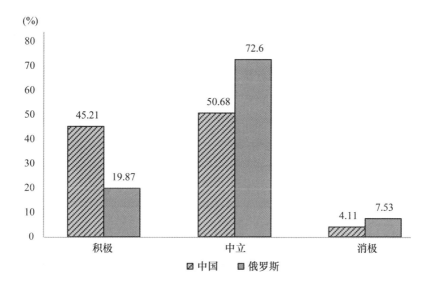

图 3 - 5 中俄推特旅游帖文情感倾向对比

（二）中俄目的地形象网络口碑对比

1. 中俄网络口碑最感兴趣的景区（目的地）TOP10 对比

根据清博数据基于对全网信息检索、相关信息梳理、讨论热词、网民评论、部分机构景区游客排名以及旅游达人评论性文章等因素的综合评定测算，俄罗斯游客对中国最感兴趣的景区和中国游客对俄罗斯最感兴趣的景区（目的地）TOP10 如表 3-6 所示。

表 3-6　　中俄网络口碑最感兴趣的景区（目的地）TOP10 对比

排名	中国	俄罗斯
1	海南三亚（天涯海角、亚龙湾、海昌梦幻海洋不夜城）	贝加尔湖
2	北戴河	摩尔曼斯克州
3	北京万里长城	圣彼得堡（埃尔米塔日博物馆、涅瓦大街、救世主滴血大教堂、夏宫、叶卡捷琳娜宫）
4	故宫	莫斯科［克里姆林宫、红场、卡洛明斯科娅庄园、新圣女修道院、高尔基公园、阿尔巴特老街、基督救世主大教堂、特列季亚科夫美术馆、麻雀山、莫斯科大学、国立特列季亚科夫画廊、国民经济成就展览馆、科洛缅斯科耶博物馆自然保护区、阿尔巴特街、国营百货商场（古姆）、中央百货商场］
5	少林寺	谢尔吉耶夫
6	长江三峡	弗拉基米尔
7	黄果树瀑布群	苏兹达尔
8	兵马俑	海参崴
9	西湖	雅库特（钻石）
10	桂林漓江	加里宁格勒（琥珀）

通过对比中俄游客的不同目的地和景区类型偏好，可以看出：俄罗斯游客对休闲度假型旅游产品和中国最具特色的世界文化遗产更感兴趣，而中国游客除对俄罗斯独具特色的人文历史景观和文化遗产尤为关注外，旅游目的地的购物也是重要的考量要素。这也与中国旅游研究院发布的《中国出境旅游发展年度报告2019》中的调查发现相吻合，购物依然是境外旅游的最重要项目，选择占比为39.9%，远高于占11.85%的选择文化娱乐花费的游客比例。

2. 俄罗斯旅游目的地形象网络口碑感知分析

为深入分析中国游客对俄罗斯旅游目的地的感知状况，本文主要运用ROST CM6内容挖掘软件的"词频统计""情感分析"功能进行网络文本的分析，网络评论文本来源为马蜂窝平台在2016年2月至2019年10月期间对俄罗斯红场、冬宫、叶卡捷琳娜宫等著名景点的游记评论，共计1486条，剔除1条重复数据后，共得到有效数据1485条。

（1）俄罗斯目的地认知形象分析

目的地形象包括认知形象和情感形象两个组成部分。高频词表3-7列出了俄罗斯目的地形象语料库中排名前100位的高频名词信息，依据这些高频名词将俄罗斯目的地形象感知划分为旅游吸引物、基础设施、旅游休闲和娱乐、旅游环境和地方氛围五个维度。

在形象语料库中对词频大于30的高频名词按照形象感知的五个维度，旅游吸引物、基础设施、旅游休闲和娱乐、旅游环境、地方氛围进行分类。通过分析各个维度涉及的高频词的数量和频次，探究游客对各个认知维度的关注度。

表 3 - 7　　　　　　　俄罗斯网评文本排名前 100 位的高频名词

高频词	词频	高频词	词频	高频词	词频	高频词	词频	高频词	词频
教堂	1161	排队	147	修道院	78	色彩	60	亚历山大	52
俄罗斯	442	游客	146	彼得大帝	78	精美	60	童话	52
冬宫	338	莫斯科	143	胡日尔	77	震撼	58	购票	51
建筑	292	进去	139	装饰	76	极光	58	世纪	51
贝加尔湖	279	叶卡捷琳娜宫	138	中心	73	开放	58	古姆国立百货	51
广场	254	克里姆林宫	133	圣瓦西里大教堂	71	入口	58	好看	50
圣彼得堡	219	小时	131	著名	71	穹顶	57	想象	50
宫殿	219	风格	128	下花园	69	现场	56	最好	50
地方	210	喷泉	124	中国	69	颜色	56	北冰洋	50
红场	209	东正教	113	美丽	66	彼得保罗要塞	55	位置	50
时间	207	壁画	100	风景	65	天气	55	奢华	50
参观	202	历史	99	讲解	64	免费	54	伊尔库茨克	50
博物馆	199	漂亮	98	选择	63	金碧辉煌	54	登顶	49
卢布	184	提前	97	门口	63	信徒	53	圣以撒	49
门票	173	奥利洪岛	92	游览	62	上花园	53	宗教	49
拍照	170	岛上	88	故事	62	外观	53	房间	49
内部	165	艺术	88	洋葱	61	冰面	53	冬天	48
夏宫	155	景点	86	华丽	61	演出	53	精致	48
花园	147	沙皇	84	值得	61	阳光	53	湖面	47
小镇	147	剧院	80	网上	61	喀山大教堂	53	购买	47

研究结果表明，"旅游吸引物"的高频词数量最多，频率最高。旅游吸引物主要包括自然景观资源和人文景观资源。游记中涉及到的自然景观资源包括 11 个词汇，有贝尔加湖、阳光、奥利洪岛等，占 11.08%；人文景观资源包括 34 个词汇，例如：教堂、叶卡捷琳娜宫、夏宫、冬宫、修道院、剧院、喀山大教堂、东正教等，占 53.45%。首先，以旅游景点为代表的核心旅游吸引物是吸引游客

前往旅游目的地的主要因素，也是俄罗斯旅游形象的载体。研究结果显示，贝尔加湖、红场、冬宫、叶卡捷琳娜宫、彼得保罗要塞、夏宫等作为俄罗斯的代表性景点，成为游客感知目的地的重要场所。其次，壁画、雕塑、芭蕾舞剧等极具俄罗斯风格的文艺类旅游景点也吸引了大量游客前来游览。最后，在游玩之余，大多数游客也会前往古姆国立百货选购一些精美的旅游纪念品带回家。研究结果显示，俄罗斯的旅游吸引物中的自然风景旅游资源包括森林、湖泊、野生动植物等，人文景观旅游资源包括历史文化古迹、古建筑、民族风情、饮食、购物、文化艺术和体育娱乐等。其中，人文类吸引物最为突出，所占高频词最多，成为游客认知俄罗斯形象的重要维度。

旅游环境仅次于"旅游吸引物"，其中包括社会环境、自然环境和政治经济环境，分别占 4.72%、2.18% 和 5.66%。从社会环境层面来看，俄罗斯国民的排队习惯自苏联时期就已养成，被网友戏称为"世界上最擅长排队的国家"，也从侧面反映出俄罗斯的服务业并不发达。此外，俄罗斯还是一个具有浓重宗教传统的国家，有近六成的国民自称信奉东正教，因此，高频词汇中出现了排队、宗教、东正教等。从自然环境层面来看，俄罗斯以温带大陆性气候为主，冬季长而寒冷，夏季温暖而短暂。当下正值冰雪主题旅游热潮，专门在冬季前往俄罗斯感受冬天的游客也不在少数。因此，天气、冬天等词汇给游客留下了深刻的印象。从政治经济环境来看，众所周知，出境旅游需要办理换外汇业务，"卢布"成为高频词并不意外。"免费"一词指的是位于俄罗斯首都莫斯科的著名景点红场、古姆国立百货商店、亚历山大花园、马涅什广场等实行免费游览，受到游客的广泛关注。

地方氛围的相关高频词有 14 个，占 9.16%。包括精致、奢华、艺术、壮观、古老、金碧辉煌等词汇。这些词汇说明俄罗斯在游客心中是一个具有深厚文化底蕴的国家。

　　旅游休闲和娱乐有关的高频词有 5 个，占 7.01%。游客进行的休闲和娱乐主要包括拍照、参观、游览等，不包括主题公园、体育活动和冒险活动，这也表明游客认知到的娱乐活动相对单一。

　　旅游基础设施认知形象的关注度最低，包含 12 个词汇，占比 6.74%。词汇中包括住宿方面（酒店、房间）和游览方面（讲解、售票机）的设施，未包含酒吧、地铁等设施。这表明游客认知到的俄罗斯的旅游基础设施种类单一，缺少酒吧、俄式美食等餐饮设施和地铁、巴士等交通设施。

　　通过以上高频词分析得出目的地认知形象关注度上的差异。旅游吸引物是词频最高的，成为游客的重点关注维度；其中的人文类旅游吸引物占主要部分，自然类旅游吸引物次之。其次是旅游环境，包括自然、社会、政治经济环境；然后是地方氛围，最后依次为旅游休闲娱乐和基础设施。（见表 3 – 8）

表 3 – 8　　　　　　　俄罗斯目的地认知形象高频词分类

维度		高频词 （频次）	词汇比例 （%）
旅游吸引物	自然类	贝加尔湖（279）冰面（53）奥利洪岛（92）岛上（88）极光（58）花园（147）湖面（47）涅瓦河（46）湖边（41）兔子（31）蓝冰（35）	11.08
	人文类	冬宫（338）建筑（292）教堂（1161）广场（254）圣彼得堡（219）叶卡捷琳娜宫（138）克里姆林宫（133）演出（53）修道院（78）圣瓦西里大教堂（71）喀山大教堂（53）古姆国立百货（51）宫殿（219）红场（209）夏宫（155）钟楼（35）博物馆（199）喷泉（124）壁画（100）上花园（53）穹顶（57）彼得保罗要塞（55）下花园（69）大街（47）芭蕾舞（47）雕塑（47）冰淇淋（43）马林斯基剧院（42）雕像（40）监狱（35）建筑群（36）芭蕾舞剧（36）圣三一（36）	53.45

续表

维度		高频词 （频次）	词汇比例 （%）
基础设施		入口（58）购票（51）讲解（64）房间（49）门口（63）网上（61）楼梯（47）售票处（44）大门（41）房子（32）售票机（33）酒店（34）	6.74
旅游休闲和娱乐		拍照（170）参观（202）景点（86）游览（62）剧院（80）	7.01
旅游环境	自然环境	阳光（53）冬天（48）天气（55）日落（31）	2.18
	社会环境	排队（147）开放（58）宗教（49）东正教（113）战争（37）	4.72
	政治经济环境	免费（54）卢布（184）购买（47）收费（31）便宜（39）彼得大帝（78）亚历山大（52）	5.66
地方氛围		好看（50）精致（48）奢华（50）金碧辉煌（54）美丽（66）华丽（61）漂亮（98）艺术（88）震撼（58）色彩（60）壮观（46）特色（40）古老（33）富丽堂皇（32）	9.16

（2）俄罗斯目的地情感形象分析

对处理后的网评文本进行情感形象分析，得到表3-9俄罗斯目的地情感形象分类。评论中涉及到情感分为三大类，分别是积极、中性和消极情绪。其中，在积极和消极情绪中按照情绪的强烈程度，又分为一般、中度和高度。以下分别对三类情绪的旅游目的地形象来源进行分析。

表 3 – 9　　　　　　　　　俄罗斯目的地情感形象分类

情绪类目	情绪子目	目的地形象来源 （数量/得分）	数量 （比例）	数量 （比例）
积极情绪	一般 （0—10）	旅游吸引物（351/2078）基础设施（12/79）旅游休闲和娱乐（1/3）旅游环境（11/69）地方氛围（7/62）	388 （26.13%）	126 （85.39%）
	中度 （10—20）	旅游吸引物（305/4692）基础设施（16/267）旅游休闲和娱乐（2/23）旅游环境（6/83）地方氛围（2/25）	332 （22.36%）	
	高度 （20 以上）	旅游吸引物（480/21227）基础设施（31/1789）旅游休闲和娱乐（5/205）旅游环境（28/1299）地方氛围（5/271）	548 （36.90%）	
中性情绪	0	旅游吸引物（81/0）基础设施（8/0）旅游环境（6/0）地方氛围（4/0）	——	100 （6.73%）
消极情绪	一般 （－10–0）	旅游吸引物（64/－257）基础设施（15/－48）旅游环境（13/－61）	92 （6.20%）	117 （7.88%）
	中度 （—20－－10）	旅游吸引物（9/－132）基础设施（2/－27）旅游环境（9/－147）	20 （1.35%）	
	高度 （—20 以下）	基础设施（4/－128）旅游环境（1/－31）	3 （0.20%）	

统计结果表明，积极情绪的数量最多，频率最高。共有 1268 个评论反映出积极情绪，占比 85.39%；其中一般程度的积极情绪有 388 个，占 26.13%，中等程度的积极情绪有 332 个，占 22.36%；高程度的积极情绪有 548 个，占 36.90%。从纵向比较不同情绪程度中目的地形象的来源，统计结果显示在三种程度的情绪中旅游吸引物、基础设施、旅游休闲与娱乐、旅游环境、地方氛围均有涉猎，主要集中在旅游吸引物、基础设施和旅游环境上。例如提到了关于旅游吸引物的"红场应该算是莫斯科乃至俄罗斯都是最有名的景点了"和关于基础设施"有很多窗口买门票，貌似是一圈售票口"等。从横向比较相同程度情绪中目的地形象来源的数量和

得分，可以看出旅游吸引物的数量和得分位列第一，可见游客对旅游吸引物持满意态度。无论如何比较，"旅游吸引物"的数量最多，得分最高，积极情绪的程度最强。这与上文中认知形象分析得出的结论相辅相成。客观而言，出现这种现象与数据文本的题材为游记评论直接相关，游记评论是围绕旅游吸引物展开的，自然引起游客对旅游吸引物的关注，加之游玩过程中给游客留下了良好印象，就相应的呈现出积极情绪较高的现象。

消极情绪次之，共有 117 个评论，占比 7.88%。其中，一般和中等程度的消极情绪包含旅游吸引物、基础设施和旅游环境，从中找到属于旅游吸引物的消极情绪的游记，不难发现大多数游记是拓展性的阐述了古建筑的历史背景，"彼得保罗要塞最初的建设目的是为了防卫，后来改成了关押政治犯的监狱……为此数个人丢掉了性命"，只存在少部分游记评论阐述的是有关景区景点的消极情绪，"外面看还行里面感觉很失望"。高度的消极情绪仅包含基础设施和旅游环境，游记评论中游客对基础设施的不满意主要是围绕交通设施、导览服务和排队现象。例如"小镇用打车软件真的很难打车""跟团一起来的在这里感觉很不好，导游各种欺骗""排队排了半个小时才进去"。游客还对路况较差、冬季寒冷和当地人的不友好行为等旅游环境形象提出疑问。例如"上岛之后你将马上感受啥叫颠簸，全岛没有一寸水泥路，全是土路""阴雨连绵还是海边冻死人"和"千万千万别在广场逗留，有几个团伙在敲诈勒索，有假装热心人帮你拍照的要五百人民币"。此外，游记中没有旅游休闲和娱乐、地方氛围相关的消极情绪出现。

最后，中性情绪共有 100 个游记，占比 6.73%。中性情绪介于积极情绪和消极情绪之间，可以理解为游客对俄罗斯目的地形象既没有肯定与赞美，也没有否定与批评，持中立的态度。从游记的篇幅来看，中性情绪的游记比积极和消极情绪的游记篇幅短。客观而言，游记中只包含主、谓、宾语成分做句子主干，缺少形容词做定语，一定程度上影响了句子的感情色彩。描述旅游吸引物的游记最多，游客只是平白直述了有关旅游吸引物的客观事实，没有过多谈论游览感受。例如"克里姆林宫据说是普京办公的地方，前来一探究竟"和"这是圣彼得堡的发源地，是城市最早的建筑之一"等。其次是基础设施，例如"售票处就是那个的售票亭，国际学生证没有的话只能买成人票进去，不让带饮料"，最后依次为旅游环境例如"安检比较严格，可以参观的地方有限"和地方氛围例如"雄伟壮丽名不虚传莫斯科的代表地标"。

整体而言，游客对俄罗斯目的地旅游吸引物的认知形象关注度最高，情感形象得到好评；目的地地方氛围形象、旅游休闲和娱乐形象的关注度较低，有部分积极情绪的评价，不存在消极情绪的评价。此外，俄罗斯目的地基础设施和旅游环境的关注度较高，虽然游客评价饱受争议，但还是好评占主体部分。

三　中俄旅游目的地协同营销推广策略建议

（一）目标市场：合与分

基于前文对中俄旅游资源和产品体系的分析，本研究认为：两国在旅游目标客源市场选择方面，应细分区域外和区域内两个市场，即针对远距离的美加澳目标市场以及针对相对近距离的欧亚游客市场。

1. 区域外目标市场——合作协同

就目标市场协同而言，中俄可以成为强强联合的战略伙伴而打造滨海及都市旅游目的地，开发世界文化遗产等主题深度游产品线路。

2. 区域内目标市场——分享差异

区域内目标市场即针对中俄两国居住者的旅游者市场，不仅包括本国居民，也包括长期居住在当地的外国居民。

进而，可以通过对比分析区域内外两类目标市场的主要差异，为中俄做好各自的旅游目的地营销提供战略思想指导。（如表 3 - 10 所示）

表 3 - 10　　　　　中俄区域内外两类目标市场特征对比

类型	出行模式	旅游目的	消费能力	出游方式	旅游目的地选择
区域外旅游者市场	高端定制旅行社组团散客自由行	观光、休闲、度假、商务、研学、宗教	相对较高	家庭或单独	中俄首都及传统旅游城市是主要目的地，新兴旅游城市为扩散和分流目的地。
区域内旅游者市场	散客自由行	休闲度假、研学、商务、政务	相对不高	家庭为主	中俄互为目的地和客源地。

（二）产品体系：城与乡

1. 都市旅游产品体系

就都市旅游产品体系来说，中俄应立足国内和国际客源市场，依托特色旅游街区、城市综合体、博物馆、演艺场馆等载体，提升和改进一批特色高端主题旅游产品，如精品文博、文化演出、体育赛事等主题。在产品组合和线路设计上，应突出本国文化与游客体验的深度融合。（见表 3 - 11）

此外，除都市旅游产品自身体系的打造外，一方面，还应进一步完善和提升旅游商品体系，特别是文化创意类旅游商品，以此提升游客消费水平，优化旅游消费结构；另一方面，应为远距离海外游客提供便利的旅游公共服务，在旅游信息咨询、旅游导览服务、市内旅游集散（如地铁、公交车等）等重点环节与相关部门合作，推出一些便捷化的服务产品，如提供多语种的旅游导览服务、开通主题旅游公交专线等。

2. 乡村旅游产品体系

针对中国而言，乡村旅游产品也亟待转型升级，应本着标准化配置与特色化服务相结合的原则，根据各地的实际自然资源、历史文化以及从业人员的特点，打造各具特色的旅游产品及服务体系。同时，鼓励条件成熟的乡村采取特色小镇和乡村综合发展模式，打造集现代农业、休闲旅游、田园社区为一体的田园综合体，为国内外游客提供有别于都市旅游产品的服务体验。

表3-11　　都市旅游与乡村旅游两大空间产品体系营销特征对比

产品体系	目标客源市场	特色产品类型	主要旅游载体	主要交通方式
都市旅游	外国游客为主，辅以国内游客	中医养生旅游 精品文博旅游 文化演出旅游 体育赛事旅游 展览节庆旅游 科普科技旅游 研修学习旅游 滨海休闲旅游	特色旅游街区 城市综合体 博物馆 演艺场馆 主题乐园	航空 铁路 市内公共交通
乡村旅游	国内游客为主，辅以外国游客	房车营地 古村聚落 葡萄酒庄 采摘篱园 乡村酒店 休闲农庄 养生山吧 垂钓渔庄 山水人家 民族风苑 国际驿站	民俗村 古镇 乡村精品民宿 专题博物馆 传统技艺体验	公路

(三) 产品整合：同与异

1. 旅游产品线路一体化整合：突出资源类型同质性

就中俄两国旅游资源类型的同质性和相似性而言，通过前文的检视，我们可以发现：中俄在观光旅游产品（自然风光）、休闲度假旅游产品（海滨）和文化旅游产品（世界文化遗产）等旅游资源层面的同质性极其明显，完全可以设计开发出不同主题的深度游线路。早在 2012 年 11 月在上海召开的中俄旅游合作论坛上，原俄罗斯联邦旅游署副署长皮萨列夫斯基就在主题演讲中提出："建立一条'茶之路'，沿线经过的城市包括：莫斯科……恰克图、乌兰巴托、二连浩特、张家口、北京。沿着这条'茶之路'，发展中俄蒙跨国旅游休闲项目，并将这条'茶之路'发展成为交通、经济和地缘'长廊'"。①就中国而言，应立足中俄旅游协同发展战略，重点打造面向"一带一路"沿线国家和地区客源市场的中蒙俄边境跨国旅游线路和茶马古道跨国旅游线路。

2. 特色优势产品差异化整合：突出资源类型差异性

在一体化整合旅游资源和产品线路的同时，中俄更要坚持差异化营销战略。具体而言，应结合两国主要旅游目的地的自然、人文、社会、产业等资源，打造具有本土特色、世界影响的国际化旅游产品；各目的地城市应立足本地旅游发展功能定位，有效地提炼特色优势资源产品，实施特色优势产品差异化整合策略，积极开发文化旅游、休闲度假旅游、游学旅行、红色旅游、邮轮旅游、医疗健康旅游、体育运动休闲旅游、商务会奖旅游、购物休闲体验游等系列旅游产品。对于中国而言，应重点打造丝绸之路旅游带、长江国际黄金旅游带、黄河华夏文明旅游带、长城生态文化旅游带、京杭运河文化旅游带、长征红色记忆旅游带、海上丝绸之路旅游带、青藏铁路旅游带、藏羌彝文化旅游带和茶马古道生态文化旅游带等10 条国家精品旅游带。②

---

① 皮萨列夫斯基：《在国家旅游和休闲系统合作的基础上建立统一的世界性旅游休闲系统》，中国旅游研究院，中俄全面战略协作协同创新中心，俄罗斯"无国界世界"旅游协会：《中国—俄罗斯旅游合作论坛文集 2013》，旅游教育出版社 2014 年版，第 27—28 页。

② 中国旅游研究院：《中国入境旅游发展年度报告 2018》，旅游教育出版社 2018 年版，第9 页。

（四）营销协同：纵与横

1. 纵深依托国际组织，建立有效协同机制

中俄两国应充分利用业已形成的金砖国家、"一带一路"国家和上海合作组织等国际合作交流平台，促进包括旅游在内的文化、科技、经贸、教育及其他相关领域的有效合作，一方面立足和拓展已有的双边或多边旅游合作交流方式，如2015年举办的首届金砖国家文化部长会议，签署了《金砖国家政府间文化合作协定》，2017年，又签署了《落实〈金砖国家政府间文化协定〉行动计划(2017—2021年)》，因此，中俄应切实推进相关国家在协议框架内开展联合营销推广的实际行动，拓展国际旅游营销的范围。另一方面，也应创新海外推介形式和平台，利用新媒体和科技技术实现基于大数据分析的精准营销。

（2）横向连通国际友城，提升协同营销效果

对于中俄两国主要的旅游目的地城市，如北京、上海、三亚、莫斯科、圣彼得堡，应通过城市间、省域间的友好城市交流展示平台，做好本市或本区域的宣传推广活动，特别是针对特定客源市场的海外推广活动。也可以借助总部设在中国的国际旅游组织，如世界旅游城市联合会、亚太旅游联合会，为中俄目的地城市的国际营销提供有利的保障和支持。

世界旅游城市联合会是由北京倡导发起，携手众多世界著名旅游城市及旅游相关机构，自愿结成的第一个以城市为主体的全球性国际旅游组织。现有会员218个，覆盖世界73个国家和地区及世界旅游全产业链。世界旅游城市联合会的核心宗旨是"旅游让城市生活更美好"，致力于推动世界旅游城市之间的合作与交流。自2012年成立以来，世界旅游城市联合会先后在北京、拉巴特和非斯、重庆、洛杉矶、青岛和赫尔辛基举办8次香山旅游峰会，在马来西亚槟城、摩洛哥卡萨布兰卡、哥伦比亚波哥大、西班牙塞维利

亚及巴拿马共和国巴拿马城举办了 5 次区域论坛，为世界旅游特别是"一带一路"相关国家与城市搭建了国际化的交流、互鉴、合作公共服务平台，成为世界最具成长性和影响力的国际旅游组织之一。借助这一平台，有助于真正搭建中俄两国主要目的地城市与众多国际知名旅游目的地城市进行沟通交流的平台，进而提升自身的整合营销和营销治理能力。

中俄文化交流年度报告
俄方报告 （2018 2019）

2018—2019 年中俄人文合作报告

俄方课题组

近年来，中俄关系始终保持着较高水平稳定发展的状态，中俄两国在各个合作领域都取得了巨大的成就。2019 年 6 月 5 日，普京总统和习近平主席签署了《中华人民共和国和俄罗斯联邦关于发展新时代全面战略协作伙伴关系的联合声明》，这成为了推动中俄双方合作尤其是人文交流领域合作的新动力，同时将建立在平等信任、互相支持、共同繁荣、世代友好的基础上的中俄关系推向了全新的水平。

中俄双方一致同意将人文交流列入两国关系的五大重点合作领域。中俄在人文交流领域的合作旨在传承中俄世代友谊、加强两国睦邻友好关系、促进双方文明对话和经验交流，以此为两国实现高水平的相互理解与合作关系创建坚实的基础。所有这些都将有效地影响着在"一带一路"倡议框架内开展的合作以及欧亚经济联盟的建设和发展。

早在 2000 年，中国和俄罗斯便建立了人文交流合作机制。特别是在中俄两国政府首脑定期会晤的框架下成立了中俄教文卫体合作委员会。这是中俄人文交流领域合作中的重要一步，也是中国和其他国家建立最早的、级别最高的人文交流机制。二十年来，中俄双方在实践合作的同时不断探索新途径、新机遇，使得两国在人文交流领域的合作机制日益成熟、发展稳固。2007 年，中俄教文卫体合作委员会正式更名为中俄人文合作委员会。

在大力拓展人文交流的背景下，许多出色的主题活动得以举办。中俄两国启动了大批成功的长期项目，它们都见证了两国在人文合作领域所取得的成就。在此背景下出现了一个稳定的发展趋势，那就是中俄两国民众在双方人文交流领域的参与度不断增强。随着双方合作的不断加深，人文合作的联系密度也不断增强，交流领域也不断扩大，取得的成就也就越来越多。在中俄建交 70 周年到来之际，中俄关系达到了全所未有的新高度，这在中俄人文合作的显著加强中得到了充分的体现。

一　2018—2019 年中俄人文交流领域的主要成就

得益于中俄友好关系的发展和大量文化活动的举办，两国过去两年在人文交流领域的合作取得了丰硕的成果，2018—2019 年的人文合作大事件给两国留下了许多深刻的记忆闪光点。

（一）教育领域合作的蓬勃发展

中俄教育合作始终是中俄双方人文合作中极为重要的领域，近年来保持着迅猛的发展态势。教育合作的主要目标之一是培养既掌握外语和跨学科知识同时又符合中俄关系发展需要的人才。目前，在中国有 166 所高校开设了俄语专业，并有 22 所大学和研究机构设立了俄罗斯研究中心。中华人民共和国教育部已经连续 12 年举办了面向大学生和研究生群体的全国高校俄语大赛。这项竞赛已成为中俄教育合作中制度化的项目之一。

在中国，人们对俄语的兴趣显著提升。同时，俄罗斯人对汉语的热情也在逐渐升高。这些都是好趋势，因为促进对伙伴国的语言学习的积极性是提高双方合作水平的必要条件。俄语和汉语都是极难学习的语言，因此国家层面对语言学习的引导和支持一定能够拉近两国在社会生活各个领域中的关系。2005 年 11 月 3 日在北京签署的《中华人民共和国政府和俄罗斯联邦政府关于在俄罗斯联邦学习汉语和在中华人民共和国学习俄语的协议》在解决这一问题方面发挥了重要作用。该协议内容全面，旨在鼓励俄语和汉语的学习和教学、加强教育领域合作并支持以促进教育和文化交流为目的的实践活动。目前，在俄罗斯有 175 所高校教授中文。2013 年，俄罗斯首次举办了"汉语桥"全俄中学生中文大赛。2019 年起，汉语正式被列为俄罗斯国家统一考试的语言科目之一。孔子学院作为语言教学和文化交流的重要机构在人文合作中发挥着突出的作用。截至 2019 年 9 月 30 日，在俄罗斯共开设了 19 所孔子学院和 4 个孔子课堂，其中包括在 2018 年 7 月和 2019 年 4 月新建的两所孔子学院。①

另一个同样重要的文件是 2006 年 11 月 9 日在北京签署的《中华人民共和国教育部与俄罗斯联邦教育科学部教育合作协议》。该协议推动了两国之间教育和科教交流的发展，并促进了高等教育机构之间的合作机制的完善。特别是双方在协议中阐明了信息交流和知识交流的条件，并开始为两国建立具有共同知识库的信息门户。总的来说，该协议的签署有利于大学生、研究生和专家学者群体在两国进行同等程度上的自我实现。因此，该协议为两国在科学教育领域的合作奠定了坚实的基础，合作成果在今天已十分显著。

在莫斯科罗蒙诺索夫国立大学的倡议下，自 2006 年以来，俄罗斯大学校长联盟每两年举行一次俄中大学校长论坛。在 2019 年举行的第七届论坛上，俄罗斯联邦政府副总理塔季扬娜·戈利科娃强调，迄今为止，中俄两国已签署了 250 多个双边合作协议；此外，在俄罗斯有 200 所学校能够培养掌握汉语知识的专业人才，中方则有 600 所学校可培养掌握俄语知识的专业人才；俄罗斯的大多

---

① http://www.hanban.org/confuciousinstitutes/node_10961.htm.

数毕业生（据戈利科娃称，超过 9 万名）会参与实体经济的建设。①中方代表——中华人民共和国国务院副总理孙春兰强调，目前两国已创立了 13 个教育协会和 124 个教育项目，未来还将继续增加。②协会包括俄中古典大学协会，其创始机构之一是远东联邦大学;③ 还包括国际青年数学家协会，该协会是在"一带一路"俄中教师教育高端论坛上建立的;④ 还有其他对科学和教育发展同样重要的组织。包括莫斯科国立大学、莫斯科物理技术学院、圣彼得堡国立大学、圣彼得堡国立技术大学、乌拉尔联邦大学和远东联邦大学等在内的许多俄罗斯大学都与中国的大学在科学教育交流方面签订了双边协议。此外，俄罗斯联邦正在开发和创建一批新型的联合科学教育中心，俄罗斯符拉迪沃斯托克市的远东联邦大学就开设了这样的一个新型中心。

以下数据展示了俄中教育合作的实际成果。中华人民共和国教育部数据显示，2018 年俄罗斯在华留学生人数达到了 19239 人次。⑤按照这个数据俄罗斯排名第六，前五位依次是韩国、泰国、巴基斯坦、印度和美国。近年来，俄罗斯已成为中国学生出国留学的热门目的地，赴俄学习的中国留学生人数逐年增加。2018 年，在俄罗斯大学学习的中国留学生共有 3 万名，比 2017 年增加了 10%。据统计，在过去的七年中，中国赴俄留学生人数几乎增长了两倍。⑥ 自 2014 年起，享受俄罗斯联邦政府奖学金资助待遇的中国赴俄留学生

---

① 俄罗斯报纸，https：//rg. ru/2019/09/17/reg - szfo/vuzy - rossii - i - kitaia - nachinaiut - obrazovatelnyj - megaproekt. html。

② 莫斯科国立大学官方网站，https：//www. msu. ru/news/forum - rektorov - vysshikh - uchebnykh - zavedeniy - rossii - i - kitaya. html。

③ 塔斯社，https：//tass. ru/obschestvo/4560564。

④ 莫斯科国立大学官方网站，https：//www. msu. ru/news/pervyy - rossiysko - kitayskiy - pedagogicheskiy - forum - odin - poyas - nbsp - odin - put. html。

⑤ http：//www. moe. gov. cn/jyb_xwfb/gzdt_gzdt/s5987/201904/t20190412_377692. html。

⑥ https：//mp. weixin. qq. com/s？src = 11&timestamp = 1571638766&ver = 1925&signature = nJtZSwGithgl6gWWv3Z5LBM9vWvel7Tm1MIOBpQwRN2eTM8xJz7U94BfI ∗ z6yfjMr8KC7sANU5NZ pBd-cHC - cJCvJuF34wsrCMWLbbNju84i47NMwb4O9knk8HWqhI - Jk&new = 1.

人数逐年递增。2018 年，有 15000 名在俄留学的外国学生得到了俄罗斯政府资助的教育津贴，其中中国留学生人数最多，达到了 950 人。这一数据明显高于 2014 年，当年俄罗斯政府资助的中国留学生人数为 642 人[①]。

根据负责筛选申请赴俄学习的外国公民的官方网站（Russia. Study）上显示的信息，2018 年和 2019 年申请俄罗斯联邦政府奖学金资助的赴俄留学的中国公民数量分别为 2059 和 2259 人次。根据这项数据，不考虑独联体国家在内，中国在俄罗斯以外的国家中排名第八。[②] 2018 年，参与由国家、企业、单位以及个人资金资助的俄中长期和短期交换项目的人数达到了 85000 人。以此方式，中俄两国为落实"发展中俄人文领域合作的行动计划"中设定的任务迈出了重要的一步——2020 年之前参加学术交流的人数将增加到每年 10 万人。[③]

在高等教育领域，中俄合作机构和项目的数量超过了 100 个。[④]由莫斯科罗蒙诺索夫国立大学、北京理工大学和深圳市人民政府合作设立的深圳北理莫斯科大学是两国拓宽高等教育领域合作的一个很好的例子。这同时也是促进东西方科学技术和文化交流的新平台。圣彼得堡国立大学和哈尔滨工业大学也在深化中俄教育合作方面做出了重要举措，这两所大学也即将合办联合大学。

（二）传媒与创新领域合作

大众传媒对加强中俄两国睦邻友好关系具有重要的意义。在 2016—2017 年"中俄媒体交流年"的积极影响下，中俄媒体领域的合作已上升至国家水平。在这两年内，双方落实了 250 多个联合

---

① http：//dy. 163. com/v2/article/detail/E3FVNMF9051497H3. html.
② http：//sputniknews. cn/society/201910251029918967/.
③ http：//dy. 163. com/v2/article/detail/E3FVNMF9051497H3. html.
④ http：//www. moe. gov. cn/jyb_xxgk/xxgk_jyta/jyta_jijiaosi/201812/t20181229_365488. html.

项目，充分展示了中俄合作的成果。2018 年，两国媒体联合举办了
60 场活动，参与活动的俄中机构数量从 30 个增加到 50 个。2019
年的活动数量为 120 场。已经举办了五次的中俄媒体论坛成为了两
国媒体间对话与互动的重要平台，两国媒体在合作采访、代表团互
访、人才交流进修、展览举办等领域开展了广泛合作。

科技合作分委会框架下的中俄高技术和创新工作组第十一次会
议于 2019 年 4 月举行。根据会议结果，目前，俄罗斯与中国之间
的科学合作是广泛而多样的。联合核子研究所的大项目"尼卡"就
是最新的合作项目之一。① 俄罗斯和中国经过筹备后成功举办了科
技合作分委会的第 23 次会议，会议主要讨论了举办 2020—2021 年
中俄科学技术和创新合作年的筹备问题。鉴于俄罗斯联邦和中华人
民共和国在金砖国家中的创新份额最高，因此此次活动将会把各国
的科学技术合作提升到全新高度。

总体来讲，中俄双方在签署了科学教育合作领域的基础性文件
以后，无论是在独立机构层面还是国家层面都成功地实施了大量的
创新举措。学生交流与科学交流的积极发展在为更多新型项目的落
实做着准备。显然，中俄两国在科学教育领域的合作潜力是无穷无
尽的。而且从增长速度来看，今后两国在这一领域的合作只会呈现
数量、质量同时提高的趋势。

(三) 中俄文学交流

传统上，中俄文学交流在两国人文领域合作中占据着重要的地
位。正是文学的交流增强了人民间的互信——作者和读者的身份有
助于加深文明对话和经验交流。两国之间文学的交流为全方面的民
族交往发展以及中俄友谊世代相传做出了贡献。中俄两国以及两国
人民的共性问题在中俄作家笔下的文学作品中被以各种方式反映了

---

① 塔斯社，https：//nauka. tass. ru/nauka/6557219。

出来，引起了读者心中的回应。作者、译者与读者之间的相互交流以及两国作者创作出的文学作品的流传为中俄文化的相互理解创造了空间。

几百年来，中俄两国已经认识到他们的文化是以文学为中心的。文学依托着久远的传统，通过文字和小说来反映现实。俄罗斯和中国的现代文学还有另一个更为重要的共同特征，那就是全球自我中心主义。例如，中国学者发现了我们两国在文化传统方面的特殊性和差异性，强调了两国共有的"对民族文化的自豪感、在经济全球化背景下民族文化的多样性以及渴望在借鉴外国文化优秀成果的同时不使自己的文化西化的条件下保护和发展本民族文化"的思想。[①] 这些思想也适用于中俄文化之间的相互关系，因为这种关系也强调中俄两国在借鉴方面的特点——不仅借鉴西方，还要彼此之间相互借鉴。

为了增进中俄两国人民之间的相互了解和传统友谊，从 2006 年开始，中俄两国开始互办文化主题活动。两国在 2006 年和 2007 年举办了中国的"俄罗斯年"和俄罗斯的"中国年"。在 2009 年和 2010 年举办了中国的"俄语年"和俄罗斯的"汉语年"。2012 年和 2013 年在中国举办了"俄罗斯旅游年"，在俄罗斯举办了"中国旅游年"。2014 年—2015 年举办"中俄青年友好交流年"。2016 年—2017 年举办"中俄媒体交流年"。2018 年—2019 年举办"中俄地方合作交流年。"在这些大型主题活动的框架内，两国还举办了很多文化论坛。

2009 年 9 月，由中国国际广播电台、中央人民广播电台和北京电视台在北京联合举办了"情动俄罗斯——中国人唱俄语歌"大型活动。2009 年 11 月，在中国举行了为期两天的写作研讨会"心灵的桥梁——俄中文学学术交流研讨会"。此次活动在天津于庆祝俄

---

① 于沛：《经济全球化与中俄文化发展战略—中俄战略合作的发展与深化》，莫斯科：俄罗斯科学院远东研究所，2009 年，第 206 页。

中建交 60 周年以及中国"俄语年"的框架内举办。中国著名作家王蒙在研讨会上表示："在最困难的时期，尽管我们的国家和人民经历着灾难，但我们在中国仍保持着与俄罗斯文学之间深厚的联系，并从中汲取了精神力量。"①

在中国，有一些致力于普及并传播俄罗斯文化和俄语的社会组织，例如中国普希金研究会、俄苏文学研究协会、中国俄语教学研究会等。作为组织内工作的一部分，这些协会于 2002 年发布了一些时事通讯。这些通讯内容成为了俄罗斯外交部的资讯信息，从而让俄罗斯民众了解到中国传播俄罗斯文化和俄语的举措。这些资讯重点强调了加强中俄文化交流的活动，其中指出，在北京和中国各省，一些社会政治和商业报纸、杂志以俄语形式出版。

中国国际广播电台每天广播 20 小时的国外新闻和 1 小时的国内新闻（在 22 个国内最大的城市播出）；五年来，北京电视台每周播放一次时长半小时的专门介绍俄语和俄罗斯文学的转播节目"俄罗斯主页"，之后通过卫星转播到全国（成为外语电视节目中收视率最高的节目）；中央、省级和各大学的出版社出版了数百种教科书、词典以及单语和双语版书籍，其中包括俄罗斯文学经典作品、介绍艾尔米塔什、俄罗斯国家博物馆、特列季亚科夫画廊、国家普希金造型艺术博物馆等俄罗斯主要艺术博物馆的历史和收藏品的专著和作品集。② 所有这些举措营造出了中国人对俄语、对俄罗斯文化尤其是俄罗斯文学的普遍的兴趣氛围，在中国，俄罗斯的文化整体上与这种氛围相关联。

众所周知，俄罗斯的古典文学对 20 世纪的中国文学有着较大的影响。19 世纪末 20 世纪初，在中国爆发了戊戌变法，改革者倡导建立更加开放的中国社会，从根本上革新中国文化，受过教育的

---

① 《中俄研讨会开幕》，《塔斯社亚洲简讯》，2009. 11. 18。

② 俄罗斯联邦外交部，www. ln. mid. ru/blraz. nsf/7b27b40957　ce8e5743256a2c00350999/fd9d38fe3134b0b143256c7d00。

国人要对外国文学尤其是俄罗斯文学有更广泛的认识。

1872 年，上海出现了一则克雷洛夫寓言的翻译，名称为"俄罗斯寓言"。[1] 普希金的名字最早是在 1900 年在上海出版的《俄罗斯政治通考》上被提到的，《上尉的女儿》就是第一批被翻译的俄罗斯文学作品中的一部，于 1903 年出版。[2] 1907 年翻译并出版了莱蒙托夫的《当代英雄》、契诃夫的《黑修士》和高尔基的《该隐与阿尔焦姆》，1909 年——《在庄园里》和《塞外》（即《在流放中》），1910 年——契诃夫的《第六病室》，1914 年——托尔斯泰的《复活》，1915 年——托尔斯泰的《主人与仆人》和《两个骠骑兵》，1916 年——契诃夫的《胖子和瘦子》、《小公务员之死》和《套中人》，1917 年——托尔斯泰的《一个地主的早晨》、《安娜·卡列尼娜》，1918 年——《儿童，少年，青年》，1919 年——《克罗伊策尔奏鸣曲》和其他作品。

在 1919 年中国的五四运动开始之前，克雷洛夫、莱蒙托夫、契诃夫、托尔斯泰、屠格涅夫、高尔基和其他作家的著作就已经被陆续翻译出来。总共有 80 部作品被翻译，其中有 30 多部是列夫·托尔斯泰的作品。在 1917 年十月革命之后，这种趋势持续了 40 年，直到 60 年代才被削弱。有一种观点称，1917 年中国发生了一场文学革命，中国文学的根本性质和体裁风格从此改变。革命的目的在于让作家用鲜活的百姓的语言去书写所有作品。鲁迅在《中国新文学大系》的序言中指出，中国的文学革命很大程度上是由俄罗斯古典文学的影响造成的。普希金、果戈里、托尔斯泰、屠格涅

---

[1]　刘文飞：《俄罗斯文学在中国的接受和传播》，《俄罗斯文字中的哈尔滨》2012 年第 6 期。

[2]　刘文飞：《俄罗斯文学在中国的翻译和学习》，《新文学评论》2004 年，http://magazines.russ.ru/nlo/2004/69/lu34.html 5。

夫、契诃夫、高尔基等作家的作品为中国文学奠定了发展的道路。①
之后，随着越来越多俄译汉作品的出现，以俄文形式书写和印刷的
苏联文学作品开始对 20 世纪的中国文学产生了重要影响。

从事中俄文学交流领域研究的学者注意到，在 20 世纪末和 21
世纪初，俄罗斯古典文学对中国现代文学的影响便已显现出来（普
希金、莱蒙托夫、屠格涅夫、托尔斯泰、契诃夫、高尔基的作
品）。② 今天，中国仍然对苏联文学保持着兴趣（但更大程度上是
对俄罗斯后苏联时期的苏联文学的现代认识）。在 21 世纪的中国，
从 20 世纪 80、90 年代开始，中国读者开始对白银时代的俄罗斯文
学、俄罗斯侨民文学以及后苏联时代的俄罗斯文学产生兴趣。

20 世纪 90 年代，高莽给中国人带来了帕斯捷尔纳克作品的翻
译本；2004 年，北岛向中国人介绍了曼德尔施塔姆和爱伦堡；在中
国，每年在书店的书架上都会出现多达 30 种首次从俄语翻译过来
的书籍，并且每年出版的俄罗斯文学类的书籍总数为 100 种。③ 正
如中国社会科学院外国文学研究员、中国俄罗斯文学研究会会长刘
文飞所指出的那样，普希金、格兰宁的作品被反复出版，叶·诺索
夫、阿克谢诺夫的作品很受欢迎。④

当代的俄罗斯文学仍处在中国语言学家的兴趣范围之中，今天
的中国文学也同样吸引着俄罗斯语言学家的兴趣。随着新世纪的到
来，中俄的文学交流也在不断扩大。近年来，诸如马卡宁、叶罗费
耶夫、普里列平等作家的作品陆续被翻译成中文。俄罗斯新文学的

---

① 参见谢尼娜：《促使中国对俄罗斯文学产生兴趣的社会政治和社会文化的先决条件》
（二十世纪上半叶），《远东边界的俄罗斯和中国》，阿穆尔国立大学出版社 2015 年版，第 176
页。

② 详见列别德娃《中俄文化对话－在 21 世纪走向互补》，《位于东北亚的俄罗斯—中国—
日本：21 世纪地方合作的问题》，国际科学论坛会议材料，2000.9.18—19—符拉迪沃斯托克：俄
罗斯科学院远东研究所，2000 年，第 116—121 页。

③ 详见穆拉特申娜《中俄友好伙伴关系 20 年：成果和经验教训》，叶卡捷琳堡：乌拉尔联
邦大学出版社 2016 年，第 202 页

④ 《关于俄罗斯书籍在中国的发行情况》，《塔斯社亚洲资讯》2013 年 6 月 6 日。

概念在这些作家的创作空间中得到展现，正是他们的出现造就了时代潮流。

社会文化对话发展中的一个里程碑是 2005 年在俄罗斯和中国出版的《中国俄罗斯侨民文学丛书》（俄文版十卷本）。作者——齐齐哈尔大学教授李延龄在序言中写道："俄罗斯，我把俄罗斯侨民文化给你送回来了。"李延龄用三十多年的时间创作出了这部丛书，填补了俄罗斯和中国文学史上的一项"空白"。

近年来，一年一度的北京国际图书博览会已成为传统，当代俄罗斯作家的作品也会陈列其中，证明了中国人对俄罗斯文学始终保持着浓厚的兴趣。上一届的北京国际书展于 2012 年 8 月举行，俄罗斯作家谢尔盖·卢基扬年科、尤里·波利亚科夫、马克西姆·阿梅林和瓦伦丁·波斯特尼科夫参加了此次活动。他们的作品曾在中国出版过。还有一项十分重要的举措——人民文学出版社于 2002 年设立了最佳外国小说奖。在过去的十年中，共有 8 位俄罗斯作家获得了该奖项。[①]

在推动两国文学交流这一主题的发展时，学者们注意到了"两国文化进程的相似性，这使中国文化和文学的发展状况问题显得格外有趣。两国都在经历着以下过程：文学和文化的商业化发展、文学地位的降低以及外国文学翻译的影响力的增强。"[②]

20 世纪 80 年代至 90 年代的中国文学以及后来的文学现代主义、先锋派、后现代主义、新现实主义、后文学（以及社会主义现实主义和批判现实主义）的形成和发展过程都具有借鉴意义的。前

---

① 佩图霍夫：《在中国读者对话中的俄罗斯文学：历史和现实》，http：//www. shikardos. ru o_0/46698/0.

② 扎维多夫斯卡娅：《后现代主义与中国现代文学》，《远东问题》2003 年第 2 期，第 143—149 页；扎维多夫斯卡娅：《中国现代散文中的后现代主义》，人文科学副博士学位答辩论文论文摘要，莫斯科，2005 年。

不久以俄文出版的陈晓明的著作《中国当代文学主潮》[①] 中写道，在20世纪、21世纪之交以及21世纪，中俄两国最新文学的许多特征都是一致的，或者说，二者在每一方面都呈现出了类型上的相似性。

这说明，21世纪的中俄文学交流正在紧密地发展。这促进了中俄文学的相互影响，并在全球化世界中增加了两国读者的利益。

（四）地方性跨文化合作：旅游和企业孵化器

地方性跨文化交流是在俄罗斯联邦各州或加盟共和国和中国各个省份的共同倡议下进行的。两国间跨文化交流活动的进行需要遵从相应的法律法规，这些法规明确规定了文化和旅游领域国际交流活动的参与主体的行为权限。目前，这是受各种法律行为规范的地方层面的两国人民直接交流的常见形式之一。

例如，从2001年至今，奔萨州政府一直与中华人民共和国在加强国际交流方面进行着系统的工作。在此期间，奔萨州政府与中华人民共和国的甘肃省、吉林省、四川省、湖北省、江西省人民政府在经济、科学技术和文化合作领域签署了一系列协议。2019年，合作圈进一步扩大：奔萨州政府（俄罗斯联邦）与安徽省（中国）人民政府签署了合作备忘录（2019年5月23日 第4－7a－14／37号）。因此，奔萨州的文化旅游部开始履行接待文化领域的中国公民以及将这些公民纳入国家官方代表团的职权。

1. 旅游活动——地方层面全方位合作的助推器

乌里扬诺夫斯克州的"红色之路"是众多有趣的地方性旅行项目之一。乌里扬诺夫斯克州作为全俄旅行大赛的获胜地展示出了积极的旅游资源吸引态势——来这里旅行的中国游客数量正以每年20－30%的速度持续增长。该旅行项目包含三个游览和娱乐的部

---

① 陈晓明：《中国当代文学主潮》，尼基金娜、雅克文科、巴蒂金娜译，莫斯科：机遇联合国国际出版公司，2019年版，第583页。

分：参观和列宁相关的一系列地点、参观该地区的名胜古迹和户外休闲活动。2019 年，创立并进一步发展沿伏尔加河巡航旅行项目、语言度假营以及艺术主题旅行等活动。

地方基础设施的完善促进了旅游业的发展。在卡卢加州的主要地标之一——博罗夫斯基地区的民族学公园博物馆"民族世界"里开设了中华民族馆。在博物馆中吸引游客的中心是第三个展馆"东亚"，其中展示了中国、韩国和日本的文化遗产。展馆一层的展览空间再现了三个国家的文化氛围。卡卢加州的"旅游发展局"国家自治机构的代表参加了 2018 年 8 月在莫斯科举行的俄中旅游论坛；2018 年 11 月，在上海举办的首届中国国际进口博览会上卡卢加州展示了其旅游发展潜力。参与博览会的嘉宾们了解到了该地区的主要文化和旅游景点。这些旅游地区在网上有自己的地方网站，例如"吃喝玩乐在奔萨"（www. welcome2penza. ru）。网站上的主要内容为英文和中文形式。

2. 青年企业孵化器——中俄地方合作的新形式

"乌里扬诺夫斯克——文化之都"基金会参与了加强中国与乌里扬诺夫斯克州地方性文化合作的系列活动。乌里扬诺夫斯克文化论坛的讨论社区已获得了国际公认。近十年来，不同层次的参与主体和机构之间的对话主题都会进入日常议程。除此以外，第二届中俄青年企业家大会和第一届中俄青年记者论坛也都成功举办。

从 2016 年至 2019 年期间，在鄂木斯克、乌里扬诺夫斯克、乌法和哈巴罗夫斯克四个城市开设了企业孵化器。在乌里扬诺夫斯克，加速计划以乌里扬诺夫国立大学等地区高校作为支撑以基础运行四个双城孵化器——另外四个分别在中国的青岛、西安、哈尔滨和贵阳。中俄大学生企业孵化器创新项目在乌里扬诺夫斯克州的普及让 50 名俄罗斯和中国公民成功接受了"创新企业建设"的继续职业教育。100 多个合作协议签署落地；"友好团结"中俄贸易公司得以创立。想要入驻企业孵化器必须在俄罗斯青年联盟的网站上注册自己的项目并通过筛选。乌里扬诺夫斯克企业孵化器共收到了 177 份申请，而只有 15 人通过了筛选并获得了入驻企业孵化器的资格。在中国贵州省也举办了类似的竞赛，最终有 13 人成功入驻。

青年企业合作计划旨在加强两国之间的文化和经济交流，为青年合作商业项目开辟前景。来自中国的企业孵化器的参与者参观了伏尔加河地区工业园区的企业、"ULNANOTECH"技术转换中心、乌里扬诺夫斯克州的企业孵化器、"Ulcamp—2017"IT 会议，同时会见了地方和联邦专家、地方政府和企业代表，参观了企业以及具有较高的生产和娱乐潜力的地区。作为教育加速计划的最终产物，一些前景可观的商业项目应运而生——创新创业公司，其中的一些参与者已经拥有了成功的企业，但是在学习期间，他们看到了将企业进一步发展并提升至国际水准的机会。所有参与者均获得了通过"创新企业建设（110 个小时的创新管理）"教育计划的证书。

在评选俄中企业孵化器的项目之后，获得最佳创新理念、最佳创新项目、最佳创新产品提名的项目迎来了实施落实前景，这是在与中国企业家签署的合作协议文件的框架内实施的举措。获胜者将在斯科尔科沃的投资会议上继续输出研究创意。

（五）北京和莫斯科之间的跨文化交流

莫斯科在中国的主要合作伙伴是首都北京。在两国首都缔结的友好城市关系协议的基础上，两国从 1995 年起推出了"合作计划"。现阶段实施的是 2018—2021 年两国首都之间的合作计划，其中包括商业项目（关于俄罗斯首都城市群发展、生态、投资潜力展现问题的圆桌会议）和文化项目（"金环"乐队在北京王府井大街举办音乐会，以及在朝阳城市公园修建套娃）。其响应活动"莫斯科的北京日"于 2018 年 7 月 26 日至 28 日在俄罗斯首都举行。期间，在特维尔广场上举办了文化大集；莫斯科音乐之家举行了盛大音乐会；波戈留波夫艺术图书馆开设了中国图书角；莫斯科动物园也举办了隆重的庆典活动。

莫斯科市官方代表团于 2018 年 4 月 7—13 日以及 2019 年 6 月 17—20 日期间对中国进行了访问。这次访问的主题事件是共同举办"莫斯科—北京：携手共创新未来"城市创新发展会议。在 2018—2021 年莫斯科市政府和北京市人民政府的合作计划的实施框架内，莫斯科多地定期与北京地区进行经验交流。在这次访问中，莫斯科市中央行政区和东北部地区的领导在北京市东城区、朝阳区和通州区人民政府举行了见面会。合作的主要领域是住房和公共服务的发展、城市安全的保障。2019 年 6 月 19 日，莫斯科市旅游委员会代表团参加了北京国际旅游博览会。在展会期间，莫斯科"国民经济成就展览会"与北京展览馆有限责任公司在会议展览领域签署了合作备忘录。

2019 年 6 月 19 日至 20 日，在成都举行了庆祝大熊猫落户莫斯科动物园的官方庆典活动。一对大熊猫正式被转移到莫斯科动物园，用于进行稀有动物研究与保护方面的合作研究，这是在俄罗斯联邦总统普京和中国国家主席习近平的会晤框架内进行的。俄罗斯方面，莫斯科市长索比亚宁签署了莫斯科市政府（俄罗斯联邦）与中华人民共和国国家林业和草原局关于保护大熊猫的合作备忘录。

在成都举行的活动旨在展示莫斯科市在四川省省会的经济和文化旅游潜力。在向中国旅游业、媒体代表和市领导大规模地展示俄罗斯首都的旅游潜力的过程中，俄方还提供了提高城市旅游吸引力和基础设施升级的现代化解决方案，以满足所有来到莫斯科的游客的需求。同时还设计了新的旅游路线，完善了旅游方面城市和联邦级别的立法框架。

需要注意的是，成都活动的受众是普通民众。在成都市的一个中央广场——春熙路地铁广场上举行的大型街头音乐节丰富了整个活动。2 万多个成都居民和嘉宾前来观赏了来自莫斯科"国立模范舞蹈剧团”的演员们带来的表演。活动的参与者了解了丰富的俄罗斯文化，品尝了传统的莫斯科糖果和美食。整个活动中最触动人心的环节是成都居民把写给两只定居莫斯科的大熊猫的信转交出去的时刻。由深受中国民众喜爱的歌手“维塔斯”以及莫斯科“格热利”剧团合作带来的节日音乐会成为了整场活动的隆重点缀，为城市居民送上了一份大礼。成都市市长罗强先生成为作为嘉宾出席了本场音乐会。

上述活动尤其是庆祝两国建交 70 周年的大型活动的举办在进一步加强俄罗斯首都与中国的北京和成都两大城市之间的地方性交流方面发挥着重要作用。这种合作可以让企业界的人才们充分了解与莫斯科合作伙伴之间拓展行业业务的潜在可能性，并在进一步促进中国和莫斯科之间的游客往来增长方面发挥不可小觑的影响力。

二　中俄在网络空间领域的关系：主要成就和存在的问题

（一）中俄两国之间信息交流的总特征

近几十年来，中俄关系发展呈现增长势头：两国每年都会举办各种文化活动，旨在促进对方熟悉本国的文化和民族特色。在这一方面，网络空间使得进一步建立互动体系成为可能。截至 2019 年 6 月，俄罗斯的互联网用户约占国家总人口的 80%（1.16 亿人），中国的互联网用户约占国家总人口的 60%（8.54 亿人），① 这一事实说明了网络因素在跨文化互动分析中的重要性。这些统计数据告诉我们，忽略两国之间网络空间中的跨文化交流是不可能的。

近年来，中俄两国在各个合作领域建立合作伙伴关系的同时，还创立了涵盖文化、经济、社会和其他生活领域的信息网络平台。

---

① Internet World Stat：Top 20 countries with the highest number of internet users［电子资源］- https：//www. internetworldstats. com/top20. htm（访问日期：23. 02. 2020）

在俄罗斯有以下这些种类的信息门户：Magazeta. com（https：//magazeta. com）；Laovaev. net（http：//www. laovaev. net）；关于中国（http：//www. o - kitae. ru）；你好中国（https：//hellochina. me）；中国国际广播（http：//russian. cri. cn）；中俄头条（https：//www. sinorusfocus. com）等等。在中国也有一些有俄文版网站链接的媒体网站：人民日报（http：//russian. people. com. cn）；China. org. cn（http：//russian. china. org. cn）；新华网（http：//russian. news. cn）；CNTV（http：//russian. cctv. com）；CRI Online（http：//russian. cri. cn）；还有完全使用俄语的媒体——杂志《中国》（www. kitaichina. com）。能够想象得到，在未来，两国对彼此文化的兴趣将只增不减。有很多实际情况可以证实这一点：汉语在俄罗斯的受欢迎程度和俄语在中国的受欢迎程度不断提高、高等教育项目框架下两国学生群体的交流日益密切，且每年双方都会共同举办大型活动，这些都是很好的事实依据。

除了游客以及从事两国文化、国内外政策研究的各领域的分析家和专家感兴趣的信息资源外，对网络空间有着重要意义的还有社交网络和各种服务，其中包括这一领域的娱乐项目：照片、视频、游戏以及其他多媒体产品。它们之所以对于评估两国之间跨文化互动有着重要意义，这是由受众的广泛性和受众人数决定的。在信息娱乐领域，大众文化的所有特征，包括其优缺点在内，都已充分展露。

（二）俄罗斯热门互联网网站和服务介绍

为了更直观、具体地展现俄罗斯网站和中国网站的重要性和特殊性，我们引进了一些统计数据。我们的数据来源于俄罗斯大型研究中心 Mediascope 提供的信息，[①] 在该研究中心的帮助下我们运用

---

① 关于互联网资源受众数量和特征的信息［电子资源］- https：//mediascope. net/data/？FILTER_TYPE = internet（访问日期：23. 02. 2020）

一种能够提高数据相关性的方法来进行各个网站间的比较。根据该信息服务器截至 2019 年发布的信息，俄罗斯每月大约有 9360 万人使用互联网，每周大约有 9100 万人使用互联网，每天有 8280 万人使用互联网（此处给出的数据与国外研究中心提供的数据略有不同）。这些数据使我们得出的结论是，大约 64% 的俄罗斯人口是活跃的互联网用户，[①] 这些用户每天花费在网上的平均时间为 183 分钟，花费最长时间上网的是 12–64 岁年龄组的人群——每天 194 分钟。需要强调的是，大约有 8000 万用户是通过移动设备上网的，这说明科技已十分深入地进入了人们的生活。这些统计数据使我们可以得出以下结论——包括社交网络和即时通讯程序在内的网络空间正在成为现代生活中不可分割的一部分。正因如此，对网络以及不同民族间的跨文化互动的研究有着至关重要的意义。

在从交际角度来评估人们使用网络的积极性的时候，那些专注于一种内容类型的社交网络和服务媒体可以展示出人们的最大兴趣。根据每月访客人数我们选出了以下在俄罗斯最受欢迎的网站：YouTube 视频网站——4120 万；VK 社交网络——3820 万；Whats App 即时通讯工具——3330 万；Instagram 照片和视频共享应用程序——3060 万；"同班生"社交网络——2440 万。[②]

YouTube 视频网站（从 2006 年开始归属于 Google）向用户提供视频存储、传输和发布的功能，该网站在俄罗斯的受欢迎程度逐年提高，逐渐俘获了电视频道的观众。YouTube 是仅次于 Google 搜索引擎的全世界第二受欢迎的网站，[③] 这说明它作为信息来源的服务网站是具有高度重要性的。这个网站的特别之处在于网站上的视

---

① 2020 年 1 月 1 日的俄罗斯人口数量［电子资源］– https：//www. vedomosti. ru/economics/news/2020/01/24/821403 – rosstat（访问日期：23. 02. 2020）

② 《互联网内容的营利趋势》［电子资源］– https：//www2. deloitte. com/ru/ru/pages/technology – media – and – telecommunications/articles/media – consumption – in – russia. html（访问日期：23. 02. 2020）。

③ 根据 Alexa. com 网站提供的互联网访问的统计数据 – https：//www. alexa. com/topsites.

频内容可供全世界任意用户使用，与用户所在国和视频生产者所在国无关。便捷的"推荐"功能可以展示用户对视频的感兴趣程度和视频的受欢迎程度，各种题材的视频都可独立观看，这极大扩大了信息在全球内的传播范围，促进了各个国家文化之间的相互了解。然而在这里需要说明的是，那些最受欢迎的，经过数十次转载的，有时甚至被播放了数亿次的视频，通常情况下属于大众文化的产物，它们并不包含高层次的文化内容。

由俄罗斯程序员杜罗夫（Pavel Durov）于 2006 年创建的 VK 社交网络是俄语网站中访问量最大的网站之一，综合不同的统计结果，其用户数量为 6000 万至 1 亿。注册用户总数超过 5.5 亿（统计这项数据时，应当考虑到某些用户拥有多个主页以及资源管理部门定期删除的伪造页面和僵尸页面的情况）。① 今天，来自中国的用户也可以使用 VK。

（三）抖音短视频国际版"TikTok"的普及

应格外关注的是最近在全球范围内迅速流行起来的由中国字节跳动公司开发的短视频创作应用程序，也就是我们熟知的"Tik-Tok"。该视频应用程序以"TikTok"的名称在中国以外的地区发行，而在中国国内被叫做"抖音"。"TikTok"应用程序出现在 2016 年，随后每年都能在世界范围内收获越来越多的用户。据粗略估计，截至 2019 年底，其每月活跃用户数量超过了 10 亿。②

在俄罗斯，"TikTok"应用程序按照各种社交网络和即时通讯工具的每日使用时长指标在俄语网站中排名第四，仅次于 VK、In-

---

① 截至 2020 年 2 月 23 日 VK 社交网络用户名单 – https：//vk. com/catalog. php.

② The company that owns TikTok now has one billion users and many are outside China［电子资源］– https：//edition. cnn. com/2019/06/20/tech/tiktok – bytedance – users/index. html（访问日期 – 23. 02. 2020）。

stagram 和 WhatsApp。① 根据 TikTok 视频服务器代表在《转变意识》会议（中国，香港，2019 年 5 月 24 日 - 27 日）上发布的数据来看，该应用程序在俄罗斯的平均每月用户数量约为 800 万人。② 同时，网络空间上发布的信息表明，该应用程序在俄罗斯的用户数量存在一定的增长极限，因为在俄罗斯作为该程序的潜在用户的 10 岁至 24 岁的年轻人群体大约有 2200 万。由于这种情况的存在，根据中国的《晚点 LatePost》发布的信息，俄罗斯没有被列入 TikTok 发展的重点战略的国家之中。③

　　用户发布的短视频的主要内容包括音乐短片（人们配合流行音乐的伴奏戏剧性地表演）、舞蹈，幽默的生活速写和教学小片段。有一种观点认为，TikTok 应用程序能够大受欢迎的原因在于它能够在大量国内外新闻充斥的背景下提供给人们简单、轻松的观看内容。这种形式的短视频不需要深入的沉浸和分析，而是旨在纯粹的情感领会，即使语言不通也没关系。

（四）中国热门互联网网站和服务介绍

　　在中国，几乎所有世界上现有的应用程序都有类似的国内替代软件：即时通讯工具微信可替代 WhatsApp 和 Telegram；360 应用商店可作为 Google Play 的替代物；优酷视频软件相当于 YouTube；人人社交网络类似于 Facebook；Camera 360 照片共享应用程序可代替 Instagram；支付宝支付系统可替代 PayPal；滴滴出行服务软件类似于 Uber；探探交友软件可代替 Tinder；新浪微博软件类似于 Twitter。

---

①　UBS и Mediascope：在使用时长方面，TikTok 已成为俄罗斯社交网络和即时通讯工具中第四大应用程序［电子资源］ - https：//vc.ru/social/58482 - ubs - i - mediascope - tiktok - stal - chetvertym - po - vremeni - ispolzovaniya - sredi - prilozheniy - socsetey - i - messendzherov - v - rossii（访问时间 - 23.02.2020）。

②　信息来自 Telegram - 《O Digital》（https：//t.me/odigital/869）．

③　字节跳动 TikTok 将美国、日本和印度列为重点战略国家［电子资源］https：//mp.weixin.qq.com/s？__biz = MzU3Mjk1OTQ0Ng = &mid = 2247484190&amp；idx = 1&amp；sn = 99eeda6bcce83482a030c90e0dfa6774&source = 41#wechat_redirect（访问日期 - 23.02.2020）。

上述的某些应用程序只能在中国使用，其他的则作为世界上已有的应用程序的类似产品或全新的多媒体产品在世界范围内传用。在中国海外最受欢迎的应用程序有 WeChat、UC 浏览器（很大程度上是由于中国制造的移动设备的流行），当然，还有 TikTok 短视频创作软件。

（五）中俄在建立网络空间中的文化交流时遇到的主要问题

在评价中俄在互联网领域的互动时，应该注意到一些问题，这些问题涉及双方互动紧密性不够、建立在线交流困难以及多媒体内容是否可用等情况。这些状况妨碍了两国之间的文化交流和文化相知。双方建立合作的过程中遇到的主要问题是语言障碍：中国的汉字就像中国的万里长城一样挡在了俄罗斯用户的面前。对俄罗斯文化感兴趣的中国人民也有类似的语言问题。在英语在国际交流中占主导地位的背景下，鼓励公民学习英语似乎是解决此问题的最佳方法。这种做法可以让青年群体拥有自由交流和周游世界的能力和机会。除了英语，在中国的许多大学中还能够学习俄语。同时，俄罗斯青年对汉语的学习兴趣应当引起关注，因为已经有越来越多的俄罗斯青年将中国视为可发挥自己的专业技能的最有职业发展前景的国家之一了。

另一个同样重要甚至也许更为重要的问题是——中俄两国之间缺少通用的用于交友聊天和文化交流的大众化网络平台。起初看来，两国通用的社交网络、互联网服务和即时通讯工具的存在对于加强跨文化交流和建立文化对话来讲似乎没有任何意义，因为汉语的特殊性和复杂性足以使中国文化与世界完全隔离开来。

然而从另一方面来看，虽然在语言方面存在一些困难，但是用于各种多媒体内容（音乐、图片、视频）交流的通用平台的存在也能为两种文化作品的相知相识提供很好的机会。网络用户可以结合自身兴趣和对流行趋势的参考从而对网络上的多媒体内容进行"推荐",这一功能使得今天的许多网站能够执行文化交流的任务。另外,播放外语视频片段时显示的字幕也解决了语言障碍的问题。例如,大受欢迎的 YouTube 视频网站成功地解决了上述问题,从而让用户能够理解其他国家用户创建的视频的内容。由于大众文化中传播的内容通常不具有高深的文化价值,因此这些内容很容易被理解,尤其从纯粹的情感层面上。

三 对未来合作的形势预判及发展建议

近年来,随着俄中关系和两国在人文领域合作的逐步加强,人文领域的合作机制也在不断优化。双方合作在不断深化的同时保持着各级之间积极联系、合作覆盖领域广、融合度高的特点。人文、科学技术和贸易经济领域的关系协调发展。人文交流在互联网技术领域正在发挥着越来越重要的作用。从俄罗斯和中国两国总的发展机遇来看,两国的人文合作有着巨大的潜力。为了进一步加强人文合作,提出以下建议。

(一) 必须提高社会组织在中俄人文交流中的作用

中华人民共和国成立 70 周年之际,习近平主席授予了中俄友好协会第一副主席嘉琳娜·库里科娃中华人民共和国友谊勋章,60多年来她始终辛勤努力地工作,通过各个社会组织对中俄(苏联)友好关系的发展做出了杰出的贡献。这充分体现了中共中央和国务院对中俄人文交流和公共外交的重视。为了进一步加强人文合作,地方当局应遵循"国家机关提供全方位支持""吸引社会力量参与落实人文倡议""保证多边群众参与合作项目"等原则进行指导和部署。地方当局还应积极建立社会组织间的联系,从而提高社会组织在俄中人文交流中的作用。

（二）在创建文化交流领域的重大项目时，应推广大众文化并发展在此领域的交流

在举办中俄文化交流活动时，每个国家都应事先了解本国人民对伙伴国文化的感兴趣程度。因此应举行有针对性的大众化的文化活动，还应当推广音乐、电影和现代文化的其他元素的传播。只有这样才能够拉近两国人民之间的距离，同时提升彼此间的相互理解和好感度。

（三）必须有效地使用互联网渠道来传播信息，甚至可以利用最新的 5G 技术

互联网凭借其高效性、便捷性和广泛应用性的特点成为了中俄两国人民最重要的交流和获取信息的方式。互联网媒体在中俄人文交流中发挥了重要作用，拉近了两国间的距离，加深了两国民众间的友谊。我们应当利用好当前第五代移动通信技术的引入所带来的机遇来创建大量影响力强的通讯交流平台。得益于新型高效的"互联网＋"模式，我们能够向俄罗斯民众介绍中国的文化，塑造出中国的新形象并增加中国媒体的互联网资源。线上和线下技术的有机结合将大大提高两国民众在文化合作领域的参与度。

在人类向信息社会的格局进行转变以及大众文化产品迅速传播的背景下，我们会面临着丧失民族认同感和民族文化的危险，从这方面看来，中国的信息防御攻势战略模型似乎颇具成效。中国研发出了防止大众文化元素（具有西方价值观和意识形态的部分）向本民族文化渗透的《金盾》，并开发了网络服务和应用的替代程序，从而为本国 IT 公司的发展创造了有利条件，同时创造出了在全球化世界中保护本国文化和民族认同感的工作方案。

创建分别针对国内和国外市场的两个版本的网络应用程序的举措是严格过滤信息流的一个典型范例。这种信息安全措施中最明显的例子就是上文提到的 TikTok 应用程序，以及阿里巴巴国际速卖通交易平台（在中国被称为淘宝网），通过该平台可以从中国（从2018 年起可以从其他国家/地区）购买制造商的产品，其用户数量仅在俄罗斯就达到了大约 2570 万人。①

由于同时向俄中两国网络用户广泛开放的用于交友沟通的网络平台的数量较少，两国群众之间进行信息传递和媒体内容传播相当不易。因此，出于越来越多的群众参与到网络空间的现状考虑，有必要强调两国群众之间私下进行的非正式的个人之间的跨文化交流的重要性。由于两国群众之间交流不畅，中国群众根本无法得知或者只能很少了解俄罗斯正在流行的"趋势"内容，就像在俄罗斯对中国的流行媒体文化（视频、音乐、趋势）知之甚少一样。因此，对于大多数人来说，他们最了解的文化和媒体人物仍然是流行电影或最有名的艺术作品中的人物。这样一来，在谈论中国的文化和最著名的代表人物时，大多数的俄罗斯人（年轻一代除外）的答案是：中国长城、丝绸、茶叶，孔子和成龙。

由于中国的游客无法在那些不能在中国使用的社交网络上发布显示地理位置的照片、视频，从而阻碍了中国文化在海外的传播。可以将那些全世界可共同使用的网络平台的存在比喻成一栋公寓大楼的户外庭院区域：尽管大楼中的每套公寓拥有自治权，但人们仍有机会在所有人可共用的公共区域见面并交流各种信息和文化。跨文化交流如果也能按照如此模式进行的话，会比偶发性交流更能够拉近两国之间的距离。

应当指出的是，作为主要或者辅助任务的国际间的交流联络的目的在于了解其他文化，在此期间，人们会更好地认识到自己的特点，并与来自其他文化的民众建立情感联系。定期进行的社会调查

---

① 互联网内容的货币化趋势［电子资源］– https：//www2. deloitte. com/ru/ru/pages/tech-nology – media – and – telecommunications/articles/media – consumption – in – russia. html（访问日期– 23. 02. 2020）。

证实，现代青年不仅不怎么了解世界，而且对自己国家的文化也不十分了解。因此，了解其他国家的网络文化对于建立跨文化交流体系来说很重要。为了解决这个任务，我们应该建立统一的网络平台。在这种平台上，跨文化交流可以得到全面实现，就算是以带有民族特色的大众文化为手段间接进行交流也不受影响。

需要指出的是，中俄两国领导人已经认识到了信息领域的重要性和意义，这在俄罗斯联邦总统普京和中国国家主席习近平于 2019 年夏季举行的会晤中得到了证实。两国元首就加强对信息空间的监管措施方面的合作达成一致。除此以外，双方还表示，"要在所有国家平等参与网络的基础上确保互联网的平稳与安全运行，加快建立全球信息空间的有序管理体系。"①

（四）必须继续加强中俄青年在各个领域的全面合作，并重视儿童和青少年的交流

青年是最富有活力和创造积极性的社会群体。俄中在扩展两国青年之间的相互交流、增进两国青年友谊的同时，还充分利用了两国的教育和创新能力，以此鼓励两国青年在文化和科技创新的各个领域中积极地进行创造性合作。因此，这将为"中俄科学技术和创新合作年"的更有效推进以及知识向直接生产力的转化创造良好的条件和全新的机遇。与此同时，还应当重视青少年和儿童群体的交流，创建更多像"海洋"全俄儿童中心一样的非凡的项目，让中俄友谊的萌芽自小就在两国青年一代的心中茁壮成长。

---

① 《中俄共商网络政策》，Roskomsvoboda［电子资源］– https：//roskomsvoboda. org/47491/（访问日期 – 23. 02. 2020）。

附　录

附录一 2017 中俄文化大事记

一 月

1 月 12 日驻俄罗斯大使李辉出席俄罗斯文化活动家扎哈罗娃新书《北京神奇之旅》发布会

1 月 12 日，俄罗斯功勋文化活动家、著名汉学家伊琳娜·扎哈罗娃新书《北京神奇之旅》发布会在莫斯科中国文化中心举行。中国驻俄罗斯大使李辉、中俄友好协会主席梅津采夫、俄外交部发言人玛丽亚·扎哈罗娃、俄外交学院院长巴扎诺夫等出席并致辞，新书出版方代表、中俄各界友好人士和媒体代表约 120 人出席。

发布时间：2017 - 01 - 13 来源：驻俄罗斯使馆

1 月 17 日首届中俄民间广场舞·健身操大赛在哈尔滨启动

1 月 17 日，"首届中俄民间广场舞·健身操大赛和首届中俄少数民族舞蹈、服饰文化节"新闻发布会举行。本次活动以相互学习全民健身领域不同文化、弘扬少数民族文化、推动中俄民间友好交往、发展、倡导公益活动为宗旨推动中俄民间友好交往，加强中俄两国民间友好往来，增进中俄两国人民的友谊。

发布时间：2017 - 01 - 17 来源：人民网 - 黑龙江频道

二 月

2月21日《安全文明俄罗斯行》领事保护宣传片推介会举行

2月21日，《安全文明俄罗斯行》领事保护宣传短片推介会在中国驻俄使馆举行。俄外交部、联邦旅游署、"旅游无国界"组织和中国国家旅游局、航空公司、中资公司、华侨华人社团及留学生代表共130余人出席。中国驻俄大使李辉、俄外交部无任所大使陶米恒、俄联邦旅游署副署长科罗廖夫及中国国家旅游局、南航驻俄代表先后致辞。

发布时间：2017－02－22　来源：中国新闻网

2月23日俄罗斯功勋画家学术交流活动暨中俄绘画艺术作品展在渭南师范学院举行

2月23日，由中国孔子基金会、渭南师范学院、渭南市文化广电新闻出版局、渭南市文化艺术界联合会及陕西华山旅游集团有限责任公司联合主办俄罗斯功勋画家学术交流活动暨中俄绘画艺术作品展在渭南师范学院逸夫楼举行。

发布时间：2017－2－24　来源：中国高校之窗

三 月

3月14日驻哈巴罗夫斯克总领事郭志军出席第27届亚太地区国家"新星"青少年艺术节开幕式

3月14日，驻哈巴罗夫斯克总领事郭志军在市文化宫出席第27届亚太地区国家"新星"青少年艺术节开幕式。哈巴罗夫斯克市副市长舍甫琴科、"新星"慈善基金会远东分会会长尼基金娜、外国领事机构代表及当地社会各界人士等500余人出席活动。来自黑龙江省、内蒙古自治区的青年艺术家受邀参加本届艺术节。

发布时间：2017 – 03 – 15 来源：驻哈巴罗夫斯克总领馆

四 月

4 月 4 日中俄合拍大型系列纪录片《这里是中国》首播仪式在莫斯科举行

4 月 4 日，中俄合拍大型系列纪录片《这里是中国》首播仪式在中国驻俄罗斯大使馆隆重举行。中国驻俄罗斯大使李辉、俄外交部新闻发言人扎哈罗娃、中国国务院新闻办公室副巡视员田哲一、俄政府新闻局副局长卡明斯卡娅出席活动并致辞，俄总统新闻局、政府新闻局、外交部新闻局及中俄媒体代表约 150 人出席了活动。

发布时间：2017 – 04 – 04 来源：驻俄罗斯使馆

4 月 14 日俄罗斯油画展在黑龙江省艺术博物馆开幕

4 月 14 日，"俄罗斯画家谢尔盖·格拉赫油画展开幕式"在黑龙江省艺术博物馆举办，黑龙江艺术职业学院艺术设计系主任任明主持开幕式。

发布时间：2017 – 04 – 15 来源：凤凰黑龙江

4 月 17 日《在华俄文新闻活动史 1898—1956》俄文版新书发布会举行

4 月 17 日，由中国人民大学新闻学院教授赵永华著作的《在华俄文新闻活动史（1898—1956）》（俄文版）即将在俄出版。当地时间 4 月 17 日，该书俄文版的新书发布会在莫斯科举行。

发布时间：2017 – 04 – 18 来源：环球网

4月28日驻俄罗斯使馆举行俄罗斯下诺夫哥罗德市推介会

4月28日，俄罗斯下诺夫哥罗德市专场推介会在中国驻俄使馆隆重举行。驻俄罗斯大使李辉，驻喀山总领事吴颖钦，下诺夫哥罗德市副市长霍尔金娜，济南市代表团团长、济南市出版社社长霍刚出席并致辞。俄外交部代表、下诺夫哥罗德市主要部门负责人，以及中俄企业家、媒体、使馆外交官150余人出席。这是中国驻俄使馆第9次为俄联邦主体举办专场推介会。

发布时间：2017－04－29　来源：驻俄罗斯使馆

4月28日驻哈巴罗夫斯克总领事郭志军出席"中国画册"巡回摄影展开幕式

4月28日，驻哈巴罗夫斯克总领事郭志军在俄罗斯远东艺术博物馆出席"中国画册"巡回摄影展开幕式。俄外交部驻哈巴罗夫斯克市代表处、哈巴罗夫斯克边疆区政府文化部及领区主流媒体、艺术家协会等各界代表近百人参加活动。

发布时间：2017－05－02　来源：驻哈巴罗夫斯克总领馆

五 月

5月6日盐城师范学院与莫斯科国立文化大学联合主办的第二届"中俄杯"国际表演者大赛在俄成功举办

5月6日，由盐城师范学院与莫斯科国立文化大学联合主办的第二届"中俄杯"国际表演者大赛在莫斯科国立文化大学音乐厅隆重举行开幕仪式。来自俄罗斯、中国、奥地利、德国、蒙古等六个国家近200名选手参加了大赛。

发布时间：2017－05－08　来源：中国高校之窗

5 月 6 日首届中俄国际文化艺术交流活动在银川举行

5 月 6 日，2017·银川（金凤）首届中俄国际文化艺术展艺术家论坛在银川国际交流中心开幕。俄罗斯苏里科夫美术学院院长、人民艺术家、俄罗斯美协副主席柳巴文，俄罗斯艺术科学院院士、人民艺术家、俄罗斯美协副主席罗马什科，俄罗斯艺术科学院院士、人民艺术家、俄罗斯美协第一副主席保罗，中央驻宁媒体相关负责人，自治区文化厅、文联相关部门负责人及市领导参加活动并为"中俄国际艺术家银川研修基地""银川中俄国际艺术家写生基地""创艺智库"国际文化艺术交流中心揭牌。

发布时间：2017 – 05 – 08　来源：银川日报

5 月 15 日驻哈巴罗夫斯克总领事郭志军出席俄罗斯布拉戈维申斯克国立师范大学孔子学院成立 10 周年系列庆祝活动

5 月 15 日，驻哈巴罗夫斯克总领事郭志军在考察俄罗斯阿穆尔州期间，应邀出席布拉戈维申斯克国立师范大学孔子学院成立 10 周年系列庆祝活动。阿穆尔州政府副主席雷森科、外联部部长德米特里延科、教育科学部部长谢柳奇、文化与档案部部长尤尔科娃、布拉戈维申斯克市副市长雅科夫列娃、布师大代校长肖金娜、黑河学院党委书记曹百瑛、孔子学院俄方院长古哈连科、中方院长宗成菊及当地各界代表 500 余人出席相关活动。

发布时间：2017 – 05 – 19　来源：驻哈巴罗夫斯克总领馆

5 月 19 日中俄边境城市展览会举办

5 月 19 日，2017 中俄边境城市展览会暨黑河市大黑河岛国际经贸洽谈会在黑河开幕。在 19 日至 28 日期间，中俄边境城市展览会暨阿穆尔州国际洽谈会也在俄罗斯布拉戈维申斯克市同期举办。

发布时间：2017 – 5—20　来源：黑龙江日报

5月26日 2017 "中俄纪录片展"落户新疆，各方寄语中俄友谊

5月26日，2017 "中俄纪录片展"新闻发布会在北京举行。与会中俄嘉宾纷纷表示，纪录片展对于促进中俄两国人民"民心相通"具有重要意义。6月6日在新疆乌鲁木齐举办2017 "中俄纪录片展"开幕式；6月7日在乌鲁木齐召开中国、俄罗斯、中西亚国家国际纪录片高峰论坛等。该论坛将围绕"一带一路"和"一带一盟"建设，研讨纪录片如何开展国际化合作、促进区域间人文交流。

发布时间：2017 - 05 - 26　来源：中国新闻网

5月27日驻俄罗斯使馆举行庆"六一"中俄儿童联欢会

5月27日，在驻俄罗斯使馆百余名中俄小朋友共同庆祝"六一"国际儿童节。驻俄罗斯大使夫人史晓玲女士出席活动并致辞，使馆阳光学校、莫斯科舒瓦洛夫学校、莫斯科州中央儿童艺术学校、红山舞蹈学校、莫斯科英才学校的教师、学生和家长约150余人参加了联欢活动。

发布时间：2017 - 05 - 28　来源：驻俄罗斯使馆

六　月

6月9日中俄高校知识产权文化交流活动举行

6月9日，中俄高校知识产权文化交流活动在俄罗斯布拉戈维申斯克国立师范大学拉开帷幕。该活动由省知识产权局主办，黑河学院、布拉戈维申斯克国立师范大学承办。

发布时间：2017 - 06 - 09　来源：黑龙江日报

6 月 11 日 2017 "金诺杯" 中俄青少年国际文化艺术节隆重举行

6 月 11 日，2017 "金诺杯" 中俄青少年国际文化艺术节陕西童星耀三秦节目选拔暨西安小云朵艺术中心 2 周年专场节目展演晚会在西安举行。俄罗斯青年节目《爵士舞》和《力量》表演为本次晚会增添了浓浓的俄罗斯风情。

发布时间：2017 – 06 – 16 来源：腾讯大秦网—教育频道

6 月 13 日中国外交部举办吉林全球推介活动

6 月 13 日，以 "开放的中国：精彩吉林·相约世界" 为主题的中国外交部第八场省区市全球推介活动在外交部蓝厅举行，中国外交部部长王毅发表致辞，吉林省委书记巴音朝鲁讲话，吉林省长刘国中进行推介。

泰国驻华大使毕力亚、法国驻华大使顾山、秘鲁驻华大使卡普纳伊、俄罗斯驻华大使杰尼索夫先后致辞，感谢中国外交部为各国使节全面了解中国省区市提供重要平台，赞赏吉林加快老工业基地全面振兴所取得的成就，积极评价本国与吉林各领域合作进展，期待与吉林进一步加强友好往来，在 "一带一路" 框架下深化互利合作。

发布时间：2017 – 06 – 13 来源：中国新闻网

6 月 22 日辽宁芭蕾舞团选手惊艳莫斯科，顶级大赛夺得 2 银 3 铜

6 月 22 日，辽宁芭蕾舞团赴莫斯科战队载誉而归，收获 2 银 3 铜，实现了辽宁芭蕾舞团女孩在莫斯科芭蕾舞大赛中奖牌零的突破。

发布时间：2017 – 06 – 26 来源：文化部信息报送系统

6 月 22 日第八届中俄文化大集在黑河隆重开幕

6 月 22 日，第八届中俄文化大集在黑河世纪广场隆重开幕。本届文化大集由中国文化部、黑龙江省政府和俄罗斯文化部、俄阿州

政府主办，黑龙江省文化厅、黑河市政府、俄阿州文化档案部、布市行政公署承办，以"文化交流、文化贸易、文化旅游、繁荣发展"为主题，突出展示"中国文化走出去"理念，旨在推动中俄文化交流互鉴，促进"一带一路"倡议深入实施。

发布时间：2017 – 06 – 22　来源：黑河日报

6月25日佳木斯·同江中俄边境文化季拉开序幕

6月25日，由佳木斯市政府、同江市政府和俄罗斯犹太自治州政府、列宁区政府联合主办的"2017佳木斯·同江中俄边境文化季"新闻发布会在同江市举行。这标志着文化季拉开序幕和今年佳木斯市与俄罗斯远东地区的沟通交流将进一步深入。

发布时间：2017 – 06 – 27　来源：东北网 – 佳木斯日报

6月29日《"一带一路"西行漫记》俄文新书发布会举行

6月29日，俄罗斯著名汉学家尤里·塔夫罗夫斯基新书《"一带一路"西行漫记》俄文原著发布会在莫斯科中国文化中心举行。中国驻俄大使李辉、俄科学院远东所副所长奥斯特洛夫斯基、伊兹博尔斯克俱乐部副主席纳戈尔内、ЭКСМО出版社主编卡皮约夫出席并致辞，使馆文化公参张中华主持，新书出版方代表、中俄各界友好人士和媒体代表约120人出席。

发布时间：2017 – 06 – 30　来源：人民网

七 月

7月3日首届中俄文化艺术论坛召开

7月3日，由中国艺术研究院、黑龙江省文化厅、黑龙江大学联合主办，中国艺术研究院文化发展战略研究中心、黑龙江大学俄罗斯语言文学与文化研究中心、中俄文化艺术合作委员会承办的首届中俄文化艺术论坛在哈尔滨举行。来自中国、俄罗斯、吉尔吉斯斯坦共和国等国家和地区的百余位专家学者汇聚一堂，围绕中俄及中亚五国文化艺术交流与合作进行回顾与展望，并以文化艺术交流的多样性与多元化发展，语言文学在当前"一带一路"合作发展中的地位等作为主要议题，着力打造中俄两国及中亚五国各艺术研究机构之间开放、多元、包容的高端学术平台，并以此为契机形成东北亚各国与地区在文化艺术领域的长久高效与互融互通的文化交流机制。

发布时间：2017 - 07 - 04　来源：黑龙江日报

7 月 4 日中俄友好、和平与发展委员会第十一次全体会议在莫斯科举行

7 月 4 日，中俄友好、和平与发展委员会第十一次全体会议在莫斯科举行。委员会中方主席戴秉国、俄方主席季托夫，双方各理事会主席及代表 100 余人与会。

发布时间：2017 - 07 - 06　来源：新华社

7 月 5 日文化部长雒树刚会见俄罗斯和印度文化部长

7 月 5 日，文化部长雒树刚在天津分别会见了来华出席第二届金砖国家文化部长会议的俄罗斯文化部长弗拉基米尔·梅津斯基和印度文化部长马赫希·夏尔马，就中俄、中印双边文化交流以及与俄、印在金砖机制下开展文化领域合作等事宜交换意见。

发布时间：2017 - 07 - 06　来源：中国文化网

7 月 6 日第二届金砖国家文化部长会议在天津举行，共同签署《落实〈金砖国家政府间文化协定〉行动计划（2017—2021 年)》

7 月 6 日，第二届金砖国家文化部长会议在天津举行。中国文

化部长雒树刚，俄罗斯文化部长弗拉基米尔·梅津斯基，印度文化部长马赫希·夏尔马，南非艺术和文化部长代表、代理总司长加拉德·武西特巴·恩迪玛，巴西文化部长代表、国际推广司司长阿当·穆尼兹出席会议。中国文化部副部长张旭、中国香港特区政府民政事务局局长刘江华和中国澳门特区政府社会文化司司长谭俊荣作为中方代表团成员与会。

发布时间：2017 − 07 − 06　来源：新华网

7 月 10 日哈巴罗夫斯克边疆区立法会议主席做客中国总领事馆并参加乒乓球友谊赛

7 月 10 日，驻哈巴罗夫斯克总领事馆邀哈巴罗夫斯克边疆区立法会议共同举办乒乓球友谊赛，立法会议主席卢科夫斯科伊、科教文体与青年政策委员会副主席萨库连科等议员代表及总领事馆外交官约 30 人出席活动。

发布时间：2017 − 07 − 13　来源：驻哈巴罗夫斯克总领馆

7 月 15 日至 18 日莫斯科刮起中国风，"地坛庙会全球行·2017莫斯科之旅"圆满闭幕

7 月 15 − 18 日，"地坛庙会全球行"继 2016 年之后再次来到莫斯科，4 天吸引了共计 16 万人，在中国及俄罗斯都受到了广泛关注，中央电视台、新华社、人民日报都进行了专题新闻报道，俄罗斯众多媒体也特别进行了跟踪报道。

发布时间：2017 − 07 − 21　来源：环球网

7 月 20 日第八届中俄蒙美食文化节暨第三届中国乌兰察布美食节开幕

7 月 20 日，第八届中俄蒙美食文化节暨第三届中国乌兰察布美食节在乌兰察布市集宁区开幕。活动持续到 7 月 30 日，为期十天。

发布时间：2017 – 07 – 21　来源：内蒙古日报

7 月 29 日第三届"国际军事比赛—2017"在莫斯科郊外开幕

7 月 29 日，第三届"国际军事比赛—2017"在莫斯科郊外的爱国者公园举行开幕式。来自中国、俄罗斯、阿塞拜疆、哈萨克斯坦等 28 个国家的 150 支代表队，分别在中国、俄罗斯、白俄罗斯、阿塞拜疆、哈萨克斯坦 5 个国家展开多轮比拼，检验提高多国官兵战技水平。

发布时间：2017 – 07 – 30　来源：新华社

八 月

8 月 1 日驻哈巴罗夫斯克总领事郭志军出席远东国立交通大学第九届"哈巴罗夫斯克国际暑期学校"开幕式

8 月 1 日，中国驻哈巴罗夫斯克总领事郭志军出席俄罗斯远东国立交通大学第九届"哈巴罗夫斯克国际暑期学校"开幕式。该校校长达维多夫、哈巴罗夫斯克边疆区政府教育科学部官员、韩国驻哈巴罗夫斯克文化中心代表以及来自中、日、韩等国大学生百余人出席了活动。

发布时间：2017 – 08 – 01　来源：驻哈巴罗夫斯克总领馆

8 月 5 日第二届中俄文化艺术交流周在哈尔滨开幕

8 月 5 日，第二届中俄文化艺术交流周开幕式暨"中俄艺术家大联欢"活动在哈尔滨大剧院华丽启幕。交流周期间，俄罗斯 12 个友好城市演出团体和 800 余名中外艺术家在哈尔滨开展一系列音乐会、电影展、油画展等活动。

发布时间：2017 – 08 – 05　来源：央广网

8月6日"一带一路"中俄文化交流画家精品展在京开幕

8月6日，由钟鼓楼文华阁国礼书画院主办的"一带一路"文化交流——暨中俄书画名家精品展在北京钟鼓楼文华阁国礼书画院拉开帷幕，历时三天。中俄两国民间文化交流近年来日渐活跃，两国民众对彼此国家的文化都怀有浓厚的兴趣。美术界的交流互动越来越频繁，极大地繁荣了两国文化交流的形式和内涵，并为其注入动力和新鲜活力。

发布时间：2017 – 08 – 07　来源：中国日报网

8月10日2017"三亚日"城市形象推介活动在莫斯科举行

8月10日，2017"三亚日"城市形象推介活动在莫斯科举行，俄罗斯联邦文化部副部长雷日科夫、中国驻俄罗斯大使李辉和海南省三亚市市长吴岩峻等出席活动。这次活动以"美丽三亚，浪漫邀请"为主题，俄政府部门及中俄旅游业代表共100多人出席。

发布时间：2017 – 08 – 11　来源：新华社

8月11日驻哈巴罗夫斯克总领事郭志军出席"中俄未来外交官国际夏令营"开幕式

8月11日，中国驻哈巴罗夫斯克总领事郭志军在俄罗斯萨哈（雅库特）共和国首府雅库茨克市小科学院出席"中俄未来外交官国际夏令营"开幕式。俄罗斯联邦外交部无任所大使陶米恒、萨哈（雅库特）共和国政府第一副主席斯特鲁奇科夫、副主席加贝舍娃、副主席兼驻远东联邦区代表尼科诺夫、外联局局长瓦西里耶夫、外交部驻雅库茨克市代表季亚科诺夫以及中俄师生代表近百人参加活动。

发布时间：2017 – 08 – 16　来源：驻哈巴罗夫斯克总领馆

8 月 16 日至 19 日中国藏文化交流团访问俄罗斯

8 月 16 至 19 日，由国务院新闻办公室派出的中国藏文化交流团访问俄罗斯。该交流团由中国藏学研究中心宗教研究所所长周炜任团长，成员包括来自北京和西藏的藏学藏医学专家、藏族干部、活佛等。

访问期间，交流团走访了俄罗斯科学院远东研究所，分别为莫斯科高校师生、华侨华人代表举办"今日西藏"报告会，并接受了莫斯科当地媒体采访。

发布时间：2017 – 08 – 19　来源：新华社

九　月

9 月 3 日中俄文化交流大集在哈尔滨开幕

9 月 3 日，2017 第四届中国·哈尔滨露营文化节暨中俄文化交流大集在哈尔滨广电大院正式开幕。开幕式上，格拉祖诺夫艺术团和哈尔滨群众艺术馆的中俄艺术家们纷纷登台表演，为观众带来了一场中西交融的艺术盛宴。

发布时间：2017 – 09 – 04　来源：人民网 – 黑龙江频道

9 月 12 日中俄人文合作委员会第十八次会议举行

9 月 12 日，国务院副总理、中俄人文合作委员会中方主席刘延东在广州与俄罗斯副总理、委员会俄方主席戈洛杰茨共同主持召开中俄人文合作委员会第十八次会议。

会议期间，两国副总理还共同出席了深圳北理莫斯科大学开学典礼、中俄大学校长论坛、"俄罗斯文化节"开幕式、中俄合拍影片发布式等配套活动，并见证了有关领域 8 个合作协议的签署。

发布时间：2017 – 09 – 14　来源：人民网 – 人民日报

9 月 12 日 2017 "俄罗斯文化节" 在广州拉开序幕

9 月 12 日，由中俄两国文化部共同主办的 2017 "俄罗斯文化节" 开幕式音乐会在广州大剧院举行。上百位中俄艺术家同台献艺，两国有关人士和上千名观众一同观看了演出。

发布时间：2017 - 09 - 12　来源：新华社

9 月 13 日中俄大学校长论坛在深圳成功举行

9 月 13 日，作为中俄人文交流机制的系列配套活动，由中国教育部支持，北京大学和莫斯科国立大学联合主办、广东省教育厅和深圳市教育局合办的中俄综合性大学联盟成立大会暨中俄大学校长论坛在深圳举行。中国国务院副总理刘延东，俄罗斯副总理奥莉佳·尤里耶夫娜·戈洛杰茨，中俄两国外交部、教育部、财政部以及广东省等领导，以及近 100 所中俄大学校长代表和教育领域嘉宾出席成立大会，共商中俄教育之计。

发布时间：2017 - 09 - 13　来源：央广网

9 月 15 日中俄联合考古完成马特盖奇克等遗址田野工作

9 月 15 日，由重庆市文化遗产研究院和俄罗斯科学院西伯利亚分院考古学与民族学研究所共同组建的联合考古队完成了 "中俄西伯利亚联合考古项目" 的田野阶段工作，中俄双方现正式进入室内资料整理工作阶段。

发布时间：2017 - 09 - 15　来源：中国新闻网

9 月 18 日 "2017 北京 - 莫斯科丝路经贸人文交流对话" 在莫斯科举行

9 月 18 日，由中国公共外交协会指导，环球网与俄罗斯卫星通讯社联合举办的 "2017 北京 - 莫斯科丝路经贸人文交流对话" 在莫斯科举行。来自两国政府、企业、媒体和文化交流领域的近 40

名嘉宾应邀在论坛上发言，共同探讨中俄两国在新的历史阶段下的可持续发展模式，推进中俄人文经贸领域的广泛交流与合作。

发布时间：2017 – 09 – 19　来源：环球网

9 月 19 日 2017 中俄红色旅游合作交流系列活动开幕

9 月 19 日，2017 年中俄红色旅游合作交流系列活动暨首届湘赣边红色旅游节在浏阳市文家市镇秋收起义会师纪念广场开幕。

发布时间：2017 – 09 – 19　来源：湖南红网新闻网

9 月 21 日中俄蒙"万里茶道"4 + 2 自驾骑行旅游文化交流之旅落幕

9 月 21 日，内蒙古自治区呼伦贝尔市旅游发展委员会发布消息称，为期 13 天的"茶路放歌·低碳行动"中俄蒙"万里茶道"4 + 2 自驾骑行旅游文化交流之旅落下帷幕。

发布时间：2017 – 09 – 21　来源：中国新闻网

9 月 22 日"中俄动画文化周"助力两国动画产业合作交流

9 月 22 日，由中国荔波国际儿童动漫节组委会、俄罗斯出口中心主办，外国语教学与研究出版社、国际多媒体文化协会承办的"中俄动画文化周"在北京举行。

发布时间：2017 – 09 – 22 来源：中国文化报

9 月 22 日驻俄罗斯使馆举行"俄罗斯中华武术爱好者招待会"

9 月 22 日，中国驻俄罗斯使馆举行"俄罗斯中华武术爱好者招待会"。驻俄罗斯大使李辉和夫人史晓玲女士、莫斯科武术协会、莫斯科武术俱乐部、释延斌武术学校、龙门武术学校、丝绸之路武术学校、中俄各界武术爱好者以及中俄媒体代表等约 450 人出席。

发布时间：2017 – 09 – 23　来源：驻俄罗斯使馆

9 月 27 日中俄蒙万里茶道遗址纪念碑在呼和浩特市揭碑

9 月 27 日，中俄蒙万里茶道遗址纪念碑揭碑仪式在呼和浩特市玉泉区大盛魁文创园隆重举行。本次活动由内蒙古自治区旅发委、呼和浩特市人民政府主办，呼和浩特市旅发委、呼和浩特市玉泉区人民政府承办，呼和浩特市玉泉区旅游局、内蒙古马业传媒有限公司协办。

发布时间：2017 – 09 – 28　来源：中国网

十 月

10 月 23 日"2017 感知中国·俄罗斯行——吉林文化周"在莫斯科开幕

10 月 23 日，"2017 感知中国·俄罗斯行——吉林文化周"活动，在莫斯科中国文化中心拉开帷幕。这是"吉林文化周"继 2011 年登陆莫斯科之后，再次来到这座英雄城市。来自双方的政府官员、媒体、文化企业、高校、中俄友协的代表出席活动开幕式并致辞。

发布时间：2017 – 10 – 27　来源：吉林省文化厅

10 月 25 日中俄青少年"欢动爱辉"文化艺术节在黑河启航

10 月 25 日，中俄青少年"欢动爱辉"文化艺术节开幕式暨舞蹈大赛展演活动在黑河市爱辉区举行。此次活动，旨在展现中俄两国民族艺术的魅力，促进中俄两国青少年的友谊。

发布时间：2017 – 10 – 25　来源：东北网

10 月 27 日中俄后裔音乐家"永久的回忆"音乐会在中国驻俄罗斯使馆举行

10 月 27 日，由中俄后裔词曲作家张晋夫率领的艺术团到中国驻俄罗斯使馆做客并举行题为"永久的回忆"音乐会。驻俄罗斯大使李辉、中俄友协第一副主席库利科娃女士，以及中俄友好人士、媒体代表约250人出席。

发布时间：2017－10－28　来源：驻俄罗斯使馆

十一月

11月3日60年中俄顶级芭蕾院校首次联袂演出，推动两国文化领域深层合作

11月3日，北京舞蹈学院与俄罗斯艾夫曼舞蹈学院联袂举行的"流光溢彩——中俄青年芭蕾文化交流演出"在北京大学百年讲堂上演。来自中俄两国的近百名尖子生共同带来芭蕾舞经典作品《舞姬—幽灵王国》《万物并作》《流光溢彩》《亨利的三种颜色》《森林女神》。芭蕾艺术大师鲍里斯·艾夫曼特地发来贺信："我衷心希望我们两个学院的联合芭蕾演出，能够促进两国青年之间的交流，更好地推动中俄两国文化领域的深层合作。"

发布时间：2017－11－06　来源：环球网

11月9日中俄两国互派青少年"以文会友"促交流

11月9日，继中国青少年在2017年夏季分四批次到访俄罗斯后，俄罗斯青少年此次在中国展开为期10天的回访活动。9日晚，近4个月的"生活·创造·梦想"中俄青少年文化艺术交流活动在哈尔滨落幕。

发布时间：2017－11－09　来源：中国新闻网

11月10日俄罗斯科学院主编《中国通史》最后一卷首发式举行

11月10日，俄罗斯科学院院士齐赫文斯基主编的《中国通

史——从远古时期到 21 世纪初》第十卷（最后一卷）首发式在俄
科学院隆重举行。驻俄大使李辉、该书主编齐赫文斯基院士、中俄
友协主席梅津采夫、俄外交部一亚局局长库利克、俄科学院远东研
究所所长卢佳宁出席并致辞，参与该书编纂工作的专家学者、出版
社及中俄媒体代表约 100 人出席。

发布时间：2017 - 11 - 14　来源：中国侨网

11 月 15 日驻俄罗斯使馆举行"俄罗斯中华绘画艺术爱好者招待会"

11 月 15 日，驻俄罗斯使馆以驻俄罗斯大使李辉和夫人史晓玲
女士名义在使馆举行"俄罗斯中华绘画艺术爱好者"招待会。中俄
友协第一副主席库利科娃、莫斯科国立苏里科夫美术学院院长柳巴
文以及俄文化部、中俄友协、俄美术协会、俄境内的 13 个中华绘
画艺术爱好者俱乐部、莫斯科中国文化中心代表和各界中俄友好人
士、媒体代表约 500 人出席。

发布时间：2017 - 11 - 16　来源：驻俄罗斯使馆

11 月 15 日中俄三地共办文化艺术博览会

11 月 15 日，一场由中俄三地共同举办的艺术盛会——哈深对
俄文化艺术博览会在哈尔滨开幕。此次博览会由哈尔滨市、深圳
市、俄罗斯的哈巴罗夫斯克市共同举办。中俄两国 160 余家民俗艺
术和文化创意企业参展，总展览面积达 5000 平方米，展品总数达 2
万余件。

发布时间：2017 - 11 - 16　来源：新华网

11 月 17 日毛泽东"希望寄托在你们身上"讲话发表 60 周年纪念活动在俄举行

11 月 17 日，毛泽东"希望寄托在你们身上"讲话发表 60 周

年纪念活动在莫斯科举行。此次活动由中国驻俄罗斯使馆教育处和欧美同学会留苏（俄）分会共同主办，中俄教育界、企业界、留俄学生代表约 200 人出席。

发布时间：2017 – 11 – 18　来源：新华网

11 月 23 日俄罗斯中国文化节之中俄合唱国际研讨会在沪开幕

11 月 23 日，"俄罗斯中国文化节之中俄合唱国际研讨会"以音乐会的形式在上海音乐学院贺绿汀音乐厅拉开帷幕。

发布时间：2017 – 11 – 24　来源：中国日报网

11 月 25 日驻俄罗斯使馆参加莫斯科国际妇女俱乐部 2017 年冬季义卖活动

11 月 25 日，一年一度的莫斯科国际妇女俱乐部冬季义卖活动在斯拉夫酒店隆重举行。驻俄罗斯大使李辉和夫人史晓玲女士出席，驻俄罗斯使馆百余名外交官及家属踊跃参与到此次义卖活动中。

发布时间：2017 – 11 – 27　来源：驻俄罗斯使馆

十二月

12 月 5 日莫斯科中国文化中心隆重举行成立五周年庆典活动

12 月 5 日，莫斯科中国文化中心隆重举行成立 5 周年庆典活动。中国驻俄大使李辉、中俄友协第一副主席库利科娃、中外文化交流中心副主任刘红革、格林卡全俄音乐博物馆联盟馆长布雷兹加洛夫出席并致辞。俄政府官员、文化界、汉学界代表以及各界友好人士和两国媒体代表 260 余人参加，纷纷为莫斯科中国文化中心 5 周年生日献上贺礼和祝福。俄总统国际文化合作特别代表施维德科依、俄艺术科学院院长采列捷里、莫斯科苏里科夫美院院长柳巴文等发来贺信。

发布时间：2017 – 12 – 07　来源：中青在线

12 月 16 日驻俄罗斯使馆阳光学校组织学生参加俄罗斯儿童新年联欢活动

12 月 16 日，驻俄罗斯使馆阳光学校在驻俄罗斯大使夫人、校长史晓玲女士的推动和努力下，通过积极对外联络，组织在校学生参加了两场俄罗斯儿童新年联欢活动。在活动中，孩子们演唱了中俄两国歌曲，表演了俄罗斯民族舞蹈，与俄罗斯少年儿童共同欢度节日。

发布时间：2017 – 12 – 19　来源：驻俄罗斯使馆

12 月 19 日驻俄罗斯使馆与驻叶卡捷琳堡总领事馆联合举办俄罗斯斯维尔德罗夫斯克州推介会

12 月 19 日，俄罗斯联邦斯维尔德罗夫斯克州推介会在中国驻俄罗斯使馆举行。驻俄罗斯大使李辉、驻叶卡捷琳堡总领事耿丽萍、俄外交部无任所大使陶米恒、斯维尔德罗夫斯克州州长库伊瓦舍夫出席并致辞。俄外交部、经济发展部、工业和贸易部、斯维尔德罗夫斯克州主要部门及中俄贸易园、中国贸促会驻俄代表处、俄罗斯中国企业总商会、中俄媒体代表百余人出席。这是中国驻俄使馆第 10 次为俄联邦主体举行的专场推介会。

发布时间：2017 – 12—20　来源：驻俄罗斯使馆

12 月 20 日驻俄罗斯大使夫人史晓玲女士走访俄罗斯亚历山德罗夫红旗歌舞团

12 月 20 日，驻俄罗斯大使夫人史晓玲女士走访俄罗斯亚历山德罗夫红旗歌舞团，会见今年新任命的团长萨切纽克，为歌舞团送去节日问候。

发布时间：2017 – 12—20　来源：驻俄罗斯使馆

12 月 21 日驻俄罗斯大使夫人史晓玲看望莫斯科尼库林第 15 寄宿学校全体师生

12 月 21 日，驻俄罗斯大使李辉夫人史晓玲女士走访莫斯科尼库林第 15 寄宿学校，会见该校校长阿科皮扬茨、副校长沃耶沃德金娜等，为该校全体师生送去温暖的节日问候。

发布时间：2017 - 12 - 21　来源：驻俄罗斯使馆

12 月 22 日中俄青年迎新年活动在京举行

12 月 22 日，为迎接即将到来的 2018 年，北京俄罗斯文化中心举办了新年联欢会，俄罗斯联邦驻华大使馆参赞梅利尼科娃及中俄青年代表参加了迎新年活动。

发布时间：2017 - 12 - 25　来源：中国日报网

附录二　2018 中俄文化大事记

一　月

1 月 6 日现实主义的魅力俄罗斯油画展开幕

1 月 6 日，由黑龙江省文化厅主办、哈药美术馆承办、韩建民中俄油画收藏馆协办的"现实主义的魅力俄罗斯油画展"在哈药美术馆开幕。黑龙江省文化厅副厅长孟祥武出席开幕式并致辞。

发布时间：2018 – 01 – 10　来源：黑龙江省文化厅

1 月 13 日第 23 届哈尔滨国际雪雕比赛俄罗斯代表队参赛作品摘取桂冠

1 月 13 日，为期 4 天的第 23 届哈尔滨国际雪雕比赛在哈尔滨太阳岛雪博会园区落幕。俄罗斯阿穆尔斯克代表队的参赛作品《新娘》摘取桂冠。

发布时间：2018 – 01 – 13　来源：新华社

1 月 25 日驻俄罗斯使馆举行庆祝"中俄媒体交流年"圆满闭幕暨迎新春媒体联谊活动

1 月 25 日，驻俄罗斯使馆隆重举行庆祝"中俄媒体交流年"圆满闭幕暨迎新春媒体联谊活动，驻俄罗斯大使李辉、俄总统办公厅第一副主任格罗莫夫在活动上致辞，新华通讯社亚欧总分社社长范伟国、俄"第一频道"电视台台长恩斯特作为双方媒体代表致辞。俄总统办公厅公关局局长斯米尔诺夫，俄通讯与大众传媒部副部长沃林，俄新闻出版与大众传媒署署长谢斯拉温斯基，俄电信、信息技术与大众传媒监管局局长扎罗夫，俄外交部一亚局局长库利克，俄外交部新闻局局长、发言人扎哈罗娃，俄联邦安全总局信息合作局局长德沃尔尼科夫，俄总理新闻局副局长卡明斯卡娅，俄安全会议、国防部、工贸部、财政部、教科部、文化部等代表以及中俄媒体代表约 300 人出席活动。

发布时间：2018－01－26　来源：驻俄罗斯使馆

1 月 27 日驻俄罗斯使馆举行 2018 中俄儿童迎新春联欢会

1 月 27 日，来自俄罗斯莫斯科州中央儿童艺术学校、舒瓦洛夫学校、英才学校、尼库林杂技艺术学校等 13 所学校的 200 多名俄方小朋友到驻俄罗斯大使馆做客，与使馆阳光学校的孩子们共庆中国传统新年，共享中国春节乐趣，共话中俄儿童友谊，共祝两国美好未来。驻俄罗斯大使李辉夫人史晓玲女士出席并致辞。

发布时间：2018－01－28　来源：驻俄罗斯使馆

二　月

2 月 2 日驻俄罗斯使馆与俄外交部官员举行新年联谊活动

2 月 2 日，驻俄罗斯使馆与俄外交部官员在使馆举行新年联谊活动。驻俄罗斯大使李辉和夫人史晓玲女士，俄外交部副部长莫尔古洛夫夫妇，俄外交部一亚局、亚太合作局、礼宾局、领事局等部分主管官员及其家属，以及驻俄使馆外交官共约 90 人出席联谊活动。

发布时间：2018－02－04　来源：驻俄罗斯使馆

2 月 6 日驻俄罗斯使馆与俄外交俱乐部联合举办"中国日"活动

2 月 6 日，由驻俄罗斯使馆与俄外交俱乐部联合举办的"中国日"活动在莫斯科中国文化中心举行。驻俄罗斯大使李辉，俄外交学院院长、俄外交俱乐部主席巴让诺夫出席活动并致辞，俄外交部新闻局局长、发言人扎哈罗娃及 29 个外国驻俄使团代表和媒体代表共约 200 人出席。

发布时间：2018 – 02 – 07　来源：驻俄罗斯使馆

2 月 8 日驻俄罗斯大使李辉与俄副总理戈洛杰茨共同出席莫斯科古姆百货商场喜迎中国春节活动

2 月 8 日，座落在俄罗斯红场边的古姆百货商场举办喜迎中国春节活动。驻俄罗斯大使李辉、俄副总理戈洛杰茨出席活动并致辞。俄著名实业家、Bosco di Ciliegi 监理会主席、莫斯科市社会院副主席库斯尼罗维奇、俄现代艺术博物馆执行馆长采列捷里及俄商界、收藏界、媒体界代表 140 余人出席。

发布时间：2018 – 02 – 09　来源：驻俄罗斯使馆

2 月 9 日驻俄罗斯使馆为俄汉学家举行 2018 年新春招待会

2 月 9 日，在中国传统新春佳节即将来临之际，驻俄罗斯大使馆隆重举行俄汉学家 2018 年新春招待会。驻俄大使李辉、俄联邦委员会经济政策委员会主席、中俄友协主席梅津采夫出席并致辞。俄国家杜马、联邦委员会、外交部、中俄友协、俄科学院及俄科技、教育、文化等学术机构和高等院校汉学家，与中国长期合作的公司以及地方汉学家代表、中俄媒体、使馆外交官等共约 600 余人出席。

发布时间：2018 – 02 – 10　来源：驻俄罗斯使馆

2 月 17 日驻俄罗斯大使李辉出席在莫斯科举行的"欢乐春节·行走的年夜饭"活动

2 月 17 日,由中国文化部、驻俄罗斯大使馆主办、世界中餐业联合会、莫斯科阳光餐厅承办的"欢乐春节·行走的年夜饭"活动在欢乐祥和的气氛中拉开帷幕。驻俄罗斯大使李辉、俄罗斯国家杜马第一副主席梅利尼科夫出席活动并致辞。

发布时间:2018 – 02 – 18 来源:驻俄罗斯使馆

三 月

3 月 1 日"中俄媒体话元宵"活动在莫斯科举行

3 月 1 日,"中俄媒体话元宵"活动在莫斯科举行。与会者表示将继续加强中国和俄罗斯媒体交流合作,为巩固两国友谊、促进两国关系发展发挥积极作用。

活动由俄罗斯记者协会、莫斯科记者协会和莫斯科中国记者俱乐部共同举办。中国驻俄罗斯大使李辉、俄记协主席托卡尔斯基以及中俄媒体代表等 80 余人出席。

发布时间:2018 – 03 – 02 来源:新华网

3 月 26 日金砖五国签署知识产权合作联合声明,明确知识产权合作七大领域

3 月 26 日,在成都召开的第十届金砖国家知识产权局局长会议上,金砖五国知识产权主管部门负责人共同签署了《金砖五局关于加强金砖国家知识产权领域合作的联合声明》,首次以官方联合声明的形式明确金砖国家知识产权合作目标和合作领域。

发布时间:2018 – 03 – 27 来源:新华社

四 月

4月13日"特色·融汇——金砖国家美术馆联盟特展"在京开幕

4月13日，由中国美术馆主办的"特色·融汇——金砖国家美术馆联盟特展"在北京中国美术馆举行开幕式，共展出金砖国家美术馆联盟成员中国美术馆、南非 Iziko 博物馆联盟、巴西国家美术馆、俄罗斯国家东方民族艺术博物馆、印度国家现代美术馆收藏和遴选的经典作品62件。

发布时间：2018－04－13　来源：新华社

4月15日中俄青少年艺术团在驻俄罗斯使馆进行交流演出

4月15日，受中国国际青年交流中心委派，北京新时代"寄语未来"文化交流中心艺术团来到驻俄罗斯使馆，与莫斯科青少年文化艺术中心、圣彼得堡儿童合唱团等同台交流演出，拉开了寄语未来·和谐世界——"一带一路"中俄青少年国际文化艺术交流展演活动的序幕。驻俄罗斯大使李辉、使馆阳光学校师生、部分馆员及家属、媒体记者共约250人出席。

发布时间：2018－04－17　来源：驻俄罗斯使馆

4月16日《大明王朝：文人时代的光辉》展览在莫斯科举行

4月16日，《大明王朝：文人时代的光辉》展览16日在莫斯科克里姆林宫博物馆开幕，展出的156件文物向俄罗斯观众展现中国古代文化艺术精华，以加深两国文化交流与人民心灵沟通。

发布时间：2018－04－17　来源：新华社

五　月

5 月 3 日驻俄罗斯大使夫人史晓玲女士出席"走遍中国"画展开幕式

5 月 3 日，驻俄罗斯大使夫人史晓玲女士应邀赴俄坦波夫州米丘林斯克市出席"走遍中国"画展开幕式。该活动由俄格拉西莫夫庄园博物馆主办。米丘林斯克市市长库兹涅佐夫、格拉西莫夫庄园博物馆馆长沃罗诺娃、俄人民画家波波夫、俄艺术家协会成员冈察洛夫等当地文化届名流出席开幕式。

发布时间：2018－05　04　来源：驻俄罗斯使馆

5 月 11 日驻俄罗斯使馆举办全俄围棋爱好者招待会暨"中国大使杯围棋赛 2018"开幕式活动

5 月 11 日，驻俄罗斯使馆举办全俄围棋爱好者招待会暨"中国大使杯围棋赛 2018"开幕式活动。驻俄罗斯大使李辉和夫人史晓玲女士、俄围棋协会主席沃尔科夫、莫斯科市围棋协会主席桑金，以及来自全俄围棋参赛选手、俄围棋协会、莫斯科市围棋协会、俄体育部、新闻媒体代表共约 450 人出席。活动由驻俄使馆与俄围棋协会主办、莫斯科中国文化中心与莫斯科市围棋协会承办。

发布时间：2018－05－12　来源：驻俄罗斯使馆

5 月 14 日驻俄罗斯大使李辉访问梁赞国立大学孔子学院

驻俄罗斯大使李辉访问俄罗斯梁赞国立大学孔子学院。梁赞州副州长格列科夫、梁赞国立大学校长米纳耶夫、副校长杰米多夫、孔子学院中方院长张贤、俄方院长玛丽扬诺夫斯卡娅陪同考察。

发布时间：2018－05－16　来源：驻俄罗斯使馆

5月16日驻俄罗斯大使李辉出席书法插画版《道德经》首发式

5月16日，驻俄罗斯大使李辉出席在莫斯科中国文化中心举办的书法插画版《道德经》首发式。中俄友协第一副主席、俄科学院远东研究所所长卢佳宁、中俄友协第一副主席库利科娃女士，俄作协主席伊万诺夫，俄著名汉学家、《道德经》译者孔德拉绍娃、俄著名艺术家科纽霍夫，俄科学院东方研究所中国部主任科布泽夫，以及俄国家杜马文化委员会、中俄文化艺术界和中俄媒体代表共约170人出席。

发布时间：2018 – 05 – 17 来源：驻俄罗斯使馆

5月17日2018中俄文化艺术交流周在杭开幕

5月17日，2018中俄文化艺术交流周暨俄罗斯列宾美术学院当代著名画家作品展全国巡展在浙江杭州开幕。据了解，此次画展上展示了来自俄罗斯列宾美术学院三位画家的近200幅作品。

发布时间：2018 – 05 – 17 来源：中国新闻网

5月17日首届上合组织文化艺术专家研讨会召开

5月17日，以"文化历史的传承与使用——上海合作组织框架内文化遗产的发掘、保护与修复"为主题的首届上海合作组织文化艺术专家研讨会在海南省三亚市召开。中国文化和旅游部党组成员于群出席研讨会并致辞。来自中国、印度、哈萨克斯坦、吉尔吉斯斯坦、巴基斯坦、俄罗斯、塔吉克斯坦、乌兹别克斯坦的专家学者参加研讨会。

发布时间：2018 – 05 – 18 来源：中国文化报

5月30日上海合作组织成员国艺术节在北京开幕

5月30日，由中国文化和旅游部主办的上海合作组织成员国艺术节在北京保利剧院开幕。中国文化和旅游部部长雒树刚出席艺术节开幕式暨民族音乐会演出并致辞。中国文化和旅游部党组成员于群，上合组织各成员国、观察员国、对话伙伴国驻华使馆外交官和上合组织秘书处代表及各界代表约1000人观看演出。

发布时间：2018 – 05 – 31　来源：中国文化报

六 月

6月8日中华人民共和国"友谊勋章"颁授仪式在京隆重举行习近平向俄罗斯总统普京授予首枚"友谊勋章"

6月8日，中华人民共和国"友谊勋章"颁授仪式8日下午在人民大会堂金色大厅隆重举行。国家主席习近平向俄罗斯总统普京授予首枚"友谊勋章"。

发布时间：2018 – 06 – 08　来源：新华社

6月8日习近平同俄罗斯总统普京在天津共同观看中俄青少年冰球友谊赛

6月8日，国家主席习近平8日晚同俄罗斯总统普京在天津共同观看中俄青少年冰球友谊赛。

发布时间：2018 – 06 – 08　来源：新华社

6月14日第21届世界杯足球赛在俄罗斯莫斯科开幕，国家主席习近平特使孙春兰出席开幕式

6月14日，第21届世界杯足球赛在俄罗斯首都莫斯科开幕。国家主席习近平特使、国务院副总理孙春兰应邀出席开幕式。

发布时间：2018 – 06 – 15　来源：新华社

6月14日2018中俄体育交流周在哈尔滨开幕

6月14日，中俄青少年冰球赛在哈尔滨举行，拉开了为期一周的"中俄地方合作交流论坛暨中俄友城合作论坛—2018中俄体育交流周系列活动"的序幕。

发布时间：2018－06－14　来源：中国新闻网

6月17日第九届中俄文化大集新闻发布会在哈举行

6月17日，第九届中俄文化大集新闻发布会在哈尔滨举行。经中俄双方共同商定，第九届中俄文化大集将于6月16日至7月16日在中国黑河市和俄罗斯布拉戈维申斯克市同期举办，6月27日在俄罗斯布拉戈维申斯克市举行俄方开幕式，6月28日在黑河市举行中方开幕式。黑龙江省文化厅厅长张丽娜、黑河市副市长陈晓杰、俄罗斯阿穆尔州文化与民族政策部部长尤尔科娃出席发布会，详细介绍了本届文化大集特点以及筹备情况，并回答了各媒体记者提问。国内外相关媒体参加了发布会。

发布时间：2018－06—20　来源：黑龙江省文化厅

6月18日驻俄罗斯大使李辉访问托木斯克国立大学孔子学院

6月18日，驻俄罗斯大使李辉访问托木斯克国立大学孔子学院，校长加拉任斯基、孔子学院中方院长王国红、俄方院长什韦多娃陪同考察。

发布时间：2018－06—20　来源：驻俄罗斯使馆

6月19日丝绸之路国际美术馆联盟成立仪式在中国美术馆举行

6月19日，丝绸之路国际美术馆联盟成立仪式在中国美术馆举行。文化和旅游部党组成员于群出席活动并致辞，来自"一带一路"沿线18个国家和地区的国家美术馆和重点美术机构的24位嘉宾出席了成立仪式。

文化和旅游部外联局负责人，丝绸之路国际剧院、博物馆、图书馆联盟牵头单位负责人出席了上述活动。当天，中国美术馆还举办了"包容与共进——丝绸之路国际美术馆联盟论坛"暨联盟第一次会议，来自法兰西艺术院、俄罗斯国家艺术科学院、白俄罗斯国家美术馆、乌克兰国家艺术科学院等机构的 24 位代表就相关议题进行深入研讨。

发布时间：2018 – 06 – 19　来源：文化和旅游部政府门户网站

6 月 27 日 2018 东北亚文化产业博览会在长春开幕

6 月 27 日，2018 东北亚文化产业博览会在长春开幕，吸引了来自韩国、朝鲜、俄罗斯、巴基斯坦、阿富汗、非洲等国和地区国际参展商 200 多家，全国各地的精彩非遗项目 230 多项，其中国家级的非遗项目 26 项，国家级工艺美术大师的作品 30 多项。展会现场还举办了中国 – 欧盟少儿书画展以及斯洛伐克邮票展、改革开放四十周年美术作品展等。

发布时间：2018 – 06 – 27　来源：吉林省文化厅

七　月

7 月 4 日 "中俄边境文化季" 启幕

7 月 4 日，2018 佳木斯·同江 "中俄边境文化季" 活动近日在哈尔滨启幕，该活动将在同江市、俄罗斯哈巴罗夫斯克边疆区、那乃区、犹太自治州等多地同步举行，10 月 14 日结束。2018 佳木斯·同江 "中俄边境文化季" 活动推出经贸交流、互访交流、文化展览、体育文化、民众文化、文艺演出 6 大模块。

发布时间：2018 – 06 – 24　来源：黑龙江日报

7 月 24 日 2018 中俄青少年文化交流周在京开幕

7 月 24 日，由宋庆龄青少年科技文化交流中心与俄罗斯文化中心共同发起的 2018 中俄青少年文化交流周在北京开幕。文化交流周期间，中国和俄罗斯的音乐家、美术家、书法家为中俄两国青少年传授了声乐、器乐、绘画、书法等技艺。

发布时间：2018 - 07 - 25　来源：央广网

7 月 25 日中俄人文合作委员会旅游分委会第十五次会议在三亚举办

7 月 25 日，中俄人文合作委员会旅游分委会第十五次会议在海南省三亚市举办，文化和旅游部党组成员杜江和俄罗斯联邦旅游署副署长科罗廖夫分别率领双方代表团参会。双方回顾了旅游分委会第十四次会议以来中俄旅游领域合作情况，就完善中俄互免团体旅游签证机制、深化中俄地方旅游合作、加强在多边框架下的协调、拓展合作新领域、探索建立旅游市场联合监管机制等议题进行了深入交流，达成广泛共识。

发布时间：2018 - 07 - 26　来源：文化和旅游部

7 月 27 日"北京日"系列交流活动在俄罗斯举行

7 月 27 日，"北京日"系列活动在俄罗斯首都莫斯科市中心特维尔广场隆重开幕。北京市政府、莫斯科市政府、中国驻俄罗斯大使馆领导以及中俄两国友好人士出席活动。在为期五天的时间里，莫斯科、圣彼得堡两地的民众将有机会了解到京韵文化的独特魅力，加深民间友好传统。中俄两国的政府和企业界人士则通过经贸洽谈、旅游推介和专题论坛等活动进一步深化合作。

发布时间：2018 - 07 - 28　来源：国际在线

八 月

8月3日"大图们倡议"第七届东北亚旅游论坛在珲春市开幕

8月3日，"大图们倡议"第七届东北亚旅游论坛在珲春市举行。来自中国、俄罗斯、韩国、蒙古国等东北亚各国的专家学者围绕"对接一带一路，构建东北亚多目的地旅游共同体"主题，共同探讨和展望东北亚发展多目的地旅游现状和前景。

发布时间：2018 08－07 来源：吉林省旅游发展委员会

8月7日至12日驻俄罗斯使馆阳光学校组织学生参加儿童夏令营

8月7－12日，在驻俄罗斯大使夫人、阳光学校校长史晓玲女士在阳光学校老师们的陪同下，和驻俄罗斯使馆阳光学校8名在馆学生和来自南京师范大学附属小学18名学生赴伊万诺沃州参加了"建设者"儿童夏令营活动。

发布时间：2018－08－18 来源：驻俄罗斯使馆

九 月

9月3日"钱学森：中国航天事业奠基人"专题展在俄罗斯揭幕

9月3日，由上海交通大学、俄罗斯莫斯科航空学院主办，上海交通大学钱学森图书馆和俄罗斯莫斯科航空学院博物馆承办的"钱学森：中国航天事业奠基人"专题展在莫斯科航空学院开幕。

发布时间：2018－09－04 来源：中国新闻网

9 月 12 日习近平和俄罗斯总统普京共同访问"海洋"全俄儿童中心

9 月 12 日，中国国家主席习近平在符拉迪沃斯托克同俄罗斯总统普京一起访问"海洋"全俄儿童中心。习近平抵达时，受到普京热情迎接。两国元首参观反映当年中国地震灾区儿童在俄罗斯疗养情景的图片墙后，共同前往剧场，出席"海洋"全俄儿童中心接待汶川地震灾区儿童 10 周年纪念仪式。

发布时间：2018 － 09 － 13　来源：新华社

9 月 14 日"你好，俄罗斯！"中外经典歌剧作品音乐会在莫斯科举行

9 月 14 日，在俄罗斯军队中央模范剧院，中国国家大剧院与马林斯基交响乐团和亚历山大红旗歌舞团携手为观众献上了一台名为"你好，俄罗斯！"的中外经典歌剧作品音乐盛宴。

发布时间：2018 － 09 － 16　来源：人民网

9 月 26 日"我与中国"青年征文大赛及"我眼中的中国"俄罗斯儿童绘画比赛颁奖典礼在莫斯科举行

9 月 26 日，"我与中国"青年征文大赛及"我眼中的中国"俄罗斯儿童绘画比赛颁奖典礼在莫斯科中国文化中心隆重举行。中国驻俄罗斯大使李辉、中国驻俄罗斯使馆文化参赞兼莫斯科中国文化中心主任龚佳佳、俄罗斯国家杜马教育与科学委员会副主席柳博芙·杜哈宁娜、莫斯科国立苏里科夫艺术学院院长安纳托利·柳巴文、中俄友好协会第一副主席嘉琳娜·库里科娃等出席了当天的颁奖典礼。

发布时间：2018 － 09 － 27　来源：人民网—俄罗斯频道

十 月

10 月 18 日杨洁篪出席第十五届瓦尔代国际辩论俱乐部年会

10 月 18 日，中共中央政治局委员、中央外事工作委员会办公室主任杨洁篪在俄罗斯索契出席第十五届瓦尔代国际辩论俱乐部年会并致辞。

瓦尔代国际辩论俱乐部由俄罗斯发起成立，每年举办一次年会，年会系世界各国政治家、学者交流互动的重要平台。

发布时间：2018－10－18　来源：新华网

10 月 25 日《中国、中国文明与世界：历史、现代与未来》国际学术会议在莫斯科举行

10 月 25 日，由俄罗斯科学院远东研究所主办的第二十三届《中国、中国文明与世界：历史、现代与未来》国际学术会议在俄科学院主席团大楼主席厅隆重开幕。李辉大使、俄外交部一亚局局长季诺维也夫、远东研究所所长卢佳宁出席并致辞，会议由远东研究所副所长奥斯特罗夫斯基主持。来自俄罗斯、中国、德国等国家的 200 多名专家、学者、相关机构及媒体代表参会。

发布时间：2018－10－26　来源：人民网

10 月 29 日吉林省 15 幅作品赴俄罗斯参加第 20 届东北亚地区美术作品展

10 月 29 日，第 23 届东北亚地区地方政府首脑会议暨第 20 届东北亚地区美术作品展在俄罗斯滨海边疆区举办。俄罗斯滨海边疆区代州长尼古拉耶维奇、吉林省省长景俊海以及日本、韩国、蒙古国相关省区地方政府首脑参加了开幕式。

发布时间：2018－11－12　来源：吉林省文化和旅游厅

十一月

11月13日《20世纪20–30年代中国革命者在俄罗斯的足迹》第二册出版发行

11月13日，俄汉双语版《20世纪20–30年代中国革命者在俄罗斯的足迹》画册第二册首发会13日在俄首都莫斯科举行。

画册由俄罗斯科学院远东研究所制作，展示了中国革命者20世纪20至30年代在苏俄生活工作场所的历史面貌和今日风采，以及李求实、王若飞等中国革命者的照片。

发布时间：2018–11–14　来源：新华网

11月19日至24日2018中俄红色旅游合作交流系列活动在山东临沂举行

11月19–24日，由文化和旅游部资源开发司指导，山东省文化和旅游厅、临沂市人民政府主办，临沂市旅游发展委员会承办的2018中俄红色旅游合作交流系列活动在临沂市举行。来自中俄两国的旅游专家学者、各大旅行商、境内外媒体等200多人围绕"推动中俄旅游合作交流　加快红色旅游国际化发展"共商大计。

发布时间：2018–11–30　来源：山东省文化和旅游厅

11月20日驻俄罗斯使馆阳光学校参加"国际儿童日"活动

11月20日，由俄罗斯尼库林杂技艺术学校和"社会马戏"组织共同主办的"国际儿童日"活动在莫斯科艺术之家举行。驻俄罗斯大使夫人、使馆阳光学校校长史晓玲女士、尼库林杂技艺术学校校长阿卡皮扬茨、"社会马戏"组织主任马尔科娃出席活动并致辞。来自驻俄使馆阳光学校，尼库林杂技艺术学校、高加索儿童舞蹈团、"比比列瓦"儿童创造中心等教育机构的师生和家长代表，中俄艺术和媒体界人士约 300 人出席。

发布时间：2018 - 11 - 22　来源：驻俄罗斯使馆

十二月

12 月 1 日驻俄罗斯使馆参加莫斯科国际妇女俱乐部 2018 年冬季义卖活动

12 月 1 日，一年一度的莫斯科国际妇女俱乐部冬季义卖活动隆重举行。驻俄罗斯大使李辉夫人史晓玲女士率领使馆妇女小组全体成员，以及使馆百余名外交官和家属参加了义卖活动。

发布时间：2018 - 12　03　来源：驻俄罗斯使馆

12 月 12 日"中国改革开放 40 周年视角下中俄关系发展成果与展望"研讨会在莫斯科举行

12 月 12 日，由中国驻俄罗斯使馆与俄罗斯国际事务委员会联合举办的"中国改革开放 40 周年视角下中俄关系发展成果与展望"研讨会在莫斯科举行。中俄智库和专家学者为两国关系的未来发展建言献策，为中俄建交 70 周年献礼。俄罗斯外交部、国际事务委员会、俄科学院研究所、重点高校，以及中俄友协、北京大学和驻俄使馆代表约 100 人出席。

发布时间：2018 - 12 - 14　来源：国际在线

12 月 17 日俄罗斯科学院远东研究所举行纪念中国改革开放 40 周年研讨会

12 月 17 日，俄罗斯科学院远东研究所举行纪念中国改革开放 40 周年研讨会。远东研究所所长卢佳宁主持会议，中国驻俄大使李辉出席并发表主旨演讲。

发布时间：2018 - 12 - 19　来源：新华社

12 月 28 日 2018 中俄文化艺术交流活动在四川广元举行

12 月 28 日，由利州区委、区政府主办，利州区委宣传部、利州区文化广电新闻出版局承办的"一带一路"2018 中俄（广元利州）文化艺术交流活动在广元市艺术大剧院举行。

发布时间：2018 - 12 - 29　来源：中国网

12 月 31 日中俄两国元首互致新年贺电，中俄两国总理互致新年贺电

12 月 31 日，国家主席习近平和俄罗斯总统普京互致新年贺电。同日，国务院总理李克强同俄罗斯总理梅德韦杰夫也互致新年贺电。

发布时间：2018 - 12 - 31　来源：新华社

附录三 2019 中俄文化大事记

一 月

1月24日"毛泽东—斯大林共同出席晚宴"旧址纪念牌揭牌仪式举行

1月24日,"毛泽东—斯大林共同出席晚宴"旧址纪念牌揭牌仪式在莫斯科大都会酒店红厅举行,中国驻俄罗斯大使李辉、俄罗斯共产党主席久加诺夫、大都会酒店总经理多米尼克、俄科学院远东研究所所长卢佳宁、中俄友好协会第一副主席库利科娃、俄外交部一亚局副局长什马涅夫斯基以及中俄各界友好人士和媒体代表约100人出席,罗高寿中俄关系分析中心主席萨纳科耶夫主持。

发布时间:2019 – 01 – 25　来源:光明日报客户端

1月25日驻俄罗斯使馆为俄汉学家举行2019年春节招待会

1月25日,驻俄罗斯使馆为俄汉学家隆重举行2019年春节招待会。驻俄罗斯大使李辉、俄外交部一亚局局长季诺维也夫出席并致辞。俄总统经济一体化顾问格拉济耶夫、俄科学院远东研究所所长卢佳宁、俄外交学院院长巴让诺夫,俄总统办公厅、联邦委员会、国家杜马、外交部、中俄友好协会、俄科学院及俄科技、教育、文化等学术机构和高等院校汉学家,与中国长期合作的公司以及地方汉学家代表、中俄媒体、使馆外交官等约800人出席。

发布时间：2019 - 01 - 26　来源：驻俄罗斯使馆

1 月 25 日外交部部长助理张汉晖出席外交部同俄罗斯驻华使馆年度新春友好交流活动

1 月 25 日，张汉晖部长助理同俄罗斯驻华大使杰尼索夫共同出席外交部与俄驻华使馆年度新春友好交流活动并致辞，勉励双方工作团队继续密切配合，共同努力推动中俄关系在建交 70 周年这一重要年份取得更大发展。

发布时间：2019 - 01 - 28　来源：外交部

1 月 28 日驻俄罗斯大使李辉出席中俄友协春节活动暨纪念齐白石诞辰 155 周年画展

1 月 28 日，中俄友协春节活动暨纪念齐白石诞辰 155 周年画展在俄罗斯科学院远东研究所中国厅举行，驻俄罗斯大使李辉出席并致辞。俄科学院远东研究所所长卢佳宁、中俄友好协会第一副主席库利科娃，以及中俄各界友好人士和媒体代表约 150 人出席。

发布时间：2019 - 01 - 29　来源：驻俄罗斯使馆

1 月 30 日驻俄罗斯使馆与俄外交部官员举行春节联谊活动

1 月 30 日，驻俄罗斯使馆与俄外交部官员在使馆举行联谊活动。驻俄罗斯大使李辉和夫人史晓玲女士、俄外交部副部长莫尔古洛夫夫妇、一亚局局长季诺维也夫夫妇、领事局局长沃伦金夫妇、亚太合作局局长奥夫奇尼科夫，以及上述各局部分官员和我馆外交官约 100 人出席活动。

发布时间：2019 - 01 - 31　来源：驻俄罗斯使馆

二　月

2 月 1 日驻俄罗斯大使李辉出席俄外交部副部长莫尔古洛夫举行的东亚国家使节新春招待会

2 月 1 日，俄罗斯外交部副部长莫尔古洛夫为东亚国家驻俄使节举行新春招待会。驻俄罗斯大使李辉以及朝鲜、韩国、蒙古、越南、新加坡驻俄大使出席并致辞。上述国家驻俄使馆约百名外交官相聚一堂，友好交流，共迎佳节。

发布时间：2019 – 02 – 02　来源：驻俄罗斯使馆

2 月 7 日驻俄罗斯大使李辉邀请总理梅德韦杰夫做客中国使馆庆祝春节

2 月 7 日，应驻俄罗斯大使李辉和夫人史晓玲女士邀请，俄罗斯联邦政府总理梅德韦杰夫到使馆做客，并与使馆外交官共庆 2019 年中国农历新年。陪同做客的还有俄政府副总理兼办公厅主任崔琴科，俄总统保护企业家权益全权代表兼中俄友好、和平与发展委员会俄方主席季托夫，俄外交部副部长莫尔古洛夫等。

发布时间：2019 – 02 – 08　来源：驻俄罗斯使馆

2 月 9 日驻俄罗斯大使李辉出席中国新春民族音乐会

2019 年文化和旅游部"欢乐春节"项目重头戏——"中国新春民族音乐会"于 2019 年 2 月 9 日晚在莫斯科扎里亚季耶音乐厅隆重上演。驻俄罗斯大使李辉、俄罗斯联邦委员会（议会上院）副主席乌马哈诺夫以及在莫华人华侨、俄罗斯友好人士、媒体代表约 1500 人出席活动。

发布时间：2019 – 02 – 11　来源：驻俄罗斯使馆

2月14日驻俄罗斯使馆与中俄友协举行春节联谊活动

2月14日，应驻俄罗斯大使李辉和夫人史晓玲女士邀请，中俄友协第一副主席卢佳宁、库利科娃女士，中俄友协主席梅津采夫的夫人弗罗洛娃，以及中俄友协副主席米亚斯尼科夫、沃斯克列先斯基、加列诺维奇、卡尔涅耶夫、卢基扬诺夫、奥帕索夫、萨纳科耶夫、乌亚纳耶夫等来使馆做客，与使馆外交官举行春节联谊活动。

发布时间：2019 - 02 - 15 来源：驻俄罗斯使馆

2月15日莫斯科举行纪念瞿秋白同志诞辰120周年活动

2月15日，俄罗斯中国友好协会在俄科学院远东研究所中国厅隆重举行纪念瞿秋白同志诞辰120周年座谈会。中国驻俄罗斯大使李辉，俄科学院远东研究所所长、中俄友协第一副主席卢佳宁，中俄友协第一副主席库利科娃，以及中俄各界友好人士和媒体代表出席。

发布时间：2019 - 02 - 18 来源：人民网

三 月

3月14日驻俄罗斯大使李辉出席在克里姆林宫举行的故宫文物展开幕式

3月14日，驻俄罗斯大使李辉出席在莫斯科克里姆林宫博物馆举办的"18世纪的东方盛世及清高宗乾隆皇帝展"开幕式。本次展览由故宫博物院和克里姆林宫博物馆合作举办。开幕式由克宫博物馆馆长加加林娜主持，故宫博物院副院长纪天斌、俄罗斯副总理戈洛杰茨、俄总统国际文化合作事务顾问什维德科依、俄天然气股份公司总裁米勒、俄外交部副部长莫尔古洛夫、美国、德国驻俄大使及中俄博物馆界学者和友好人士约200人出席开幕式。

发布时间：2019 - 03 - 16 来源：驻俄罗斯使馆

3 月 15 日驻俄罗斯大使李辉邀请俄汉学家参观使馆文化展览馆

3 月 15 日，驻俄罗斯大使李辉邀请俄国立东方博物馆中国领域研究专家到使馆做客，参观使馆文化展览馆，就东方历史文化研究等热点问题进行交流和探讨。东方博物馆馆长谢多夫率该馆专家学者 30 余人出席活动。

发布时间：2019 – 03 – 17 来源：驻俄罗斯使馆

3 月 25 日俄罗斯车里雅宾斯克州代表团到黑龙江省文化和旅游厅拜会

3 月 25 日，俄罗斯车里雅宾斯克州代表团一行到黑龙江省文化和旅游厅拜会，副厅长于峰出席会见。双方就俄车州在第六届中俄博览会期间举办"车里雅宾斯克州活动日"相关事宜进行初步探讨。省厅对外交流与合作处、推广营销处有关人员参加会谈。

发布时间：2019 – 04 – 12 来源：黑龙江省文化和旅游厅

四 月

4 月 10 日举行中国长江中上游地区和俄罗斯伏尔加河沿岸联邦区经贸、人文合作联合工作组会议

4 月 10 日，外交部副部长张汉晖在北京同俄罗斯总统驻伏尔加河沿岸联邦区副全权代表马什科夫采夫举行中国长江中上游地区和俄罗斯伏尔加河沿岸联邦区经贸、人文合作联合工作组会议，就筹备年内举行的"长江—伏尔加河"地方合作理事会第三次会议以及推动两地区各领域合作交换意见。

发布时间：2019 – 04 – 11 来源：外交部

4月16日驻俄罗斯大使李辉出席俄东方博物馆中国瓷器展

4月16日，驻俄罗斯大使李辉应邀出席由俄罗斯国立东方博物馆举办的中国瓷器展。俄东方博物馆馆长谢多夫、俄国立艾尔米塔什博物馆（冬宫）东方部专家梅尼希科娃出席活动并致辞。

发布时间：2019－04－17 来源：驻俄罗斯使馆

4月18日外交部副部长张汉晖会见俄罗斯主流媒体记者团

4月18日，外交部副部长张汉晖会见俄罗斯主流媒体记者团，介绍双边关系发展情况，鼓励记者们更加积极报道中俄关系和双方合作，在两国国内和国际上更多发出宣介双方友好合作的正面声音，为中俄共同庆祝建交70周年营造良好氛围。张汉晖回答了记者关于"一带一路"建设、中俄各领域合作、有关地区热点问题等的提问。

发布时间：2019－04－19 来源：外交部

4月23日2019年中国·黑龙江与俄罗斯·阿穆尔州中俄体育交流工作会谈

4月23日，黑龙江省代表团与俄阿穆尔州代表团在黑河市全民健身中心举行2019年中国黑龙江与俄罗斯阿穆尔州中俄体育交流工作会谈。阿穆尔州体育部部长克列托弗、黑龙江省体育局副局长韩会峰、黑河市体育局局长王爱华出席会谈。

发布时间：2019－04－26 来源：中国报道

4月26日习近平出席清华大学向俄罗斯总统普京授予名誉博士学位仪式

4月26日，国家主席习近平在北京友谊宾馆出席清华大学向俄罗斯总统普京授予名誉博士学位仪式。

发布时间：2019－04－26 来源：外交部

4 月 28 日雅安与俄罗斯嘉宾就双边文化交流事宜进行会谈

4 月 28 日，来雅迎接大熊猫"如意""丁丁"赴俄罗斯旅居的俄罗斯代表团考察雅安花间堂，并与雅安市委市政府、雅安文旅集团等相关负责人进行友好交流。双方介绍了各自本地特色文化、旅游资源，就当前中俄关系背景下，如何做好"一带一路"文章、提升双边文化旅游吸引力进行交流。

发布时间：2019 – 05 – 06   来源：雅安市人民政府

4 月 29 日 2019 北京世园会俄罗斯国家馆举行开馆仪式

4 月 29 日，北京世界园艺博览会俄罗斯馆举行开馆仪式。俄罗斯工贸部副部长阿列克谢·格鲁兹杰大、俄罗斯驻华大使杰尼索夫、北京世园会事务协调局常务副局长周建平等近百名嘉宾代表出席开幕式，随后进行巡园活动。

发布时间：2019 – 04 – 30   来源：国际在线

4 月 30 日共庆中俄建交 70 周年 中俄青少年艺术节在哈举办

4 月 30 日晚，第十一届中俄青少年艺术节暨中俄建交 70 周年庆典活动在哈尔滨举行。中俄青少年们通过声乐、器乐、舞蹈、武术等艺术表演，充分展示了两国青少年亮丽的风采。

发布时间：2019 – 05 – 01   来源：东北网

五　月

5 月 17 日驻俄罗斯大使李辉出席俄方举行的纪念中国五四运动 100 周年活动

5 月 17 日，由俄罗斯科学院远东研究所、中俄友好协会共同主办的纪念中国五四运动 100 周年活动在该所中国厅举行，驻俄罗斯大使李辉出席并致辞。活动由俄科学院远东研究所所长卢佳宁主持，中俄友好协会第一副主席库利科娃以及中俄各界友好人士、俄青少年和媒体代表约 120 人出席。

发布时间：2019 - 05 - 18 来源：驻俄罗斯使馆

5 月 25 日外交部副部长乐玉成出席《世代友好——纪念中俄建交 70 周年文集》首发式

5 月 25 日，外交部副部长乐玉成应邀出席俄罗斯驻华使馆举行的《世代友好——纪念中俄建交 70 周年文集》首发式并致辞。乐玉成副部长代表外交部对文集的出版表示热烈祝贺，指出中俄关系 70 年走过了不平凡的历程，取得了丰硕成果。我们要从历史中汲取智慧和力量，谱写新时代中俄关系的新篇章。

发布时间：2019 - 05 - 25 来源：外交部

5 月 28 日驻俄罗斯大使李辉出席庆祝中俄建交 70 周年"伟大的俄罗斯与中国书法展"开幕式

5 月 28 日，由俄罗斯现代书法博物馆、俄国家杜马教育和科技委员会、俄书法家联盟共同主办的庆祝中俄建交 70 周年"伟大的俄罗斯与中国书法展"开幕式在俄国家杜马大楼举行。驻俄罗斯大使李辉，俄国家杜马教育和科技委员会主席尼科诺夫，俄国家杜马公民社会发展、社会与宗教团体问题委员会主席、中俄议员友好小组主席加夫里洛夫，公正俄罗斯党议员切帕、现代书法博物馆馆长沙布罗夫等出席并致辞。俄科学院远东所、全球圣彼得堡人俱乐部、中国民进开明书院、黑龙江省政协书画院、上海市书法家协会及两国媒体代表、书画爱好者约 200 人出席。开幕式由俄国家杜马教育和科技委员会副主席杜哈尼娜主持。

发布日期：2019 - 05 - 30 来源：外交部

六　月

6 月 3 日驻俄罗斯使馆举行中俄合拍系列纪录片《这里是中国》第二季开播仪式

6 月 3 日，由北京媒体与俄罗斯电视台联合拍摄的大型系列纪录片《这里是中国》第二季开播仪式在驻俄罗斯使馆隆重举行。中共中央宣传部常务副部长王晓晖、俄总统办公厅第一副主任格罗莫夫、驻俄罗斯大使李辉、俄 RT 电视台总编辑西蒙尼扬、北京中视雅韵文化传播中心负责人陈波亚致辞。俄总统办公厅公关局局长斯米尔诺夫、俄塔斯社社长米哈伊洛夫、《俄罗斯报》社长涅戈伊察、RT 电视台台长尼科洛夫，以及俄总统公关局、政府新闻局、外交部新闻局和中俄两国新闻媒体代表约 150 人出席了活动。

发布时间：2019 – 06 – 04　来源：驻俄罗斯使馆

6 月 5 日习近平和俄罗斯总统普京共同出席中俄建交 70 周年纪念大会并观看文艺演出

6 月 5 日，国家主席习近平和俄罗斯总统普京在莫斯科大剧院共同出席中俄建交 70 周年纪念大会并观看文艺演出。

发布时间：2019 – 06 – 06　来源：外交部

6 月 6 日 习近平出席接受圣彼得堡国立大学名誉博士学位仪式

6 月 6 日，国家主席习近平在圣彼得堡出席接受圣彼得堡国立大学名誉博士学位仪式。俄罗斯总统普京出席仪式。

发布时间：2019 – 06 – 07　来源：外交部

6 月 6 日 2019 俄罗斯"中国旅游文化周"开幕式在莫斯科举行

由莫斯科中国文化中心、中国驻莫斯科旅游办事处、浙江省文化和旅游厅及北京首都航空公司等联合举办的 2019 俄罗斯"中国旅游文化周"开幕式暨"美丽中国"文化旅游品牌推介会 6 日在莫斯科隆重举行。俄联邦旅游署国际合作局副局长福明·弗拉基米尔、莫斯科市旅游委员会酒店业局局长季赫年科·阿列克谢、中俄友协第一副主席库里科娃、浙江省文化馆副书记王全吉等出席活动开幕式并致辞。来自俄罗斯各旅游协会、航空公司、各大旅行社以及媒体代表 200 余人出席活动。

发布时间：2019 – 06 – 09　来源：人民网

6 月 13 日 2019 中俄国际体育（篮球）发展论坛在哈尔滨举办

6 月 13 日，2019 中俄国际体育（篮球）发展论坛于在黑龙江大学举办。论坛旨在拓宽两国体育交流合作空间，实现高校体育人才间优势互补、资源共享。

发布时间：2019 – 06 – 13　来源：光明日报客户端

6 月 21 日"山河相辉 友谊长存"——中俄建交 70 周年名家书画展在莫斯科中国文化中心成功举办

6 月 21 日晚，"山河相辉 友谊长存"——中俄建交 70 周年名家书画展在莫斯科中国文化中心举办。中国驻俄罗斯联邦大使李辉、俄罗斯国家杜马教育与科学委员会副主席杜哈尼娜、俄罗斯艺术科学院副主席佐罗托夫、俄罗斯书法博物馆馆长沙布罗夫、中国国墨书画院院长冯海、中国国家画院研究员、书法篆刻院秘书长曾翔等中俄嘉宾及观众共 200 多人出席开幕式。

发布时间：2019 – 06 – 25　来源：搜狐网

6 月 23 日第四届中俄蒙三国旅游部长会议举办

6 月 23 日，第四届中俄蒙三国旅游部长会议在内蒙古自治区乌兰察布举办。中国文化和旅游部部长雒树刚、俄罗斯联邦旅游署副署长阿列克谢·科纽什科大、蒙古国自然环境与旅游部国务秘书庆格勒·策格米德等率团出席本次会议。

发布时间：2019 – 06 – 24　来源：中国旅游报

6 月 23 日第十届中俄文化大集启幕

6 月 23 日，由中国文化和旅游部、黑龙江省政府与俄罗斯联邦文化部、阿穆尔州政府共同主办，黑龙江省文化和旅游厅、阿穆尔州文化与民族政策部等承办的第十届中俄文化大集在黑龙江黑河启幕。中国文化和旅游部党组成员王晓峰、黑龙江省政协副主席马立群与俄罗斯联邦文化部副部长娅里洛娃等出席开幕式，并观看"友谊颂"大型文艺演出。

发布时间：2019 – 06 – 24　来源：中国文化报

七　月

7 月 25 日驻俄罗斯大使李辉出席"中俄同植友谊树"活动

7 月 25 日，由俄罗斯书法博物馆主办的"中俄同植友谊树"活动在莫斯科索科利尼基公园举行。驻俄罗斯大使李辉、俄国家杜马教育与科学委员会副主席杜哈尼娜，以及中俄各界友好人士和媒体代表约 80 人出席。活动由俄书法博物馆馆长沙布罗夫主持。

发布时间：2019 – 07 – 26　来源：驻俄罗斯使馆

八 月

8月13日 2019 第三届哈尔滨中俄文化艺术交流周开幕

8月13日至24日，由哈尔滨市人民政府主办，哈尔滨市文化广电和旅游局、哈尔滨市人民政府外事办公室共同承办的 2019 第三届哈尔滨中俄文化艺术交流周活动在哈尔滨市举行，作为 2019"迷人的哈尔滨之夏"旅游文化时尚活动重要板块，活动期间举办了丰富多彩的文化活动，满足市民和游客的文化消费需求，增强幸福感和获得感，提升城市文化软实力，进一步打造哈尔滨"音乐之城"品牌知名度和美誉度。同时进一步推动中俄多领域交流合作、增进两国人民友谊，为中俄两国文化艺术交融搭建新的展示平台，向中俄建交 70 周年献礼。

发布时间：2019 – 08 – 14　来源：光明网

8月14日中俄人文合作委员会旅游合作分委会召开第十六次会议

8月14日，中俄人文合作委员会旅游合作分委会第十六次会议在俄罗斯滨海边疆区符拉迪沃斯托克市召开。中国文化和旅游部副部长张旭与俄联邦旅游署副署长科纽什科夫共同主持会议。

发布时间：2019 – 08 – 21　来源：中国文化报

8月19日《周恩来与中俄友谊》图片展在莫斯科开幕

为庆祝中华人民共和国成立 70 周年和中俄建交 70 周年，促进中俄两国文化交流，2019 年 8 月 19 日，由莫斯科中国文化中心与江苏省淮安市委宣传部共同主办"周恩来与中俄友谊"图片展开幕式在六大展览馆隆重举行。

发布时间：2019 – 08—20　来源：人民网 – 国际频道

8 月 21 日中俄国际文化教育艺术节在北京启动

8 月 21 日，由欧洲之窗艺术联合会发起，北京俄罗斯文化中心、中俄艺术联合会协办的"欧洲之窗"中俄国际文化教育艺术节在北京启动。

发布时间：2019 – 08 – 22　来源：俄罗斯龙报

8 月 21 日"中国写意油画学派俄罗斯写生交流展"在莫斯科开幕

"中国写意油画学派俄罗斯写生交流展"21 日在莫斯科中国文化中心开幕。中国驻俄罗斯大使张汉晖，中国美术家协会主席、中央美术学院院长范迪安以及俄罗斯美术家协会主席科瓦利丘克等 200 余人出席开幕式。

发布时间：2019 – 08 – 22　来源：新华社

8 月 22 日俄罗斯哈巴罗夫斯克边疆区代表团拜访黑龙江省文化和旅游厅

8 月 22 日，由俄罗斯哈巴罗夫斯克边疆区政府代理副主席兼文化部部长费多索夫率领的哈巴边区代表团一行前往黑龙江省文化和旅游厅，与副厅长于峰就两省州进一步加深文化和旅游交流合作等相关事宜进行初步探讨。黑龙江省文化和旅游厅对外交流与合作处、市场管理处有关人员参加会谈。

发布时间：2019 – 08 – 27　来源：黑龙江省文化和旅游厅

8 月 29 日"穆穆之仪：来自莫斯科克里姆林宫的俄罗斯宫廷典礼展"开幕

8 月 29 日，由故宫博物院和莫斯科克里姆林宫博物馆联合举办的"穆穆之仪：来自莫斯科克里姆林宫的俄罗斯宫廷典礼展"在故宫博物院神武门展厅开幕。文化和旅游部党组成员、故宫博物院院长王旭东，俄罗斯联邦驻华大使杰尼索夫等出席开幕式。

发布时间：2019－08－30　来源：文化和旅游部政府门户网站

九　月

9月1日驻俄罗斯大使张汉晖出席庆祝塔斯社成立115周年活动

2019年9月1日，应塔斯社社长米哈伊洛夫邀请，驻俄罗斯大使张汉晖出席在塔斯社新闻中心举办的庆祝该社成立115周年活动。

发布时间：2019－09－02　来源：外交部

9月4日"大图们倡议"第八届东北亚旅游论坛在珲春召开

9月4日，由联合国开发计划署"大图们倡议"秘书处、吉林省文化和旅游厅主办的"大图们倡议"第八届东北亚旅游论坛在珲春市召开。

本次论坛以"发展海洋旅游，构建环海旅游经济带"为主题，来自中、俄、韩、蒙旅游部门的官员，"大图们倡议"秘书处及相关国际旅游组织专家，东北亚各国地方相关学术研究机构专家学者，中国旅游研究机构及旅游院校专家学者和国内旅游部门及企业负责人等500余人参加了论坛，并就"深化跨境旅游合作，构建东北亚旅游共同体""对接跨境旅游产品，打造环海旅游经济带""加强多领域交流，促进海洋旅游快速发展"等议题进行深层次研讨，共同探讨和展望东北亚发展海洋旅游，构建环海旅游经济带在未来的前景和发展方向。

发布时间：2019－09－06　来源：吉林省文化和旅游厅

9 月 12 日联合国世界旅游组织第 23 届全体大会在俄罗斯圣彼得堡召开

2019 年 9 月 10 日至 12 日，联合国世界旅游组织（英文简称 UNWTO）第 23 届全体大会（以下简称"大会"）在俄罗斯圣彼得堡召开，来自 124 个国家和地区的 1000 余名代表出席会议，中国文化和旅游部副部长张旭率团与会。

发布时间：2019 – 09 – 12　来源：国际交流与合作局（港澳台办公室）

9 月 21 日 "中国大使杯围棋赛 2019" 在莫斯科举办

9 月 21 日到 22 日，"中国大使杯围棋赛 2019"在莫斯科索科利尼基公园内举办，共有来自俄全国各地 250 余名选手参加。选手在比赛现场以棋会友，精彩对弈。

发布时间：2019 – 09 – 23 13：45　来源：新华社

9 月 21 日 2019 首届中俄自行车联赛收官，打造中俄体育特色品牌

由黑龙江省体育局、滨海边疆区文化体育局主办，黑龙江省社会体育指导与对外交流中心、绥芬河市人民政府、符拉迪沃斯托克市人民政府、抚远市人民政府承办的 2019 首届中俄自行车联赛抚远站（总决赛）在抚远市滨江公路落下帷幕。来自俄罗斯的 31 名选手和中国的 260 余名骑行爱好者参加了比赛。

发布时间：2019 – 09 – 21　来源：人民网

9 月 23 日 "文化中国 魅力吉林" 系列文化活动在莫斯科开幕

"文化中国 魅力吉林"系列文化活动 23 日在莫斯科举行开幕式。此次活动由吉林省政府、国务院侨办、中俄友协主办。中国驻俄大使张汉晖，中共吉林省省委常委、宣传部长石玉钢，中俄友协第一副主席库里科娃以及在俄侨社、中资机构等单位代表出席了开幕式。

发布时间：2019 – 09 – 24　来源：中国新闻网

9月24日"中俄友谊70年"图片展在莫斯科开幕

由人民网和俄罗斯卫星通讯社联合举办的"中俄友谊70年"图片展9月24日在莫斯科开幕。中国驻俄罗斯大使张汉晖、"今日俄罗斯"国际新闻通讯社第一副总编科切特科夫等嘉宾出席了开幕仪式。

发布时间：2019 – 09 – 24　来源：国际在线

9月24日谌贻琴率贵州省代表团访问俄罗斯 在莫斯科国际食品展上举办贵州特色商品和文化旅游推介会

9月21日至24日，贵州省委副书记、省长谌贻琴率团访问俄罗斯，以中俄建交70周年为契机，贯彻落实两国领导人达成的合作共识，加强贵州与俄罗斯在商品贸易、产业投资、文化旅游、生态文明等领域务实合作，推动"黔货入俄"，助力中俄新时代全面战略协作伙伴关系发展。24日，贵州省在第28届莫斯科国际食品展上举办了贵州特色商品和文化旅游推介会。针对俄罗斯市场需求，谌贻琴重点推介了贵州美酒、香茶、山果、奇景、风情，希望更多黔货入俄，更多俄企到贵州投资兴业，共同把中俄地方合作提升到新的水平。

发布时间：2019年09月26日　来源：贵州日报

9月25日外国驻华使节参观"伟大历程 辉煌成就——庆祝中华人民共和国成立70周年大型成就展"

9月25日，应外交部邀请，来自130多个国家的驻华使节和一些国际组织驻华代表来到北京展览馆，参观"伟大历程 辉煌成就——庆祝中华人民共和国成立 70 周年大型成就展"。

俄罗斯驻华大使杰尼索夫忆及上世纪 70 年代在华工作时的场景。他表示,中国过去 70 年发展在人类历史上极为罕见,无论用什么溢美之辞形容都不为过。2021 年中国即将实现第一个百年奋斗目标,离实现第二个百年奋斗目标也并不遥远。中俄两国即将迎来建交 70 周年,俄罗斯愿同中国不断深化各领域交流合作,共同推动新时代中俄全面战略协作伙伴关系迈上新台阶。

发布时间:2019 - 09 - 25　来源:外交部

9 月 29 日王毅出席纪念中俄建交 70 周年档案文献展开幕式

9 月 29 日,国务委员兼外长王毅在外交部同俄罗斯驻华大使杰尼索夫共同出席纪念中俄建交 70 周年档案文献展开幕式。外交部官员和俄罗斯驻华使馆官员参加。

发布时间:2019 - 09 - 29　来源:外交部

9 月 30 日驻俄罗斯使馆举行国庆 70 周年暨中俄建交 70 周年招待会

9 月 30 日,中国驻俄罗斯大使张汉晖在使馆隆重举行中华人民共和国成立 70 周年暨中俄建交 70 周年招待会。张汉晖大使、俄国家杜马(议会下院)第一副主席、中俄友好协会主席梅利尼科夫分别致辞。俄国家杜马第一副主席茹科夫、国家杜马副主席涅韦罗夫、俄联邦委员会(议会上院)副主席乌马汉诺夫、俄共产党中央委员会主席久加诺夫、俄军副总参谋长利依纳中将、俄军前总参谋长马卡罗夫大将、俄总统办公厅对外政策局局长涅韦罗夫、俄远东和北极发展部部长科兹洛夫、外交部副部长莫尔古洛夫、交通部副部长茨韦特科夫、体育部副部长科西洛夫、财政部副部长莫伊谢耶夫、内务部副部长祖博夫,以及俄总统办公厅、政府办公厅、联邦委员会、国家杜马、各大部委、总局、政党和企业界、学术界、新

闻界、各国驻俄使节、中资机构和华侨华人、留学生代表约 1500
人出席。

发布时间：2019 – 10 – 01　来源：驻俄罗斯使馆

十 月

**10 月 3 日留俄学生举办庆祝中华人民共和国成立 70 周年文艺
晚会，中国驻俄罗斯大使张汉晖出席**

10 月 3 日，留俄学生在莫斯科国立师范大学礼堂举办"同心
共筑中国梦"文艺晚会，热烈庆祝中华人民共和国成立 70 周年。
中国驻俄罗斯大使张汉晖、莫斯科国立师范大学校长卢博科夫、在
俄留学生、俄罗斯师生及媒体代表 800 余人出席晚会。

发布时间：2019 – 10 – 09　来源：科技日报

**10 月 8 日"美好生活的向往——致敬新中国成立 70 周年图片
展"在莫斯科举办**

为庆祝新中国成立 70 周年以及中俄建交 70 周年，10 月 8 日至
11 月 15 日，"美好生活的向往——致敬新中国成立 70 周年图片
展"在莫斯科中央记者之家拉开帷幕。8 日，中国驻俄罗斯大使张
汉晖、俄罗斯记者协会主席索洛维约夫、俄罗斯联邦委员会（议会
上院）议员卡拉辛、中俄友协第一副主席库利科娃等参加图片展新
闻发布会。

发布时间：2019 – 10 – 10　来源：国际在线

**10 月 17 日驻俄罗斯大使张汉晖会见莫斯科市政府旅游委员会
主席普罗尼切娃**

10 月 17 日，驻俄罗斯大使张汉晖在馆内会见莫斯科市旅游委
主席普罗尼切娃，莫斯科市旅游委副主席沙尔沙维茨卡亚参加

会见。

张汉晖大使指出，习近平主席今年 6 月成功对俄进行国事访问并同普京总统共同宣布中俄全面战略协作伙伴关系进入新时代。旅游领域是双边人文合作的重要组成部分，有利于促进两国民间交往，增进相互了解。使馆积极评价莫斯科市政府为便利中国游客来访所做大量工作，愿与俄方密切协调，进一步提升双边旅游合作质量。

普罗尼切娃表示，服务好中国游客是莫斯科市旅游委的工作重点。目前正积极建设旅游服务数字平台，方便中国旅客通过手机客户端、微信公众号等方式规划旅游路线，提升在俄旅游便捷度、舒适度。莫市旅游委愿同中方主管部门深化合作，不断完善旅游领域工作机制，做好监督监管，为中国游客提供更高品质的旅游体验。

发布时间：2019 - 10 - 19　来源：驻俄罗斯使馆

10 月 25 日 "丝路华章" 2019 中俄艺术高校联盟系列活动在南宁举办

10 月 25 日，"丝路华章" 2019 中俄艺术高校联盟系列活动在广西艺术学院举行。本次活动由教育部国际合作与交流司主办，中俄艺术高校联盟、广西艺术学院承办，来自俄罗斯圣彼得堡国立里姆斯基 - 斯萨科夫音乐学院、列宾美术学院、国内七所省级综合艺术院校代表齐聚南宁，共促中俄艺术交流。

发布时间：2019 - 11 - 01　来源：中国日报网

10 月 28 日俄罗斯代表团在中国武汉的世界军人运动会上获得第二名

第七届世界军人运动会于 10 月 18 日至 27 日在武汉举行，共 109 个国家 9300 多名军人参加，创下比赛有史以来纪录。比赛设置了 27 个大项、329 个小项的比赛。俄军代表队共 257 名运动员，参加 23 项运动的比赛。俄罗斯代表队获得 51 枚金牌、53 枚银牌和 57 枚铜牌，仅次于东道主中国获得第二名。

发布时间：2019 – 10 – 28   来源：俄罗斯卫星通讯社

十一月

11 月 1 日 "2019—2020 中俄城际冰球联赛" 开赛

2019—2020 中国·齐齐哈尔 "天意杯" 城际冰球联赛在齐齐哈尔市开赛。在揭幕战上，齐齐哈尔青年队 6 比 0 零封俄罗斯阿穆尔州前锋队，首战告捷。

发布时间：2019 – 11 – 01   来源：中国新闻网

11 月 4 日 2019 中俄青年新媒体交流营在无锡正式启动

为贯彻落实中国国家主席习近平与俄罗斯总统普京共同签署的《中华人民共和国和俄罗斯联邦关于发展新时代全面战略协作伙伴关系的联合声明》，纪念中俄建交 70 周年，"新时代·新起点——第三届中俄网络媒体论坛暨中俄建交 70 周年新媒体交流活动" 即将在江苏省无锡市举行。作为中俄网络媒体论坛系列活动的重要组成部分，中俄青年新媒体交流营一直受到中俄双方政府、高等院校、网络媒体、互联网企业的广泛关注。

发布时间：2019 – 11 – 04   来源：中国日报网

Китайская академия общественных наук. Государственный центр по изучению китайской культурологии

Совет редакции Синей
книги культурологии

Начальник: Ван Цзинцин

Заместитель начальника: Ван Лишэн, Ли Хэ, Чжан Сяомин

Члены совета : Ван Ин, Ван Лишэн, Ван Цзинцин, Гань Шаопин, Ли Хэ, Ли Янь, У Шанминь, Фэн Яньли, Ху Хунбинь, Чен Ган, Чжан Сяомин, Чжан Цзяньган, Чжан Чжицян, Шань Цзиган, Ши Дунхуэй

Консультанты : Ли Пэйлинь, Ли Ян, У Инь, Цзян Ланьшэн, Цзян Сяоцзюань, Чао Гэцзинь, Чжо Синьпин,

Генеральный секретарь: Чжоу Ебин

Список членов редакционной коллегии "Годового доклада о китайско-российских культурных обменах"

(Китайская сторона)

Ван Лишэн: секретарь партийного комитета Института философии Китайской академии общественных наук, заместитель директора, научный сотрудник, научный руководитель докторанта, начальник Государственного центра по изучению китайской культурологии Китайской академии общественных наук

Ли Хэ: научный сотрудник второго уровня Института философии Китайской академии общественных наук, научный руководитель докторанта, исполнительный начальника Государственного центра по изучению китайской культурологии Китайской академии общественных наук

Чжан Сяомин: научный сотрудник Института философии Китайской академии общественных наук, бывший заместитель начальника постоянного комитета Государственного центра по изучению китайской культурологии Китайской академии общественных наук

Ма Иньмао: начальник научно-исследовательского кабинета современной зарубежной философии Института философии Китайской академии общественных наук, младший научный сотрудник

(Российская сторона)

А. С. Чумаков: профессор факультета глобализации Московского государственного университета им. М. В. Ломоносова РФ, главный научный сотрудник Института философии РАН, руководитель группы глобальных исследований

О. Н. Астафьева: директор научно-образовательного центра «Гражданское общество и социальные коммуникации»

И. В. Кондаков: профессор факультета истории и культурной теории института культуры Российского государственного гуманитарного университета

М. С. Стыкинский: Заместитель директора отдела планирования образования Государственного института гуманитарных наук (при Российской академии наук)

Список авторов

Ван Хэн: доцент института туризма Пекинского объединенного университета, доктор управленческих наук

Цзу Чуньмин: младший научный сотрудник Института философии Китайской академии общественных наук, начальник отдела исследований России и стран Центральной Азии Государственного центра по изучению китайской культурологии Китайской академии общественных наук

Цзян До: помощник научного сотрудника института управления культурной индустрией Китайского коммуникационного университета

Чэнь Юй: помощник научного сотрудника Института России, Восточной Европы и Центральной Азии Китайской академии общественных наук

(Российская сторона)

А. Н. Чумаков: профессор факультета глобализации Московского государственного университета им. М. В. Ломоносова РФ, главный научный сотрудник Института философии РАН, руководитель группы глобальных исследований

О. Н. Астафьева: директор научно-образовательного центра 《Гражданское общество и социальные коммуникации》

И. В. Кондаков: профессор факультета истории и культурной теории института культуры Российского государственного гуманитарного университета

Т. Ф. Кузницева: профессор Московского государственного университета им. М. В. Ломоносова

М. С. Стыкинский: Заместитель директора отдела планирования образования Государственного института гуманитарных наук (при Российской академии наук)

Н. С. Чижков: младший научный сотрудник сектора философии росийской истории Института философии РАН

Н. О. Бабушюк: магистрант факультета Глобальных процессов Московского государственного университета им. М. В. Ломоносова

И. А. Алешковский: доцент Заместитель декана факультета глобальных процессов Московского государственного университета им. М. В. Ломоносова

Оглавление

Китайско-российское гуманитарное сотрудничество

Годовой доклад о китайско-российских культурных обменах (2018-2019гг.) Доклад российских авторов

Приложения

Годовой доклад о китайско-российских культурных обменах （2018-2019 гг. ）

Доклад китайских авторов

Китайско-российское культурное сотрудничество, вступающее в новую эпоху, в рамках отношений всеобъемлющего партнерства и стратегического взаимодействия

——вступительная статья《Годового доклада о Китайско-российских культурных обменах (2018-2019 гг.)》

Цзу Чуньмин

Этот доклад является первым из серии годовых докладов о китайско-иностранных культурных обменах Государственного центра по изучению китайской культурологии Китайской академии общественных наук. Изначально этот доклад планировалось официально опубликовать в России в Москве в начале 2020 г. Однако из-за глобальной вспышки коронавирусной пандемии выпуск доклада был отложен. Китайско-российские отношения является одним из важнейших факторов в области двусторонних современных международных отношений и образцом взаимоуважения, справедливости и взаимовыгодного сотрудничества между странами. В последние годы в рамках всеобъемлющей интеграции между китайской инициативой 《Пояс и Путь》 и 《Евразийским экономическим союзом》 в лице России всестороннее стратегическое сотрудничество между двумя странами достигло значительных масштабов и глубокого развития в различных сферах. От 《Шелкового пути на суше》 и 《Шелкового пути на льду》 до 《Цифрового шелкового пути》 и 《Зелёного шелкового пути》, от освоения Дальнего Востока до освоения Арктики, обе страны продолжают расширять границы сотрудничества и исследовать новые возможности для осуществления совместных проектов. 5 июня 2019 года главы государств Китая и России подняли китайско-российские отношения на уровня всеобъемлющего партнерства и стратегического взаимодействия, вступающих в новую эпоху, что ознаменовало подъем двусторонних отношений на качественно новый уровень.

Принимая во внимание изложенные выше достижения, авторы доклада уделяют особое внимание развитию сотрудничества между Китаем и Россией в сфере культуры. Председатель КНР Си Цзиньпин отметил, что дружба между нашими странами заключается в близости народов, а близость народов-в близости сердец. Именно такое единство двух народов является самой важной целью культурного сотрудничества между странами, если между ними нет близости народов и сердец, в лучшем случае может быть сформировано 《сообщество интересов》. Только на основании близости народов и сердец становится возможным создать 《сообщество единой судьбы》, основанное на равенстве, доверии, взаимопомощи, совместном процветании и многовековой дружбе.

Исходя из этого, через месяц после того, как главы двух государств перевели китайско-российские отношения науровень всеобъемлющего партнерства и стратегического взаимодействия, вступающих в новую эпоху, в июле 2019 года Государственный центр по изучению китайской культурологии Китайской академии общественных наук и Факультет глобальных процессов Московского государственного университета имени Ломоносова обсудили и совместно выпустили 《Годовой доклад о китайско – российских культурных обменах（2018 – 2019 гг.）》.

Культура—это очень широкое понятие. Исходя из характера субъектов культурного обмена, в этом докладе определяется культурный обмен между двумя странами в следующих трёх областях: мероприятия по культурному обмену, проводимые правительством, культурная торговля на основе рынка и двусторонний туризм. Сосредоточив внимание на указанных областях, китайская сторона подготовила три тематических паратра фадоклада. В качестве общего доклада показываются яркие моменты и тенденции развития в области культурного обмена за последние два года, а также вызовы, с которыми столкнулись Китай и Россия.

Следует отметить, что содержание и форма докладов двух сторон несколько отличаются, учитывая опыт первого подобного сотрудничества между исследовательскими группами Китая и России. Во-первых, весь доклад разделен на три части: китайский доклад, российский доклад и календарь событий. Китайский доклад далее делится на общий доклад и три тематических доклада. А российский доклад разделен на несколько глав. Во-вторых, поскольку две страны имеют разные ресурсы и способы для сбора статистических данных, фактические данные в некоторых областях могут незначительно отличаться. В-третьих, часть календаря событий в общем основана на материалах, собранных китайской исследовательской группой, и мы с нетерпением ждем добавления дополнительных материалов российской исследовательской группы во второй отчет. В-четвёртых, китайский доклад в основном пишется китайской стороной, а российский——российкой стороной, так что в целях уважения национальных особенностей и специфики проведения научных исследований двух групп, доклады не были унифицированы по единой форме.

I. Общая ситуация китайско-российских культурных обменов в 2018-2019 гг. : яркие моменты и заметные достижения

По мере того, как китайско-российские отношения, вступающие в новую эпоху, входят на новый уровень отношений всеобъемлющего партнерства и стратегического взаимодействия, китайско-российское культурное сотрудничество и культурные обмены будут продолжать развиваться на высоком уровне. Согласно таможенной статистике Китайской Народной Республики, объем двусторонней торговли между Китаем и Россией достиг 107. 06 млрд. долларов в 2018 году, впервые превысив 100 млрд. долларов. Китай является крупнейшим торговым партнером России в течение девяти лет подряд. Темпы роста двусторонней торговли достигли 27. 1% в 2018 году, заняв первое место среди десяти ведущих торговых партнеров Китая. В 2019 году лидеры двух стран поставили цель увеличить объем двусторонней торговли до 200 млрд. долларов в год в течение следующих пяти лет.

В условиях все более тесных экономических и торговых обменов между Китаем и Россией торговля культурными товарами между двумя странами также достигла высокого уровня. В соответствии с 《 Системой статистики внешней культурной торговли （ 2015 ）》, выпущенной Министерством торговли и Главным таможенным управлением КНР, статистические данные о таможенных импортных и экспортных товарах Китая были рассчитаны и отсортированы. Объем торговли культурной продукцией между Китаем и Россией с 0. 886 млрд. долларов в 2015 году вырос до 1. 322 млрд долларов в 2018 году, увеличившись на 49. 2%. В первые три квартала 2019 года общий объем импорта и экспорта культурной продукции между двумя странами достиг 1. 005 млрд. долларов. 2018-2019 годы стали переломным периодом для дальнейшего улучшения китайско-российских отношений. В двух странах было много ярких моментов и выдающихся достижений во многих областях, включая культурную торговлю, культурные обмены и туризм.

1. Значительный прогресс был достигнут в гуманитарных обменах и сотрудничестве между Китаем и Россией под руководством правительства. Число студентов, в рамках программы академических обменов Китая и России, быстро приближается к отметке в 100 тыс. человек в год

Гуманитарный обмен и сотрудничество являются важной частью китайско-российских отношений всеобъемлющего партнер-ства и стратегического взаимодействия, вступающих в новую эпоху. С момента создания в 2000 году механизма гуманитарного взаимодействия и обменов между Китаем и Россией Китайско-российская комиссия по сотрудничеству в области образования, культуры, здравоохранения и спорта, которая сначала занималась только сотрудничеством в четырех областях, превратилась в современную комиссию гуманитарного взаимодействия и обменов, которая включает в себя девять направлений: образование, культуру, здравоохранение, спорт, туризм, СМИ, кино, архив и молодежь. Создание и постоянное совершенствование механизма гуманитарного взаимодействия и обменов между Китаем и Россией эффективно способствовали гуманитарным обменам между двумя странами.

《План действий китайско-российского гуманитарного сотрудничества》является важным руководством для Китая и России по культурным обменам и сотрудничеству. Документ предполагает, что в 2020 году число обменов иностранными студентами между двумя странами, включая краткосрочные обмены (на бюджетной основе, за счет предприятий и за собственный счет), достигнет и превысит 100 тыс. человек в год.

Согласно статистике Министерства образования КНР, количество российских студентов, обучающихся в Китае в 2016 году, составило 17 971, а в 2018 году-19 239, т. е. рост составил 7%. Хотя число российских студентов, обучающихся в Китае, не является самым большим по сравнению с другими иностранными обучающимися, темпы его роста значительно выше относительно других стран.

Число китайских студентов, обучающихся в России, также увеличилось. В 2018 году в российских университетах обучалось в общей сложности 30 000 китайских студентов, что на 10%

больше, чем в 2017 году. Общее число академических обменов между двумя странами в 2018 году составило приблизительно 85000, что свидетельствует о стремительном приближении к установленной《Планом действий Китайско-российского гумани-тарного сотрудничества》① цели в 100 тыс. студентов в год.

2. Культурная торговля между Китаем и Россией постоянно растёт, бурно развивается торговля цифровым контентом между Китаем и Россией

В последние годы культурная торговля между двумя странами устойчиво развивается, в том числе в сфере информационных технологий. Развитие индустрии цифрового контента требует сочетания высоких технологий и высокой культуры. По состоянию на конец декабря 2017 года в России насчитывалось 110 миллионов пользователей Интернета, а процент распространения Интернета достиг 76.1%, что делает её страной с самым высоким уровнем распространения Интернета во всей Европе. ②Высокий уровень распространения Интернета создал условия для распространения продукции цифрового контента, таких как мобильные игры, короткие видеоролики и онлайн-литература.

（1）**Китайские мобильные игры занимают половину россий-ского рынка стратегических игр**

В последние годы российский рынок мобильных игр стреми-тельно развивается. 《Углубленный исследовательский доклад об

---

① См.: официальный международный онлайн-аккаунт Центрального штаба радио и телевидения Китая, https://baijiahao.baidu.com/s? id = 1620357817986097443&wfr = spider&for = pc.

② Сюн Руочу, "Анализ развития китайско-российской трансграничной электронной торговли", *Китайский рынок*, 2019-22.

экспорте китайских мобильных играх 2019 года》, выпущенный AppAnnie и Google в августе 2019 года показывает, что в первой половине 2019 года Россия занимала четвертое место в мире с 1. 17 млрд. загрузок в рейтинге загрузок мирового основного рынка. Темп роста в год потребительских расходов на китайские мобильные игры на российском рынке достиг 73%. Среди них стратегические игровые продукции имеют абсолютное преимущество на российском рынке.

（2）**Российские пользователи составляют относительно высокую долю китайских платформ для разме щения коротких видео**

Для примера возьмем Kuaishou, которая вышла на российский рынок в 2017 году, данные AppAnnie показывают, что российские пользователи составляют 31% от числа зарубежных пользователей Kuaishou. Видеоролики, выпущенные некоторыми российскими пользователями на видео-платформе для размещения коротких видео, очень популярны среди китайских групп пользователей.

（3）**Китайские онлайн-романы составляют относительно высокую долю российских онлайн-платформ**

Согласно статистике 《 Отчета о развитии китайской онлайновой литературы в 2018 году》, помимо важных зарубежных онлайн-платформ, таких как Webnovel, Wuxiaworld и Gravity Tales, платформой для продвижения и перевода китайских онлайн-романов в России является tl. RULATE. ru. На сайте 419 китайских романов, 78 корейских романов, 370 японских романов и 141 английских романов. Китайские онлайн-романы составляют относительно высокую долю на данном сайте.

3. Число китайских туристов в России и российских туристов в Китае занимает первое место в рейтингах среди туристов из различных стран, погоня за культурной памятью породила волну путешествий в России для китайского «седовласого поколения»

В последние годы туризм между Китаем и Россией находился в стадии бурного развития. Согласно сообщению Газеты Китайского туризма от 20 ноября 2019 года, в 2018 году число китайских туристов в России превысило 2 миллиона человек и Китай, таким образом, занял первое место среди государств, туристы которых въехали в Россию. [1] В 2018 году число российских туристов в Китай также превысило 2.4 миллиона. Хотя число туристов из России в Китай по-прежнему меньше, чем туристов из Японии, Южной Кореи и США, оно намного превосходит число туристов из других европейских стран и стран Центральной Азии, занимая первое место среди европейских стран.

Согласно анализу возрастного состава китайских туристов в Россию, предоставленному Ctrip, в 2018 году среди китайских туристов, которые подписались на групповые туры, самостоятельные туры, индивидуальные туры и другие продукты через онлайн-платформы путешествий, люди, родившиеся в 50-х годах составили 30%; люди, родившиеся в 60-х годах составили 21%; в 70-х годах—16%; в 80-х годах—15%; в 90-х годах—10%; в 00-х годах—только 8%. На туристов, родившихся в 50-х и 60-х годах, приходится более половины турпотока. В последние годы «седовласое поколение» постепенно стало одной из новых сил для

---

① См.: https://baijiahao.baidu.com/s?id=1613215510960317791&wfr=spider&for=pc.

Китая в части путешествий за границу. Русская культура имеет для них особую привлекательность и стала уникальным воспоминанием об их молодости. Поэтому в настоящее время путешествие 《 седовласого поколения 》 в России—это скорее всего 《 туризм в погоне за культурной памятью 》. Характерным примером такого отношения является китайский новогодний фильм 《 Затерянные в России 》 в январе 2020 года полностью воплощающий уникальную память о русской (советской) культуре китайцев, родившихся в 1950-х и 1960-х годах.

Следует отметить, что с непрерывным укреплением политического взаимного доверия и торговых обменов между Китаем и Россией исторические воспоминания, накопленные в ходе долгосрочных культурных обменов между двумя странами, постепенно превращаются в позитивные движущие факторы, способствуя тем самым дальнейшему развитию культурных обменов между двумя странами.

Ⅱ. Новые направления развития и тенденции, которые могут появиться в сфере китайско-российских культурных обменов: новая эпоха, новые тенденции и новые возможности

В настоящее время отношения между странами характеризуются дуализмом сотрудничества и конкуренции. Китай и Россия играют важную роль в совместной борьбе с унилатерализмом и гегемонизмом, а также в сохранении мира на Земле и региональной стабиль-ности. По мере того, как китайско-российские отношения вступают в новую стадию развития, культурные обмены между двумя странами неизбежно вступают в новый этап развития. Исходя из текущего состояния культурных обменов между Китаем и Россией в последние годы, мы считаем, что культурные обмены покажут следующие основные характеристики или тенденции в ближайшие несколько лет. В условиях вспышки новой коронавирусной пневмонии культурные обмены между двумя странами неизбежно будут сталкиваться с определенными объективными препятствиями, но общая тенденция и направление должны быть в основном одинаковыми позитивными.

1. Россия с 2020 года официально включила китайский язык в перечень предметов единого государственного экзамена, что будет способствовать распространению и популярности китайского языка

В последние годы в условиях все более тесных экономических и торговых обменов между Китаем и Россией китайский язык становится все более популярным в России. По состоянию на 30 сентября 2019 года в России было создано 19 Институтов Конфуция и 4 Класса Конфуция. Для России с населением в 144 млн. человек (статистика в 2018 году) количество Институтов Конфуция (19) и Классов Конфуция (4) не очень большое, но они играют важную роль в преподавании китайского языка.

Кроме того, в России уже есть много школ, организовавших курсы китайского языка. В настоящее время в России существует 175 колледжей и университетов, которые преподают китайский язык. 168 начальных и средних школ в 24 регионах предлагают курсы китайского языка. В общей сложности 17 000 учащихся начальных и средних школ изучают китайский язык, из которых около 3000 являются старшеклассниками. [①]

Согласно сообщению российского информационного агентства ТАСС от 3 июня 2019 года, Министерство образования и науки Российской Федерации опубликовало документ, в котором говорится, что с января 2020 года университетам будет разрешено использовать оценку китайского языка на едином государственном экзамене в качестве одного из условий приема. Китайский язык станет пятым предметом иностранного языка в России после английского, французского, немецкого и испанского. Как только китайский язык станет предметом иностранного языка на едином государственном экзамене, это будет способствовать популярности китайского языка и углубленному развитию китайско-российских экономических и торговых обменов и культурных обменов.

2. Зимние Олимпийские игры в Пекине в 2022 году будут способствовать дальнейшему развитию обменов и сотрудничества в области спорта между Китаем и Россией

Россия является одной из сильнейших спортивных держав в мире, где зимние виды спорта традиционно сильны. Сотрудничество между Китаем и Россией в области зимних видов спорта имеет давнюю историю. В 2016 году, в присутствии глав государств Китая и России Континентальная хоккейная лига официально состоялась в Китае. В том же году Китай и Россия совместно провели первые Зимние юношеские игры. В декабре 2018 года в Уфе прошли вторые Китайско-российские зимние

---

① См.: https://rg.ru/2018/09/19/rosobrnadzor-kitajskij-iazyk-v-rossii-izuchaiut-bolee-17-tysi-ach-shkolnikov.html.

юношеские игры . После успешного проведения первого Китайско-российского ледового и снежного ралли в 2019 году обе стороны решили совместно провести первое Хэйлунцзянское китайско-российское международное ледовое и снежное ралли в 2020 году.

После успешной заявки на проведение Зимних Олимпийских игр в Пекине в 2022 году в 2015 году в Китае быстро развиваются зимние виды спорта , которые привлекают все больше внимания и широко круга участников со стороны простых китайцев. С приближением Зимних Олимпийских игр в Пекине в 2022 году обмены и сотрудничество между Китаем и Россией в области спорта , особенно в области зимних видов спорта , станут более тесными.

3. Различные формы культурных обменов между Китаем и Россией будут постепенно охватывать все более широкие массы, развивается тесное сотрудничество между регионами и низовыми организациями

В сентябре 2018 года , когда председатель Си Цзиньпин принял участие в 4-м Восточном экономическом форуме , он достиг нового консенсуса о том , как расширить и углубить региональное сотрудничество между двумя сторонами. В настоящее время Китай и Россия создали два механизма регионального сотрудничества: 《 Янцзы—Волга 》 и 《 Северо-Восток КНР—Дальний Восток РФ》, а также объявили , что 2018 и 2019 годы— это Годы китайско-российского сотрудничества и региональных обменов. Эти меры эффективно способствовали сотрудничеству между двумя сторонами в таких ключевых областях , как инвестиционная и транспортная инфраструктура.

В то же время , в рамках перекрестных Годов межрегионального сотрудничества различные формы участия двух стран в гуманитарных обменах постепенно распространяются на широкие массы, увеличивая региональный охват. Участие местных органов власти и общественных организаций позволяет направить гуманитарное взаимодействие в практическое русло и придать новый импульс развитию китайско-российских отношений. Например, упомянутое выше Первое Хэйлунцзянское китайско-российское международное ледовое и снежное ралли является международным спортивным мероприятием, организованным провинцией Хэйлунцзян и Амурской областью.

4. Индивидуальный туризм постепенно превысит групповой

Сегодня для лучшего чувства путешествия туристы со всего мира охотнее выбирают индивидуальные туры или бесплатные путешествия вместо групповых туров. Групповой туризм не только влияет на чувства туристов, но может даже снизить туристическую привлекательность и туристическую удовлетворенность путешественников из-за хронических заболеваний туристической индустрии, таких как 《 недорогой тур 》 и 《 нулевая туристическая плата 》. Индивидуальные туры, в особенности специально предназначенные для определенных групп, могут эффективно обойти вышеуказанные проблемы. Поэтому в последние годы основные платформы онлайн-продаж туристических продуктов в Китае активно планировали и выпускали индивидуальные туристические продукты.

Несмотря на то, что 《 безвизовая группа 》 по-прежнему является основной формой поездок китайских граждан в Россию (по данным Федерального статистического управления России, более 50% граждан Китая, въезжающих в Россию в последние годы, являются безвизовыми групповыми туристами. А согласно статистике Пограничной службы ФСБ РФ, доля групповых туров близка к 80%①), но согласно общему мнению экспертов по культурному туризму из Китая и России, в сочетании с индивидуальными туристическими продуктами в Россию, запущенными на основных онлайн-платформах продаж туристических продуктов в Китае в последние годы, индивидуальные туры по своей популярности должны постепенно превысить число групповых.

Например, в марте 2018 года Китай и Россия совместно запустили международный проект сотрудничества в сфере культурного туризма—ралли《путешествие о мечте》на Байкале является туристическим проектом, полностью отражающим《дикость》России. Обе стороны договорились взять в качестве главной линии 2000-километровое универсальное смешанное открытое ралли из Хэйлунцзяна в Благовещенск России и соединить китайские и российские достопримечательности вдоль маршрута с уникальными северными природными пейзажами. Таким образом, создан большой международный культурно-спортивный туристический кластер, объединенный с развлечениями гуманитарной направленности.

Можно видеть, что те культурные продукты или ресурсы, которые могут в полной мере отражать национальные особенности Китая и России, а также соответствовать привычкам потребления или эстетическим вкусам современных людей, станут важными носителями культурных обменов между китайским и русским

---

① См.: https://www.tourprom.ru/.

народами. В то же время культурные обмены между двумя странами будут более тесно увязываться с принятой стратегией двустороннего сотрудничества. Следует подчеркнуть, что в дополнение к этим новым тенденциям в центре внимания всегда были обмены и взаимодействия между молодежными группами Китая и России и онлайн-культурное потребление (например, услуги загрузки музыки и видео). Эта часть обусловлена недостаточностью статистических данных, поэтому она подробно не объясняется в данном докладе.

Ⅲ. Проблемы и советы по оптимизации для китайско-российских культурных обменов

Народы Китая и России имеют глубокие и сложные культурные и эмоциональные связи в истории. В эти годы культурные обмены повысили многоуровневую культурную привлекательность двух стран и открыли хорошие перспективы для сотрудничества и развития. Однако, по сравнению с тесными политическими отношениями, по сравнению с масштабами двух стран, культурные обмены между ними все ещё имеют большой потенциал для развития. В частности, необходимо приложить усилия, чтобы преодолеть такую проблему в обмене—《горячее нв высшем классе и холодное нв среднем и низшем классах》, чтобы культурные обмены действительно играли роль в близости сердец между народами. По этой причине мы предлагаем дальнейшее содействие культурным обменам между двумя странами в следующих аспектах:

1. Использовать продукты цифрового контента в качестве ключевого объекта для дальнейшего стимулирования потенциала китайско-российской культурной торговли

Как упоминалось выше, в 2018 году объем двусторонней торговли между Китаем и Россией впервые превысил 100 миллиардов долларов и в целом объем культурной торговли между Китаем и Россией также постоянно растет. Согласно опыту развития двусторонней торговли Китая с другими странами, когда объем двусторонней торговли превышает 100 миллиардов долларов, культурная торговля между двумя странами обычно вступает в стадию относительно быстрого роста. Например, объем двусторонней торговли между Китаем и Южной Кореей впервые превысил 100 миллиардов долларов в 2005 году и культурная торговля между двумя странами также быстро росла, особенно в области аудиовизуальной продукции. Стоимость производства корейского сериала 《Потомки солнца》, который был популярен в Китае в 2016 году, составила около 68. 69 млн. юаней. Продажи онлайн-авторских прав в Китае составляют 230 000 долларов (примерно 1. 5 млн. юаней) за одну серию. Если рассчитать на основе 16 серий, доход только по этому сериалу составляет примерно 24 млн. юаней, что эквивалентно одной трети стоимости производства сериала. [1]Опыт развития культурной торговли между Китаем и Южной Кореей показал нам, что когда мы находим основное направление развития культурной торговли между двумя странами, она может получать быстрое развитие.

---

① См. : http: //culture. people. com. cn/n1/2016/0316/c87423-28204204. html.

Как сказано выше, хотя объем торговли культурными товарами между Китаем и Россией за последние три года не значительно увеличился, с быстрым развитием интернет-технологий продукты цифрового контента становятся методом культурного опыта, который всё больше нравится простым людям в Китае и России. Например, на российском рынке ежегодные темпы роста расходов пользователей на китайские мобильные игровые продукты достигают 73%, включая платные загрузки и платежи в приложениях (без удаления акций магазина). По данным доклада о мировом рынке мобильных игр Teebik за 2017 год, игры, разработанные китайскими игровыми компаниями, занимают половину рейтинга TOP10. 《Clash of Kings》 занимает первое место в рейтинге самых популярных игр среди российских пользователей. На китайском игровом рынке российские игры с характеристиками 《 боевой нации》, такие как боевые действия, стратегия и ролевые игры (КГБ) покорили значительное число китайских пользователей. Поэтому мы рекомендуем, чтобы соответствующие отделы управления культурой делали надлежащие изменения в политике для торговли продуктами цифрового контента и стремились создать 《рычаги》 для продуктов цифрового контента и перевести развитие китайско-российской культурной торговли в формат 《 быстрой автострады》.

2. Постоянно улучшать уровень сделок с авторским правом между двумя странами и содействовать переводу классических произведений литературы двух стран

В дополнение к аудиовизуальным продуктам, упомянутым выше, сделки с авторским правом также являются основной частью культурной торговли. Согласно последним статистическим данным Национального управления авторских прав Китая, в 2018 году Китай ввел 16 829 авторских прав, в том числе 16 071 авторских прав на книги. США занимает первое место по количеству авторских прав, введенных Китаем: всего 5047 единиц, в том числе 4833 на книги. Только 83 из России, в том числе 78 авторских прав на книги, 3 на программное обеспечение и 2 на телевизионные программы.[①]Количество авторских прав, введенных Китаем из России не только намного ниже, чем из США, Великобритании, Японии, Франции и Германии, оно даже ниже, чем из Сингапура (228), Канады (127) и Южной Кореи (124). В 2018 году Китай экспортировал в общей сложности 12 778 авторских прав, в том числе 10 873 авторских права на книги. Китай экспортировал 477 авторских прав в Россию, в том числе 452 на книги.[②]Это седьмое место в китайском экспорте по данной позии, но, тем не менее, оно по-прежнему ниже, чем экспорт в Великобританию, Германию, Южную Корею и другие страны.

В определенной степени развитие торговли авторскими правами на книги может отражать улучшение культурных обменов между двумя странами. Дальнейшее сравнение с данными Национального управления авторских прав Китая с 2000 года показывает, хотя количество авторских прав на книги, экспортируемые из Китая в Россию, в последние годы значительно увеличилось, по-прежнему существует разница по сравнению с другими странами или регионами. Количество авторских прав на книги, импорти-

---

① См. : http: //www. ncac. gov. cn/chinacopyright/contents/11942/411492. html.

② См. : http: //www. ncac. gov. cn/chinacopyright/contents/11942/411496. html.

руемых из России, за последние 20 лет существенно не увеличилось, что не соответствует объему и масштабам публикации Китая и России в качестве основных издательских стран. ①

Уровень принятия русских литературных произведений простым китайским народом всегда высокий. 1950-е и 1960-е годы были "медовым месяцем" китайско-российских отношений. Большое количество советских (в том числе и русских) классических литературных произведений было переведено и представлено в Китай, что стало культурным трендом, который в то время в целом уважали и любили все слои общества в Китае. Поэтому рекомендуется, чтобы отделы управления культурой внедрили политику дальнейшего продвижения перевода современных классических произведений в двух странах и постоянного повышения уровня сделок с авторским правом между двумя странами.

3. Разрушить 《 стереотипы 》, имеющие место в отношении Китая и России, еще больше стимулировать потенциал развития туристического рынка двух стран

Хотя число туристов из Китая и России в последние годы резко возросло, по сравнению с огромным количеством въездных и выездных туристов из Китая, доля российских туристов в Китай и китайских туристов в Россию все ещё невелика. Как уже упоминалось выше, в 2018 году количество китайских туристов в России

---

① Согласно статистическим данным, опубликованным Национальным управлением авторских прав Китая, Китай импортировал 43 авторских права на книги из России в 2000 году, 117 в 2001 году, только 10 в 2002 году, 49 в 2005 году, 49 в 2008 году, 55 в 2011 году, 84 в 2013 году, 101 в 2016 году и 90 в 2017 году. В 2005 году Китай экспортировал в Россию только 6 авторских прав на книги, 115 в 2008 году, 40 в 2011 году, 124 в 2013 году, 356 в 2016 году и 306 в 2017 году.

составило около 2. 4 миллиона человеко-раз, что составляет лишь 1. 62% от 148 миллионов выезжающих из Китая туристов в этом году; количество российских туристов в Китае—около 2 миллионов, что составляет только 1. 43% от 140 миллионов прибывающих в Китай туристов. Это показывает, что туристический рынок Китая и России всё ещё имеет огромный потенциал и возможности развития и особенно необходимо сосредоточиться на том, как привлекать молодежные группы и развивать инновационные методы организации туризма.

Выбор туристических направлений китайских и российских туристов расширяется с каждым годом. Согласно данным Qingbo, основанным на всесторонней оценке таких факторов, как поиск информации сайтов, комбинирование связанной информации, обсуждение горячих слов, комментарии пользователей сети, рейтинги туристических компаний и комментарии экспертов туристических компаний, следующими местами являются 10 самых популярных китайских достопримечательностей среди российских туристов и 10 самых популярных российских достопримечательностей среди китайских туристов. В Китае это: Санья в провинции Хайнань, Бэйдайхэ, Великая китайская стена, Запретный город, Храм Шаолинь, Три ущелья реки Янцзы, Водопад Хуангуошу, Терракотовые воины, Западное озеро, река Лицзян в Гуйлине. А в России: озеро Байкал, Мурманская область, Санкт-Петербург, Москва, Сергиев Посад, Владимир, Суздаль, Владивосток, Якутия (алмазы), Калининград (янтарь).

Сравнивая предпочтения китайских и российских туристов по разным направлениям и живописным местам, можно увидеть, что российские туристы больше заинтересованы в туристических продуктах для отдыха и в отличном от остального мира культур-ном наследии Китая. Китайские туристы больше интересуются уникальными гуманитарными и историческими достопримечатель-ностями и культурным наследием России. Кроме того, шоппинг в туристических направлениях также является важным фактором.

Для китайских и российских туристов относительно ограничен-ный выбор туристических направлений и относительная концентра-ция предпочтений для живописных мест могут формировать определенный《 стереотип 》 в отношении туристического имиджа страны. Это не поможет двум странам в дальнейшем изучить туристическую привлекательность их собственных исторических и культурных ресурсов друг для друга. Исторические и культурные ресурсы Китая и России чрезвычайно богаты. То, как превратить их в привлекательные и конкурентоспособные туристические ресурсы является общей проблемой, с которой сталкиваются две страны, а также является ядром дальнейшего стимулирования потенциала туристического рынка двух стран. Поэтому мы предла-гаем, чтобы научно-исследовательские институты Китая и России создали профессиональные каналы распространения информации, чтобы регулярно знакомить свои народы с уникальным и малоизве-стным историческим и культурным наследием двух стран.

Таким образом, политическое взаимное доверие между Китаем и Россией, достигшее наивысшего уровня в истории, заложило хоро-шую основу для дальнейшего развития культурного обмена между Китаем и Россией. В процессе выстраивания китайско-российских отношений всеобъемлющего партнерства и стратегического взаимодей-ствия, вступающих в новую эпоху, культурные обмены не только укрепят межнациональные отношения двух стран, но и станут важным каналом и платформой для взаимного культурно-цивили-зационного обмена. И Китай и Россия являются важными культурно-цивилизованными системами, которые оказывают важное цивили-зованное влияние в мире, особенно в регионе. Поэтому в рамках глобализации и модернизации вопрос о том, как поддерживать влияние нашей собственной цивилизации и выстраивать новую модель культурно-цивилизационного устройства в мир, является проблемой, с которой наши страны должны справиться вместе. Это должно стать культурным базисом и отправной точкой для построения китайско-российских отношений всеобъемлющего партнерства и стратегического взаимодействия, которые вступают в новую эпоху.

Китайско-российское гуманитарное сотрудничество (2018-2019 гг.)

Чэнь Юй

I. Краткий обзор современного состояния китайско-российского гуманитарного сотрудничества

В последние годы китайско-российские отношения поддерживаются на высоком уровне и характеризуются стабильным развитием, страны добились заметных успехов во всех областях сотрудничества. 5 июня 2019 года Си Цзиньпин и В. В. Путин подписали 《Совместное заявление Китайской Народной Республики и Российской Федерации о развитии отношений всеобъемлющего партнерства и стратегического взаимодействия, вступающих в новую эпоху》 и тем самым вывели на совершенно новый уровень российско-китайские отношения всеобъемлющего партнерства и стратегического взаимодействия, основанные на равенстве, доверии, взаимопомощи, совместном процветании и многовековой дружбе. Стороны договорились включить гуманитарные обмены в число пяти ключевых сфер сотрудничества. Китайско-российское гуманитарное сотрудничество нацелено на передачу китайско-российской дружбы из поколения в поколение, укрепление народных контактов, содействие диалогу цивилизаций и обмену опытом, оно создает прочные основы для достижения высокого уровня развития отношений двух стран и развитию взаимодействия в рамках сопряжения инициативы《Пояс и путь》 и Евразийского экономического союза.

Ещё в 2000 году Китай и Россия создали механизм гуманитарного сотрудничества и обменов, а в рамках механизма регулярных встреч глав правительств России и Китая была создана Китайско-российская комиссия по сотрудничеству в области образования, культуры, здравоохранения и спорта. Механизм Китайско-российского гуманитарного сотрудничества—это первый для Китая опыт создания на самом высоком уровне механизма гуманитарных обменов с зарубежным государством. В ходе 20 лет поисков и практики сложился и укрепился механизм Китайско-российского сотрудничества. В 2007 году Китайско-российская комиссия по сотрудничеству в области образования, культуры, здравоохранения и спорта была переименована в Китайско-российскую комиссию по гуманитарному сотрудничеству. Сфера сотрудничества расширилась с четырех направлений до девяти. В рамках гуманитарных обменов состоялось много прекрасных тематических мероприятий, был запущен ряд успешных долгосрочных проектов, ставших яркими элементами гуманитарного сотрудничества двух стран. Проявляется тенденция расширения участия граждан в китайско-российских гуманитарных обменах, по мере постоянного углубления сотрудничества непрерывно увеличивается интенсивность контактов в рамках гуманитарного взаимодействия, расширяются области достижений. К 70-летию установления дипломатических отношений между Китаем и Россией двусторонние отношения достигли новых высот, вызвав новый подъем в гуманитарном сотрудничестве Китая и России.

II. Основные достижения китайско-российских гуманитарных связей в 2018-2019 годах

Благодаря развитию китайско-российских дружественных отношений и проведению культурных торжеств в последние два года гуманитарное сотрудничество двух стран наполнилось новым содержанием, а гуманитарное взаимодействие 2018-2019 годов подарило двум странам много новых ярких событий.

Решение о проведении Годов китайско-российского межрегионального сотрудничества в 2018-2019 годах открыло новый виток всестороннего и многоуровневого взаимодействия двух стран. В 2018 году Китай и Россия осуществили сотни взаимных визитов на региональном уровне, установили 363 партнерские пары на уровне провинций, областей и городов, создали механизмы регионального сотрудничества: 《 Северо-Восток КНР—Дальний Восток РФ 》 и 《 Янцзы—Волга 》, тем самым страны вывели межрегиональное сотрудничество на новый уровень. В рамках проведения перекрестных Годов межрегионального сотрудничества расширяется участие граждан в гуманитарных связях, увеличивается региональный охват. Участие местных органов власти и общественных организаций позволяет направить гуманитарное сотрудничество в практическое русло и придать новый импульс развитию китайско-российских отношений.

Чемпионат мира по футболу 2018 года в России позволил сблизить сердца народов двух стран. В период проведения Чемпионата мира по футболу Россию посетили около 100 000 китайских болельщиков и туристов. Китайские туристы принесли России большую экономическую выгоду， в то же время благодаря тесным контактам во время чемпионата они почувствовали радушие и дружелюбие россиян. Общение граждан двух стран в период проведения чемпионата позволило народам двух стран ещё больше проникнуться симпатией друг к другу.

Элементы китайского театрального искусства внесли яркие краски как проведение в 2019 году в России Года театра， так и в китайско-российские гуманитарные обмены. В рамках Года театра российским зрителям были представлены спектакль 《 Верные друзья 》， пекинская опера 《 Сыма Цянь 》， балет 《 Вечная печаль》， куньшаньская опера《Пионовая беседка》， современное шоу с элементами ушу 《11 воинов》， а также другие произведения традиционной китайской культуры. Российская публика хорошо приняла классические и современные постановки китайского театрального искусства.

В 2019 году была организована серия торжественных меро-приятий в честь празднования 70-й годовщины основания Китай-ской Народной Республики и 70-летия установления дипломати-ческих отношений между Китаем и Россией. Министерства иностранных дел двух стран провели фотодокументальную выставку， посвященную 70-летию установления дипломатических отношений. Документальный фильм 《Второе рождение Поднебесной》， созданный Всероссийской телевизионной и радиовещательной корпорацией, вторая серия совместного китайско-российского документального фильма 《 Это Китай 》, презентация серии коротких видеосюжетов 《 Города-побратимы России и Китая 》, проект 《 10 российских и 10 китайских выдающихся деятелей гуманитарного сотрудничества 》, 《 Фестиваль Китая 》 в Москве и другие мероприятия представили 70-летнюю историю развития отношений двух стран и укрепили фундамент китайско-российской дружбы.

Несомненно, культурные обмены двух стран не ограничиваются перечисленными мероприятиями. В последние годы практическое гуманитарное сотрудничество Китая и России продолжает углубляться, расширяются области взаимодействия в самых различных областях, очевидными становятся достижения сотрудничества.

1. Бурное развитие сотрудничества в области образования

Являясь чрезвычайно важным направлением гуманитарного сотрудничества, китайско-российское взаимодействие в сфере образования стремительно развивается. Одной из главных целей китайско-российского сотрудничества в сфере образования является подготовка специалистов, владеющих иностранными языками и междисциплинарными знаниями, а также отвечающих потребностям развития китайско-российских отношений. В настоящее время в 166 высших учебных заведениях Китая открыта специальность 《 Русский язык 》, в 22 университетах и исследовательских институтах созданы центры российских исследований. Министерство образования КНР уже 12 лет подряд проводит всекитайский конкурс по русскому языку среди студентов и магистрантов.

Данный конкурс стал одним из проектов институционализиро-ванного китайско-российскго сотрудничества в области образования. В то же время в России растет интерес к китайскому языку. В настоящее время китайский язык преподается в 175 высших учебных заведениях России. В 2013 году конкурс 《 Китайский язык—это мост 》 был впервые проведен среди учащихся российских школ，а в 2020 году китайский язык был включен в число языков по выбору для сдачи единого государственного экзамена. Как важный институт языкового обучения и культурных обменов，Институт Конфуция играет значимую роль в гуманитарном сотрудничестве. По состоянию на 30 сентября 2019 года в России было открыто 19 Институтов Конфуция и 4 Класса Конфуция，в их числе два новых Института Конфуция，созданные в июле 2018 года и апреле 2019 года. ①

По данным Министерства образования КНР на 2018 год количество российских студентов, обучающихся в Китае, составило 19 239 человек. ②По данному показателю Россия занимает шестое место，уступая Южной Корее，Таиланду，Пакистану，Индии и США. В последние годы Россия стала популярным направлением для получения зарубежного образования китайскими студентами. Число китайских студентов, обучающихся в России, увеличи-вается с каждым годом. В 2018 году в российских университетах обучалось в общей сложности 30000 китайских студентов，что на 10% больше，чем в 2017 году. Количество китайских студентов в

---

① http：//www. hanban. org/confuciousinstitutes/node_10961. htm.
② http：//www. moe. gov. cn/jyb_ xwfb/gzdt_ gzdt/s5987/201904/t20190412_377692. html.

России увеличилось почти в 2 раза за семь лет. ①С 2014 года ежегодно растет число китайских студентов, обучающихся в России за счет средств российского федерального бюджета. В 2018 году российское правительство финансировало обучение 15 000 иностранных студентов в России, из них больше всего студентов было из Китая—950 человек. Этот показатель значительно выше, чем в 2014 году, когда за счет российского бюджета обучение проходили 642 китайских студента. ②Согласно информации, представленной на официальном сайте по отбору иностранных граждан для обучения в России (Russia. Study), количество заявок от китайских граждан на обучение в России за счет государственного бюджета РФ в 2018 и 2019 годах составило 2059 и 2259 единиц соответственно. По данному показателю Китай занимает восьмое место среди зарубежных государств без учета стран СНГ. ③В 2018 году количество участников китайско-российских программ долгосрочных и краткосрочных обменов, проходивших обучение за счет средств государства, предприятий и учреждений, а также личных средств, достигло 85 000 человек. Таким образом, страны еще на шаг приблизились к цели, поставленной в 《 Плане действий по развитию китайско-российского взаимодействия в гуманитарной сфере 》, —увеличить к 2020 году число участников академических обменов до 100 тысяч в год. ④

Количество совместных китайско-российских структур и

① https：//mp. weixin. qq. com/s? src = 11&timestamp = 1571638766&ver = 1925&signature = nJtZSwGithgl6gWWv3Z5LBM9vWvel7Tm1MIOBpQwRN2eTM8xJz7U94BfI＊z6yfjMr8KC7sANU5NZp Bd-cHC-cJCvJuF34wsrCMWLbbNju84i47NMwb4O9knk8HWqhI-Jk&new = 1.

② http：//dy. 163. com/v2/article/detail/E3FVNMF9051497H3. html.

③ http：//sputniknews. cn/society/201910251029918967/.

④ http：//dy. 163. com/v2/article/detail/E3FVNMF9051497H3. html.

проектов в области высшего образования превысило 100.①
Совместный университет МГУ-ППИ, учрежденный МГУ имени
М. В. Ломоносова, Пекинским политехническим институтом и
Муниципальным народным правительством Шэньчжэня, является
примером расширения сотрудничества двух стран в области
высшего образования, а также новой платформой для развития
научно-технических и культурных обменов между Западом и
Востоком. Позднее Санкт-Петербургский государственный университет и Харбинский политехнический университет объявили о
создании совместного университета, что ознаменовало новый шаг
в углублении китайско-российского образовательного сотрудничества.

2. Сотрудничество СМИ и инноваци

Для углубленного развития китайско-российских отношений
необходим вклад СМИ двух стран, их мудрость и сила. Благодаря
проведению годов обменов между китайскими и российскими
СМИ в 2016-2017 годах сотрудничество двух стран в области
средств массовой информации вышло на государственный уровень. В
рамках данных перекрестных годов было реализовано свыше 250
совместных проектов, что позволило в полной мере продемонстрировать достижения сотрудничества Китая и России. В 2018
году СМИ двух стран совместно провели 60 мероприятий, а число
участвующих китайских и российских структур увеличилось с 30 до
50. Количество мероприятий в 2019 году достигнет 120. Проводимый уже в пятый раз, форум СМИ России и Китая стал важной
платформой для диалога и взаимодействия средств массовой

---

① http: //www. moe. gov. cn/jyb_ xxgk/xxgk _ jyta/jyta_ jijiaosi/201812/t20181229 _365488.
html.

информации двух стран, которые осуществляют широкое сотрудничество по таким направлениям, как проведение совместных интервью, взаимные визиты делегаций, обмены специалистами и стажировки, организация выставок.

В условиях распространения мобильного интернета и изменения способов доступа к информации китайские и российские СМИ адаптируются к цифровой трансформации медиапространства и укрепляют взаимодействие в области новых медиа. Попытки развивать сотрудничество в области конвергентных СМИ увенчались успехом. В июле 2017 года был запущен совместный проект Международного радио Китая и МИА 《 Россия сегодня 》—двуязычное мобильное приложение 《 Китай-Россия: главное 》. За два года количество загрузок данного мобильного приложения превысило цифру в 6 миллионов и стало успешным брендом, созданным в результате сотрудничества СМИ двух стран. В октябре 2018 года в рамках приложения 《 Китай-Россия: главное 》 был официально запущен канал, посвященный китайско-российским гуманитарным обменам, что позволило гражданам двух стран своевременно получать информацию о гуманитарных обменах. По состоянию на 21 октября 2019 года количество посещений официального сайта русскоязычного телеканала Центрального телевидения Китая составило 38, 86. млн раз, из них большую часть составили просмотры с мобильных телефонов. Наибольшей популярностью у аудитории пользовались кулинарные программы, развлекательные передачи и новости политики.

С углублением сотрудничества наращивается научно-техническая составляющая китайско-российского взаимодействия в области СМИ, стороны используют виртуальную реальность, искусственный интеллект и другие передовые технологи для осуществления интерактивного общения. В 2019 году в рамках проекта 《Китай-Россия: главное》 была проведена интерактивная акция 《Мы вместе!》, приуроченная к 70-летию установления диплома-тических отношений между Китаем и Россией. Акция позволила в новой форме представить китайско-российскую дружбу и привлечь к участию большое количество граждан двух стран. Количество просмотров превысило один миллиард. [1] На полях VI Всемирного конгресса информационных агентств в июне 2019 года и в рамках Петербургского международного экономического форума Китай и Россия совместно представили виртуальных русскоязычных телеведущих, созданных на основе искусственного интеллекта.

3. Обмен опытом в рамках сотрудничества в спортивной сфере

Китай и Россия являются спортивными державами, их сотрудничество в области спорта имеет давнюю историю. С 2006 года страны на регулярной основе проводят китайско-российские молодежные игры, к настоящему времени данные соревнования проводились 8 раз. Уже 4 года на территории Евразии проводится Международное автомобильное ралли 《Шелковый путь》, которое ежегодно привлекает участников из более чем 30 стран и регионов и является свидетельством китайско-российской дружбы.

После победы китайской заявки на проведение зимних Олимпийских игр в 2020 году большое развитие в Китае получили зимние виды спорта, более тесными становятся связи Китая с Россией, где традиционно сильны зимние виды спорта. Китай и

---

[1] http://www.sohu.com/a/319135799_115239.

Россия развивают межрегиональное сотрудничество в области спорта, делая упор на зимние виды спорта. На втором заседании по межрегиональному сотрудничеству в области физкультуры и спорта в 2015 году стороны заключили 21 соглашение о сотрудничестве в области массового и профессионального спорта, спортивной индустрии, спортивного научного исследования и спортивной медицины. В рамках четвертого заседания в 2017 году стороны подписали 25 соглашений о сотрудничестве и один меморандум, установив исторический рекорд.

В ходе развития обменов китайская и российская стороны получили возможность представить приоритетные проекты и заимствовать опыт друг друга. Проект Российской хоккейной лиги приковывает внимание всего мира, что обусловило вступление Хэйлунцзянского хоккейного клуба в российскую высшую хоккейную лигу. Впоследствии, в результате совместных усилий была создана Китайско-российская молодежная хоккейная лига. Стороны также активно разворачивают сотрудничество в области санного спорта, керлинга и фигурного катания, проводят обучение тренеров и спортсменов, тем самым осуществляя подготовку к зимней Олимпиаде в Пекине. В целях дальнейшего укрепления сотрудничества в области зимних видов спорта Китай и Россия организовали Молодёжные игры по зимним видам спорта. В декабре 2018 года в Уфе состоялись вторые китайско-российские молодежные игры по зимним видам спорта. Для России Китай представляет интерес как традиционный лидер в таких видах спорта, как настольный теннис и ушу.

Расширяются сотрудничество и обмены в области массового спорта, что способствует развитию спортивной индустрии.

Ежегодно в разных уголках провинции Хэйлунцзян проводится несколько десятков спортивных мероприятий с участием России. С 2014 года регулярно проводятся китайско-российские народные фестивали физкультуры и спорта, отражающие зимние виды спорта и региональную специфику, развиваются пользующиеся народной популярностью виды спорта, расширяются сферы и уровни контактов между народами. Китайско-российское сотрудничество в области спорта носит регулярный, многоплановый и всеобъемлющий характер. Используя Олимпиаду как возможность, оно призвано способствовать сотрудничеству в сфере экономики и торговли, культуры, образования, туризма.

4. Широкое вовлечение народов в культурные обмены

В октябре 2018 года информационной службой《Китай-Россия：главное》был проведен онлайн-опрос с призовым фондом в рамках китайско-российских гуманитарных обменов. Участие в опросе приняли 1856 китайских и 1239 российских граждан. Среди направлений гуманитарного сотрудничества большинство участников опроса выбрали《культуру》: так проголосовали 75.61% россиян и 82.89% китайцев, далее последовали туризм и образование. Результаты опроса свидетельствуют о важности культурных обменов для китайско-российского гуманитарного взаимодействия. Для россиян важными составляющими китайской культуры оказались Великая китайская стена（70.73%）, панды（45.12%）, ушу（35.37%）, Пекинская опера（29.27%）, шелк（17.07%）и Храм Шаолинь（17.07%）. У китайцев русская культура ассоциируется с Красной площадью（71.20%）, водкой（70.45%）, балетом（51.79%）, матрешкой（43.48%）, колбасой и хлебом

（35. 77%）, масляной живописью（27. 72%）[1] .

В последние годы благодаря проведению ряда культурных мероприятий укрепляется взаимопонимание и дружба между народами Китая и России. Проведение фестивалей культуры в рамках реализации программы национальных годов в 2006 и в 2007 годах заложило основы проведения фестивалей китайской и российской культур на регулярной основе. Китайский культурный центр в Москве и Российский культурный центр в Пекине, являясь государственными структурами по распространению культуры за рубежом, за годы своей работы провели сотни культурных мероприятий и позволили народам Китая и России лучше узнать культуру друг друга. В десятый раз проводится Международный фестиваль Китайско-российская ярмарка культуры и искусства》, организованный Министерством культуры и туризма КНР, Министерством культуры РФ, народным правительством провинции Хэйлунцзян и администрацией Амурской области. Данный фестиваль отличают общение на высоком уровне и широкое народное участие, сочетание элементов традиционной и современной культур, обширная культурная программа, включающая в себя обмены на высоком уровне, выставки, выступления творческих коллективов, мероприятия, посвященные национальным культурам спорту и туризму. 《Ярмарка культуры и спорта》 обогатила и разнообразила культурную жизнь жителей приграничных регионов двух стран.

---

[1] http：//focus. sinorusfocus. com/p/6884. html.

5. Широкое развитие молодежных обменов

Молодежь—это будущее Китая и России ， именно молодому поколению предстоит сохранять и развивать традиционную дружбу народов двух стран. Проведение перекрестных годов молодежных обменов в 2014 и в 2015 годах открыло новую страницу в развитии молодежных обменов Китая и России. В рамках тематических годов в двух странах было проведено более 300 мероприятий， среди которых взаимные молодежные и культурные обмены， конференции， форумы， визиты и обучение， спортивные соревнования， летние и зимние лагеря. Благодаря данным мероприятиям были созданы возможности для углубления взаимопонимания между молодежью двух стран. 《 Китайско-российский молодежный бизнес-инкубатор》， созданный Китайской федерацией молодежи совместно с Российским союзом молодежи в 2016 году， представляет собой инновационный проект в рамках реализации механизма китайско-российского гуманитарного сотрудничества. В настоящее время молодежный бизнес-инкубатор охватывает 29 проектов в 20 городах Китая и России， объединяет более 300 наставников， молодых предпринимателей и студентов. Данный проект способствует развитию сотрудничества молодёжи двух стран в области инноваций и предпринимательства， а также обогащает содержание китайско-российского молодёжного обмена.

Практика китайско-российских молодёжных обменов непрерывно расширяется и углубляется， охватывая все больше новых сфер сотрудничества. Стороны достигли больших результатов в ходе взаимодействия в таких областях， как образование， туризм， спорт и культура， а также развернули всестороннее сотрудничество в научно-технической и торгово-экономической сферах.

Обмены и сотрудничество заложили прочную основу для дружбы народов Китая и России.

Ⅲ. Прогноз тенденций и рекомендации по развитию сотрудничества

В последние годы по мере углубления китайско-российских отношений развивается всестороннее сотрудничество в гуманитарной сфере. Постоянно улучшаются механизмы гуманитарных обменов, непрерывно углубляется сотрудничество, характеризующееся активными связями на всех уровнях, широким охватом областей взаимодействия и высоким уровнем интеграции. Гармонично развиваются связи в гуманитарной, научно-технической и торгово-экономической сферах, а также в области интернет-технологий, постепенно возрастает роль гуманитарных связей. Учитывая совокупные возможности развития Китая и России, гуманитарное сотрудничество двух стран обладает большим потенциалом. Для дальнейшего укрепления гуманитарного сотрудничества необходимо выполнение ряда рекомендаций.

1. Необходимо повышать роль общественных организаций в китайско-российских гуманитарных связях

По случаю 70-й годовщины со дня образования Китайской Народной Республики Председатель КНР Си Цзиньпин наградил Галину Куликову, первого заместителя председателя Общества китайско-российской дружбы, орденом Дружбы КНР за её более чем 60-летнюю работу и выдающийся вклад в развитие дружественных отношений Китая и России (Советского Союза) по линии общественных организаций. Это в полной мере отражает то важное значение, которое ЦК КПК и Государственный совет придают китайско-российским гуманитарным связям и народной дипломатии. Осуществляя дальнейшее углубление сотрудничества, региональные власти должны руководствоваться принципом 《 содействие со стороны государства, реализация общественными силами, многостороннее участие 》 и играть активную роль в налаживании контактов между общественными организациями, тем самым повышать роль общественных организаций в китайско-российских гуманитарных связях.

2. При создании значимых проектов в области культурного обмена необходимо популяризировать массовую культуру и развивать обмены в этой сфере

При проведении китайско-российских культурных обменов каждая из стран должна иметь представление об интересе своего народа к культуре государства-партнёра, должна проводить культурно-массовые мероприятия, имеющие целевую направленность, популяризировать музыку, кино и другие элементы современной культуры. Таким образом можно добиться сближения народов двух стран и повышения уровня взаимных народных симпатий.

3. Необходимо эффективно использовать интернет-каналы распространения информации, а также воспользоваться возможностями, открывающимися с развитием технологий 5G

Благодаря эффективности, удобству и широкой доступности Интернет стал самым важным средством общения и получения информации для граждан Китая и России. Интернет-СМИ играют важную роль в китайско-российских гуманитарных обменах, в сближении двух стран и углублении дружбы между народами Китая и России. Мы должны использовать возможности, открывающиеся перед нами с внедрением технологий пятого поколения мобильной связи, чтобы создать ряд влиятельных коммуникационных платформ. Благодаря новой и эффективной модели 《Интернет ＋》 мы можем познакомить граждан России с китайской культурой, сформировать новый образ Китая и повысить интернет-возможности китайских СМИ. Органичное объединение оффлайни онлайн-технологий позволит значительно повысить степень участия граждан двух стран в культурном взаимодействии.

4. Необходимо продолжать укреплять всестороннее сотрудничество между китайской и российской молодёжью в различных областях, а также уделять внимание детским и юношеским обменам

Молодёжь—самая динамичная и активная социальная группа. Углубляя молодёжные обмены и укрепляя дружбу молодёжи двух стран, Китай и Россия могут в полной мере использовать свои образовательные и инновационные возможности, чтобы побудить молодежь двух стран расширять взаимодействие в сфере научно-технических инноваций и торгово-экономического сотрудничества, тем самым создавая условия для преобразования знаний в производительную силу и проведения 《Годов китайско-российского научно-технического и инновационного сотрудничества》. В то же время необходимо уделять внимание юношеским и детским обменам, создавать больше таких добрых проектов, как Всероссийский детский центр 《 Океан 》, чтобы семена китайско-российской дружбы могли прорасти в сердцах детей.

Китайско-российской торговли в креативной индустрии и стратегий её оптимизации (2018-2019 гг.)

Цзян До[①]

2019 год—год 70-летия установления дипломатических отношений между Китаем и Россией, финальный год в перекрестных годах регионального сотрудничества двух стран. Этот год имеет большое значение для построения всеобъемлющих связей стратегического партнё рства между Китаем и Россией. Масштабы гуманитарных обменов и сотрудничества непрерывно расширяются, их качество и уровень постепенно повышается, что предоставляет китайско-российской торговле в креативной индустрии новые шансы и импульсы для развития. На основе анализа структуры китайско-российских экспортно-импортных отношений в креативной индустрии и выявления её основных проблем, исследование пространства для развития китайско-российской

---

① Родился в пров. Хунань в 1980 г., мл. науч. сотрудник Института менеджмента креативной индустрии Китайского Университета коммуникаций. Область научных интересов: экономика СМИ, международная торговля в креативной индустрии.

торговли в данной сфере и поиск путей развития инноваций и прорывов способствуют обменам и сотрудничеству наших стран в области культуры и соответствуют ценностным приоритетам наших стран в долгосрочной перспективе.

I. Общее состояние китайско-российской торговли в креативной индустрии

1. Общее положение дел во внешней торговле Китая в креативной индустрии

Согласно статистическим данным Главного таможенного управления и Министерства коммерции в 2018 г. общий объём экспорта и импорта продукции и услуг креативной индустрии составил 137. 01 млрд. долларов, показав рост по сравнению с прошлым годом на 8. 3% ; в том числе 102. 38 млрд. долларов составил объём экспорта и импорта продуктов, рост составил 5. 4% , объём экспорта-импорта услуг составил 34. 36 млрд. долларов, рост составил 17. 8% . В период 2016—2018 гг. общие объёмы экспорта-импорта продукции и услуг креативной индустрии росли со среднегодовой скоростью 9. 7% : рост объёма экспорта и импорта продукции креативной индустрии составил 7. 8% , а рост объёма экспорта-импорта креативных услуг составил 16. 1% . В целом можно говорить о том, что масштабы китайской внешней торговли в креативной индустрии непрерывно расширяются, общие объёмы торговли постоянно возрастают и становятся более заметными в развитии международной торговли.

Во-первых, основной силой креативной индустрии Китая по-прежнему остается продукция. В 2018 г. объём экспорта и импорта креативной продукции составил 102. 38 млрд. долларов, рост—5. 4% , объём экспорта—92. 53 млрд. долларов, увеличившись на 4. 9% ; объём импорта—9. 85 млрд. долларов, рост—10. 3% , активный баланс составляет 82. 68 млрд. долларов, в сравнении с прошлым годом увеличился на 4. 3% . Структура экспорта креативной продукции стремится к оптимальной. Основной категорией экспортных товаров являются канцелярские товары, выросшие на 2. 0% и составившие 50. 6% ; объёмы экспорта изделий художественного промысла, коллекционных товаров и печатных изданий существенно выросли—на 9. 9% и 5. 9% соответственно, по сравнению с прошлым годом рост составил 12. 4 и 9. 3 процентных пункта соответственно. Экспорт специализированного креативного оборудования увеличился на 4. 4% , что пропорционально составляет 13. 1% , что ниже показателей прошлого года на 0. 1 процентный пункт. Основными рынками китайского экспорта креативной продукции являются США, Гонконг, Нидерланды, Великобритания и Япония, которые суммарно составляют 59. 6% . Торговля с развивающимися странами также демонстрирует стабильный рост: экспорт в страны, примыкающими к 《Поясу и Пути》, составил 16. 29 млрд. долларов, что явилось самым высоким показателем за последние годы. Рост экспорта в страны БРИКС и страны Центрально-Восточной Европы составляет 18. 1% и 8. 9% соответственно; в страны Латинской Америки и Азии рост экспорта составил 14. 5% и 7. 5% соответственно.

Во-вторых, объёмы китайского сектора креативных услуг растут быстрыми темпами. В 2018 г. объём экспорта-импорта креативных услуг составил 34. 36 млрд. долларов и вырос на 17. 8% , что составило 25. 3% в общем объёме экспорта-импорта креативных товаров и услуг. Данные показатели выше прошло-годних на 2. 1 процентный пункт. Экспорт креативных услуг составил 7. 29 млрд. долларов, увеличившись на 18. 2％, прирост по сравнению с прошлым годом составил 22. 1 процентных пункта. Ядро отрасли составляют три сектора: а) услуги в сфере культуры и развлечений; б) авторские права, в том числе плата за использование научно-технических достижений и в) лицензи-онные сборы на аудио-, видео- и другую смежную продукцию, суммарный объём экспорта которых составляет 1. 87 млрд. долларов, увеличившийся на 21. 4％ с ростом на 3. 2 процентных пункта, превзошедшим рост в целом по отрасли, увеличив долю пропорции на 0. 8 процентных пункта и достигнув показателя в 25. 7％. В 2018 году импорт культурных услуг в Китай сохранил хорошие темпы роста. Импорт культурных услуг составил 27. 34 млрд. долларов, увеличившись на 17. 7％, а темпы роста были на 2. 8 процентных пункта ниже, чем в предыдущем году. В том числе отраслями, показавшими самый высокий рост, были признаны лицензионные сборы на аудио-, видео- и другую смежную продукцию, услуги в сфере культуры и развлечений и реклама, которые выросли на 37. 5％, 23. 2％ и 22. 4％ соответ-ственно, процентное соотношение выросло на 1. 6, 0. 6 и 0. 4 процентных пункта соответственно. ①

В начале 2019 г. Конференция ООН по торговле и развитию опубликовала доклад《Надежды креативной экономики: тенд-енции международной торговли в креативной индустрии》, в котором говорится, что, несмотря на замедление мировой торговли,

---

① Интернет-портал Министерства коммерции Навигатор по китайскому торговому сервису, http：//tradeinservices. mofcom. gov. cn/article/lingyu/whmaoyi/201903/79501. html.

креативная продукция и торговля демонстрируют расширение и средний экспортный прирост превышает 7%. В докладе были исследованы 130 стран и регионов, на фоне которых рост креативной индустрии Китая очевиден, и на протяжёнии последних 13 лет именно он является движущей силой всемирной креативной экономики и продолжает занимать ведущее место в данной отрасли.

（Сто миллион долларов）

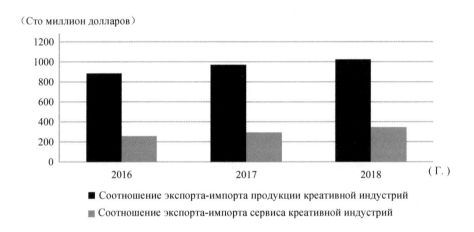

Рис. 2 – 1   Соотношение экспорта-импорта продукции и сервиса

креативной индустрии Китаем в 2016-2018 гг.

Источник: Министерство коммерции КНР

2. Состояние российской внешней креативной индустрии

С момента, когда В. В. Путин начал руководить страной в 2000 г., спустя 16 лет застоя и развития, Россия постепенно сформировала реализуемый на практике курс в виде Национального проекта 《Культура》, юридической гарантией которого является 《Основы законодательства Российской Федерации о культуре》, а в качестве особого пути к возрождению национальных культур в многонациональной стране выбран 《 единый культурный код》， основной идеей которого является трансфор-мация культурной среды внутри страны и расширение международного влияния российской культуры.[1]После 2016 г. федеральное правительство приняло 《Основы государственной культурной политики》 и 《Стратегию государственной культурной политики на период до 2030 г. 》. Оба документа являются программными документами и имеют важное стратегическое значение. Они знаменуют собой официальное начало планов России по культурному возрождению и, тем самым, привлекают к себе внимание, как российской, так и международной общественности.

Согласно статистическим данным российской таможни,[2] в период 2014-2018 гг. среди 30 основных категорий экспортируемых товаров, 6 имеют отношение к продукции креативной индустрии. В соответствии с объёмом экспорта эти 6 категорий распределены следующим образом：драгоценные камни/изделия из драгоценных металлов/ювелирные украшения, изделия из дерева, аудио и видео оборудование, изделия из пластика, бумажная продукция и фотооборудование. Ощутимое преимущество имеют две категории товаров：драгоценные камни/изделия из драгметаллов/ювелирные украшения и бумажная продукция. Суммарная доля всех категорий экспорта в общей сумме российского экспорта выросла по сравнению с прошлым годом и среднегодовой рост

---

[1] Ван Нин, Вэй Цзиньшэнь, "Оценка российской культурной стратегии", *Международный обозреватель*, 2018. Вып. 4.

[2] Для того чтобы понять изменения, происходящие в общей структуре отрасли, оценить объёмы и соотношения категорий товаров, приходится выбирать близкие к продукции креативной индустрии категории товаров из других разделов, т. к. российская таможня не имеет статистики по отдельным категориям экспортно-импортных товаров.

составил 7. 5%. Среди 30 основных категорий импортируемых в Россию товаров к продукции креативной индустрии относится 7 категорий: аудио и видео оборудование, изделия из пластика, фотооборудование, одежда и фурнитура, бумажная продукция, а также игрушки, товары для спорта и игр. В сравнении с предыдущими годами доля товаров данных групп в общей совокупности импортируемых товаров существенно не меняется и в среднегодовом исчислении составляет 23. 6%.

В 2014-2018 гг. среди 30 основных категорий российского импорта в Китай, есть 7 категорий товаров, имеющих отношение к креативной индустрии: изделия из древесины, изделия из пластика, фотооборудование, бумажная продукция, аудио и видео оборудование, драгоценные камни/драгоценные металлы и ювелирные украшения, печатные издания/рукописи/печатные рукописи и проектная документация. Процентная доля и общая стоимость всех категорий товаров кроме изделий из дерева незначительна. Если не считать небольшого снижения, которое наблюдалось в 2018 г., суммарно по всем категориям объём российского экспорта в Китай демонстрировал постепенный рост, который в среднегодовом исчислении превысил 10%. Среди 30 самых распространенных категорий китайских импортных товаров, которые покупает Россия, 10 категорий относятся к продукции креативной индустрии: аудио и видео оборудование, изделия из пластика, игрушки, товары для спорта и отдыха, одежда и фурнитура, фотооборудование, текстильная продукция, бумажная продукция, изделия из керамики, стеклянные изделия и др. За исключением аудио и видео оборудования доля и общая стоимость других категорий товаров невысока. За последние пять лет суммарно по всем категориям колебания объёма российского импорта из Китая незначительны и в среднегодовом исчислении превышает 42% ①.

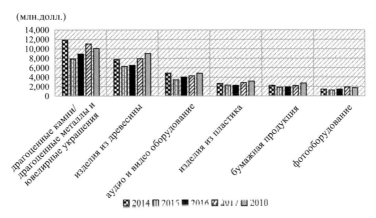

Рис. 2-2 Экспорт России основных категорий продуктов креативной отрасли2014-2018гг.

Источник: Российская таможня

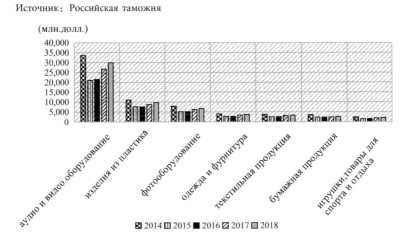

Рис. 2-3 Импорт России основных категорий продуктов креативной отрасли 2014-2018гг.

Источник: Российская таможня

---

① Доклад Министерства коммерции КНР о ситуации в межгосударственной товарной торговле и двусторонней торговле, https: //countryreport. mofcom. gov. cn/default. asp.

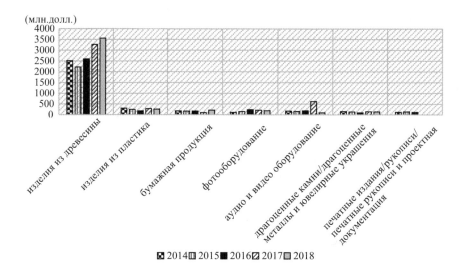

Рис. 2－4　Основные категории российского экспорта товаров креативной отрасли в Китай в 2014-2018 гг.

Источник：Российская таможня，Министерство коммерции Китая

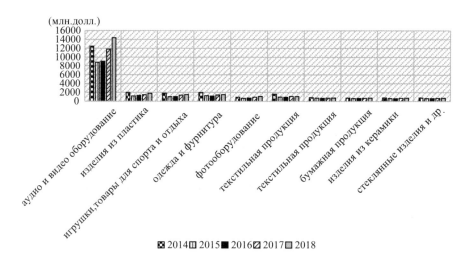

Рис. 2－5　Основные категории китайского импорта товаров креативной отрасли в Россию в 2014-2018 гг.

Источник：Российская таможня，Министерство коммерции Китая

Ⅱ. Анализ структуры китайско-российской торговли в креативной индустрии и её основные особенности

1. Структура китайско-российского экспорта-импорта продуктов креативной индустрии

Недавно были получены самые авторитетные и полные международные статистические данные из статистической базы данных по инновационной экономике Конференции ООН по торговле и развитию（UNCTAD）. Данная организация в 2017 г. обнародовала статистические данные по торговле в креативной сфере, на основании которых мы можем судить о состоянии китайско-российского сектора экспортно-импортной торговли креативными продуктами.

Во-первых, китайско-российская торговля в данном секторе демонстрирует высокий рост. В период с 2006 по 2015 гг. объём китайско-российской торговле в креативной сфере вырос с 1689. 1 млн. долларов до 4068. 72 млн. долларов, со среднегодовым ростом в 10. 26%, что выше показателей торговли России с другими странами мира за аналогичный период, которые соста-вили всего 5. 29%. Китайско-российские среднегодовые показа-тели роста объёмов торговли в креативной сфере превысили и общемировые показатели, которые зафиксировались на отметке 4. 47%. Кроме того, в период с 2006 по 2014 гг. объём китайско-российской торговли в креативной сфере непрерывно росли и только в 2015 г. из-за замедления глобального экономического развития, масштабы китайско-российской торговли в данной сфере были чуть ниже показателей 2014 г.

Во-вторых, совокупный товарооборот продуктов креативной индустрии Китая в России показывает достаточно высокое положительное сальдо. С позиций экспорта, с 2006 по 2015 гг. объём экспорта китайских продуктов креативной индустрии в Россию с 1672. 53 млн. долларов вырос до 4048. 4 млн. долларов, среднегодовой рост составил 10. 32%. С точки зрения импорта, за аналогичный период объём импортированных Китаем товаров из России вырос с 16. 57 млн. долларов до 20. 32 млн. долларов, среднегодовой рост составил 2. 29%, положительное сальдо выросло с 1655. 2 млн долларов до 4028. 08 млн.

Таблица 2 – 1 Развитие торговли Китая и России в креативной
отрасли в 2006-2015 гг. （млн. долл. ）

Товарооборот	Год									
	2006	2007	2008	2009	2010	2011	2012	2013	2014	2015
Экспорт	1672. 53	1740. 14	2117. 98	1629. 51	2635. 25	3048. 64	3940. 81	5339. 89	6457. 41	4048. 40
Импорт	16. 57	26. 41	34. 24	35. 66	33. 94	11. 03	22. 84	32. 72	19. 45	20. 32
Общая сумма	1689. 10	1766. 55	2152. 22	1665. 17	2669. 19	3059. 67	3963. 66	5372. 61	6476. 86	4068. 72
Сальдо	1655. 96	1713. 73	2083. 74	1593. 85	2601. 32	3037. 61	3917. 97	5307. 17	6437. 97	4028. 08

Источник: UNCTAD

В-третьих, Китай является для России самым главным импортером продукции креативной индустрии. На протяжении долгого времени основным импортером для России были страны Евросоюза, но эта ситуации была постепенно изменена Китаем. В 2006-2015 гг. доля импорта из Евросоюза постепенно снижалась и снизилась почти на половину с 51. 89% до 26. 51%. В то время как Китай постепенно наращивал объёмы своего экспорта продукции креативной индустрии в Россию, увеличив её с 28. 63% до 46. 15%, и в 2010 г. обошел страны Евросоюза и стал для России первым по объёму импорта креативной продукции торговым партнером. Однако, за аналогичный период с 2006 по 2015 гг. среди основных российских экспортеров Китай все ещё занимал очень низкое место, где-то на уровне 3% и располагался не только после стран Евросоюза, но и после Украины, стран Средней и Западной Азии.

Таблица 2 – 2　　Объёмы российского импорта продукции

культурной индустрии по странам в период 2006-2015 гг. （%）

Страна	Год									
	2006	2007	2008	2009	2010	2011	2012	2013	2014	2015
Китай	28. 63	31. 20	34. 98	35. 63	46. 98	46. 58	43. 55	40. 26	41. 26	46. 15
Белоруссия	—	—	—	—	—	—	2. 91	3. 77	4. 26	5. 72
ЕС	51. 89	47. 42	45. 09	44. 30	33. 79	34. 82	31. 93	26. 79	34. 13	26. 51
Япония	0. 64	0. 95	0. 72	0. 56	0. 43	0. 36	0. 34	0. 26	0. 24	0. 41
США	1. 98	2. 68	2. 10	1. 32	1. 56	1. 67	1. 39	11. 57	1. 56	1. 85
Юж. Корея	0. 71	0. 61	0. 63	0. 43	0. 69	0. 48	0. 57	0. 71	0. 44	0. 55
Украина	6. 83	7. 02	6. 12	6. 37	6. 19	6. 19	5. 64	5. 79	5. 34	4. 70
Страны Средней Азии	0. 28	0. 22	0. 20	0. 20	0. 21	0. 17	3. 95	0. 22	0. 18	0. 24
Западная Азия	4. 41	3. 44	3. 41	2. 92	3. 54	3. 41	2. 96	3. 00	2. 64	2. 56
Др. страны	4. 63	6. 46	6. 76	8. 26	6. 61	6. 32	6. 76	7. 63	9. 95	11. 32

Источник： UNCTAD

В-четвёртых, продукция дизайна является основной категорией китайско-российской торговли в области креативной индустрии. В период 2006—2015 гг. структура китайско-российской торговли в креативной сфере практически не изменилась—основной категорией товаров, как экспорта, так и импорта являются продукция дизайна. С 2006 по 2015 гг. такая китайская продукция дизайна, как игрушки, товары для игр, украшения и др. занимали существенную долю на российском рынке креативной продукции, среднегодовое значение которой составляло 81. 75%. В продукции, которую Китая импортирует из России, доля продукции категории дизайна также самая высокая. Несмотря на то, что по годам были периоды замедления роста, однако удельный вес рос быстрыми темпами и с 42. 19% в 2006 г. вырос до 70. 79%. В то же время удельный вес новых медиа, исполнительского искусства в структуре креативной торговли очень мал. Постоянную долю в товарах, которые Россия экспортирует из Китая, занимают ремесленные изделия. Китайская аудио и видео продукция, импортируемая в Россию, занимает место сразу после продукции категории дизайн. Помимо прочего, Китая импортирует из России издательскую продукцию и продукцию визуального искусства. [1]

Таблица 2 – 3   Структура китайского импорта
креативных товаров в Россию в 2006-2015 гг. (%)

Категория	Год									
	2006	2007	2008	2009	2010	2011	2012	2013	2014	2015
Ремесленны е изделия	10. 06	10. 87	12. 99	9. 33	8. 35	8. 99	11. 47	12. 39	11. 33	8. 17

---

[1] Статистическая база данных креативной экономики ЮНКТАД (UnctadStat Creative Economy).

Дополнительные таблицы

Категория	Год									
	2006	2007	2008	2009	2010	2011	2012	2013	2014	2015
Аудио и видео продукция	0	0. 05	0. 10	0. 11	0. 07	0. 06	0. 01	0. 01	0. 01	0. 01
Дизайн	85. 05	78. 65	71. 77	83. 12	84. 52	82. 77	82. 82	83. 18	83. 22	87. 37
Новые медиа	1. 72	4. 26	2. 19	1. 47	1. 26	. 22	1. 00	0. 54	0. 53	0. 76
Исполнительское искусство	0. 27	0. 42	0. 65	0. 50	0. 41	0. 46	0. 42	0. 37	0. 37	0. 27
Издательская продукция	0. 30	0. 76	1. 28	1. 13	1. 57	1. 60	1. 07	0. 80	0. 64	0. 42
Визуальное искусство	2. 60	5. 00	11. 30	4. 33	3. 82	4. 90	3. 21	2. 71	3. 89	3. 00

Таблица 2 – 4　　　　Структура китайского импорта

креативных товаров в Россию в 2006-2015 гг.　（%）

Категория	Год									
	2006	2007	2008	2009	2010	2011	2012	2013	2014	2015
Ремесленные изделия	0. 59	0. 67	0. 30	0. 48	0. 27	1. 27	0. 01	0. 03	1. 27	0. 26
Аудио и видео продукция	44. 51	70. 11	65. 74	59. 68	12. 35	20. 74	27. 68	39. 23	21. 35	17. 45
Дизайн	42. 19	24. 14	26. 86	16. 92	24. 70	57. 99	44. 66	26. 82	51. 19	70. 79
Новые медиа	—	—	0. 12	0. 06	0. 01	0. 15	0. 03	0. 01	2. 64	1. 07
Исполнительское искусство	—	0. 01	—	0. 03	0	0. 12	0. 02	0. 01	0. 03	0. 19
Издательская продукция	7. 04	3. 62	5. 36	20. 34	22. 04	11. 37	8. 70	8. 74	12. 09	7. 91
Визуальное искусство	5. 66	1. 45	1. 63	2. 48	40. 63	8. 36	18. 90	25. 17	11. 43	2. 33

Источник: UNCTAD

На основании данных статистической системы о внешней торговле в креативной индустрии Министерства коммерции КНР и Главного таможенного управления, упорядочив данные китайской таможни и проведя подсчеты, можно обнаружить, что в 2017 –

2019 гг. в китайско-российской торговле в креативной отрасли произошли изменения. В экспорте произошло снижение объёмов китайского экспорта креативной продукции в Россию: в 2017г. китайский экспорт составил 8. 073 млрд. юаней, в 2018 г. —7. 659 млрд. , за 9 месяцев 2019 г. —6. 761 млрд. Однако структура экспорта изменений не претерпела. Согласно объёму экспорта на первом месте по-прежнему находятся подукция культурного назначения, специализированное креативное оборудование, изделия художественного промысла / коллекционные товары, издательская продукция. Основную долю занимает продукция культурного назначения и, несмотря на то, что в прошлом году было незначительное понижение, среднегодовой объём по-прежнему составляет 64. 8%. Объемы экспорта по двум товарным категориям— специализированное креативное оборудование и изделия художественного промысла / коллекционные товары—очень близки и суммарно среднегодовая доля составляет 33%. Кроме того, заметна тенденция на небольшой рост. Наименьшую долю занимает издательская продукция—2. 2%. Если посмотреть с позиций различных категорий товаров, то среди товаров культурного назначения основную долю в китайском экспорте соста-вляют игрушки, эстрадная аппаратура и товары для развлечения. Специализированное креативное оборудование в основном вклю-чает в себя специальное оборудование для радио и телевидения, а также киноиндустрии. Изделия художественного промысла намного превышают по объёмам экспорта коллекционные товары. Так, за 9 месяцев 2019 г. объём экспорта коллекционных товаров равен нулю. В категории издательской продукции наимень-шее процентное соотношение имеют аудио и видео продукция и электронные издания. Несмотря на то, что в последнии годы заметен постоянный рост объёмов экспорта китайских книг, газет и журналов, но если сравнить их объёмы с другими видами издательской продукции, то будет очевидно существенное расхождение.

С точки зрения импорта, в 2017—2019 гг. заметны существенные колебания объёмов товаров, которые Китай импортировал из России. Пик приходится на 2018 г. и составляет 138 млн. юаней, в 2017 г. —71 млн. юаней, за 9 месяцев 2019 г. —73 млн. юаней. Структура китайского импорта противоположна китайскому экспорту—максимальной по объёму товарооборота является издательская продукция, затем следуют изделия художественного промысла ╱ коллекционные товары, специализированное креативное оборудование и продукция культурного назначения. Две категории (издательская продукция и изделия художественного промысла ╱ коллекционные товары) примерно одинаковы по объёму и суммарно составляют 75%. Заметно снизились объёмы по импорту специализированного оборудования, который за 9 месяцев 2019 г. составил 7.2%. Процентное соотношение товаров культурного назначения самое маленькое и составляет всего меньше 1%, однако за 9 месяцев 2019 г. произошел резкий рост до отметки в 17.5%. Если делать анализ с точки зрения товарных категорий, то продукция товарных групп, помимо издательской, в последние годы демонстрирует тенденцию к снижению. В то же время объём российского импорта печатной продукции (книги, газеты, журналы), аудио, видео продукции, электронных изданий в Китай растет достаточно быстро. Несмотря на то, что основной импорт приходится на продукцию художественного промысла, но и доля импорта коллекционных товаров существенно повысилась.

Из специализированного оборудования на первом месте стоит оборудование для радио и телевидения, доля типографского оборудования с 2018 г. по сентябрь 2019 г. составила нуль. Среди товаров культурного назначения наибольшая доля приходится на музыкальные инструменты, эстрадное оборудование и товары для отдыха и развлечений, которые также показали существенный рост.

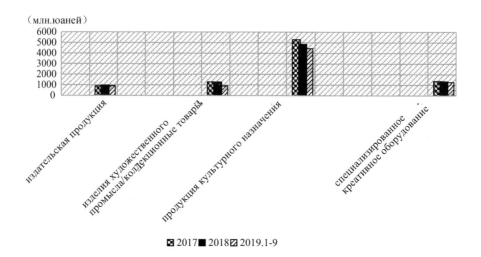

Рис. 2 − 6   Объём китайского экспорта в Россию по категориям товаров в 2017-2019 гг.

Источник: Таможня Китая

ОЪо бщая вышесказанное, можно утверждать, что несмотря на то, что статистические данные по экспорту-импорту товаров креативной индустрии ЮНКТАД и таможни Китая расходятся, не совпадают в плане деления товаров на категории, однако в целом отражают основные тенденции китайско-российской торговли в данной отрасли, в частности в том, что объём китайского экспорта в двусторонней торговле с Россией креативными товарами превышает импорт российских товаров, а Китай для России является чистым

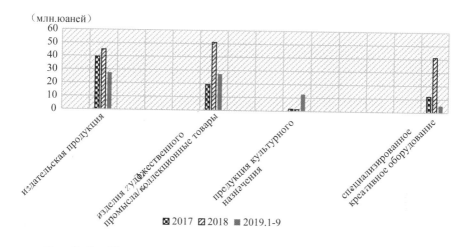

Рис. 2 −7 Объём китайского импорта из России по категориям товаров в
2017-2019 гг.

Источник: Таможня Китая

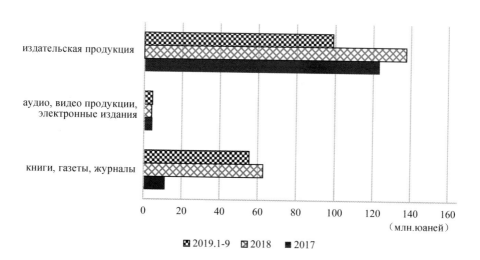

Рис. 2 −8 Китайский экспорт издательской продукции в
Россию в 2017-2019 гг.

Источник: Таможня Китая

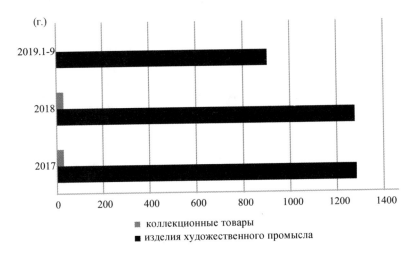

Рис. 2 – 9   Китайский экспорт в Россию изделий художественного промысла

и коллекционных товаров в 2017-2019 гг.

Источник: Таможня Китая

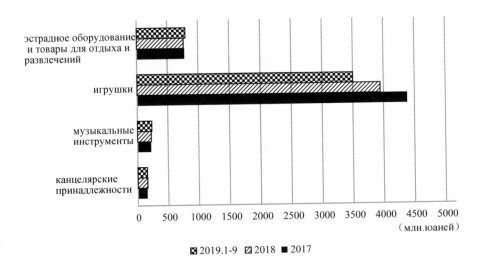

Рис. 2 – 10   Китайский экспорт товаров культурного назначения в Россию в

2017-2019 гг.

Источник: Таможня Китая

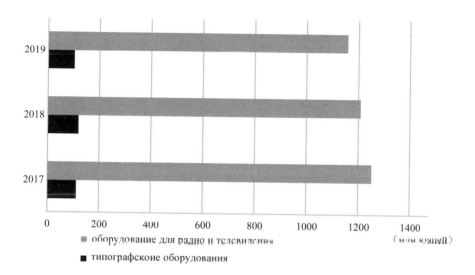

Рис. 2 – 11 Китайский экспорт специализированного
оборудования в Россию2017-2019 гг.

Источник：Таможня Китая

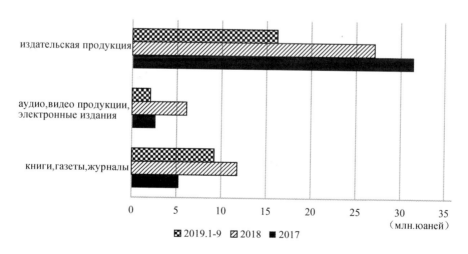

Рис. 2 – 12 Российский импорт издательской продукции в
Китай в 2017-2019 гг.

Источник：Таможня Китая

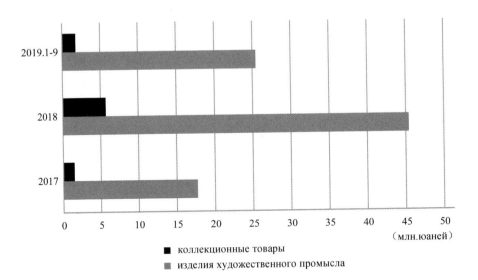

Рис. 2 – 13 Российский импорт в Китай изделий художественного промысла и коллекционных товаров в 2017-2019 гг.

Источник: Таможня Китая

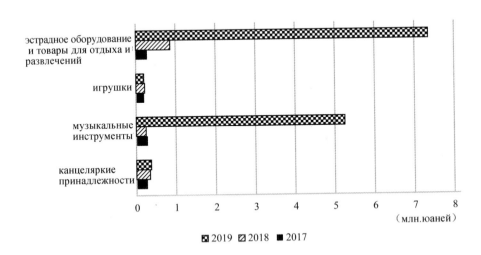

Рис. 2 – 14 Российский импорт в Китай товаров культурного назначения в 2017-2019 гг.

Источник: Таможня Китая

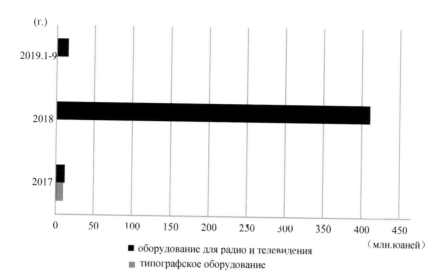

Рис. 2 – 15 Российский импорт в Китай специализированного оборудования 2017-2019 гг.

Источник: Таможня Китая

экспортером товаров данной категории. Основными категориями экспортных китайских товаров креативной сферы для России являются товары культурного назначения и специализированное оборудование. Эта продукция в основном является ресурсоёмкой и трудоёмкой, у неё низкая себестоимость, невысокая цена, легкая транспортировка и быстрая реализация. В то время как, товары с высокой культурной ценностью и глубоким содержанием, продукция с высокой добавленной стоимостью, высокотехнологичные и инновационные продукты до сих пор не стали основной категорией экспортируемых Китаем товаров. Противоположная ситуация с импортом. Китай импортирует из России издательскую продукцию, изделия художественного промысла/коллекционные товары, товары визуального искусства, и продукты дизайна, которым в общей структуре импорта креативной продукции присуща стабильная растущая динамика, что в полной мере демонстрирует содержательное преимущество России перед Китаем в плане экспортируемой продукции. Конечно, вышеперечисленные явления имеют под собой объёктивные причины. Перед тем как Китай и Россия развернули двустороннюю культурную торговлю, Россия в определенной степени позиционировала себя как европейская страна и применяла во внешней торговле в основном стратегии Евросоюза, ориентируя свои креативные товары на потребителей в ЕС. Российской креативной продукции, подходящей китайскому потребителю было очень мало. Под воздействием ЕС российский потребитель также сформировал свои культурные представления и привычки, которые будет очень сложно изменить в ближайшей перспективе. Добавляя к этому влияние от подъёма российской экономики в последние годы, у людей существенно возрос спрос на высокопрактичные материальные продукты культуры.

2. Структура экспорта-импорта китайских и российских креативных услуг

（1）Торговые отношения в сфере авторского права в сфере полиграфии ещё ждёт своего расширения

В 2017 г. в России было издано 117.4 тыс. видов печатной продукции, что выше аналогичного прошлогоднего периода на 5.6%; общее количество печатных листов составило 5 389 млн., что выше показателей 2016 г. на 14.5%. Доход от реализации на рынке аудиокниг достиг 650 млн. рублей, что выше показателей 2016 г. на 54.8%. Аудиокниги сейчас становятся для России рынком с огромным потенциалом. В 2017 г. экспорт российской полиграфической продукции, книг и брошюр ориентировался на следующие 10 стран, расположенные в порядке убывания значимости: Индия, Бангладеш, Вьетнам, Иран, США, Казахстан, Китай, Белоруссия, Алжир и Египет. Суммарный объём экспорта печатной продукции в эти страны составил 263 млн. долларов （примерно 221 млн. евро）, по сравнению с предыдущим годом рост составил 54. 7%. Индия является основным потребителем российского печатного экспорта, в 2017 г. объём экспорта достиг 114 млн. долларов, выше показателей предыдущего года на 62. 8%. Иран и США также важные импортеры российской печатной продукции. В 2017 г. объём экспорта в Иран и США составил 18 млн. долларов и 17 млн. долларов, что выше показателей предыдущего года на 5. 9% и 19. 8% соответственно. ①

Согласно регулярному ежегодному аналитическому докладу Главного управления КНР по вопросам печати и издательств о состоянии в отрасли, в 2017 г. в Китае было издано 255 тыс. новых книг, что ниже на 2. 8%, общее количество печатных листов составило 2270 млн. , что ниже на 5. 6%. В 2018 г. общее количество экспортируемых книг, журналов, газет, аудио и видео продукции, электронных изданий, цифровых изданий （без учета игр） составило 17. 014 млн. шт. , что ниже показателей 2017 г. на 21. 9%; суммарный объём составил свыше 100. 926 млн. долларов, снизившись на 6. 3%. Суммарный импорт Китая книг, журналов, газет, аудио и видео продукции, электронных изданий, цифровых изданий （без учета игр） составил 40. 969 млн. шт. , вырос на 25. 3% в денежном исчислении—742. 221 млн.

---

① Фань Цзюнь, *Доклад о развитии международного издательского бизнеса в 2018 г.*

долларов, увеличившись на 11.5%. Суммарный объём экспорта-импорта составил 843.147 млн. долларов. Если рассматривать с позиций реального соотношения экспорта и импорта, то по всем категориям издательской продукции импорт существенно превышает экспорт, демонстрируя пассивное сальдо. С точки зрения издательских авторских прав, пассивное сальдо по-прежнему сохраняется, несмотря на постепенное уменьшение экспорта-импорта по сравнению с предыдущим периодом. Объективно говоря, количество ежегодно издаваемой в России печатной продукции не достигает и половины того объёма, что издается в Китае, средний тираж отдельных изданий также не высок, однако объёмы экспорта печатной продукции намного выше китайских, особенно если рассматривать, что конкуренция на рынках Евразии и отдельных стран достаточно острая.

С точки зрения торговли авторским правом, в 2012-2017 гг. Китай суммарно экспортировал в Россию 1259 позиций с авторским правом, в том числе 1202 позиции авторского права на издание печатной продукции, что составляет 95.5% от общего числа, авторские права на аудио и видео продукцию, телевизионные передачи, а также авторские права на электронные издания составили 57 случаев или 4.5%. За аналогичный период Китай импортировал из России авторские права 527 раз, в том числе 506 раз на печатную продукцию, что составляет 96%. Авторские права на видео продукцию, фильмы, электронные издания и программное обеспечение суммарно насчитывают 21 случай, что составляет 4%.[1] В целом экспорт Китаем авторского права в

① Данные Национального бюро статистики, http：//data. stats. gov. cn/easyquery. htm？cn = C01.

Россию намного превышает привлеченный из России импорт, кроме того появляется тенденция на увеличение положительного сальдо. Если сопоставить долю России в экспорте китайского авторского права на печатные издания в целом, то можно увидеть, что на ее долю приходится очень маленький процент. Основными партнерами Китая по экспорту авторского права на печатную продукцию по-прежнему остаются США, Великобритания, Япония, Франция, Германия. Поскольку Китай и Россия являются странами с мощной издательской индустрией, в будущем у наших стран есть большое поле для торгового сотрудничества в сфере экспорта-импорта издательской продукции и авторского права.

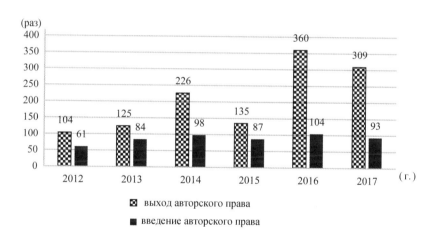

Рис. 2－16 Китайско-российская торговля в сфере авторского права в 2012-2017 гг.

Источник： Национальное бюро статистики КНР

（2）Необходимо экстренно повышать уровень принятия на рынке кино.

В 2017 г. российский рынок кино продолжил стабильный рост, который наблюдался и в предшествующие пять лет. Фильмы

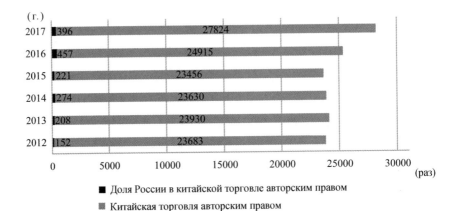

Рис. 2 – 17 Доля России в китайской торговле авторским правом с другими странами в 2012-2017 гг.

Источник: Национальное бюро статистики КНР

российского производства стали важным драйвером кинорынка. По фильмам отечественного производства общая сумма кассовых сборов выросла на 10. 9% , посещаемость кинотеатров выросла на 11. 4% . Кассовые сборы и число зрителей в России увеличилось в 1. 5 раза по сравнению с 2016 г. и составило 53. 6 млрд. рублей и 213. 4 млн. человеко-раз, что явилось новым историческим рекордом. В 2017 г. всего в России вышел в прокат 471 фильм, среди которых 123 были российского производства. Посещаемость российских фильмов составила 25. 6% , а кассовые сборы 24. 3% от общего проката, что выше показателей предыдущего года на 7. 2% и 6. 5% соответственно и впервые с 2010 г. превысило 20% рубеж. [1]

---

[1] Чэнь Ян, Караваев Д. Л. , "Тенденции развития коммерческого кино в России", *Искусство*, Июль. 2018.

К концу 2017 г. количество проданных билетов на фильмы российского производства превысили количество проданных билетов на фильмы производства Франции и Англии и заняли первое место в Европе. Всего в России насчитывается 4793 киноэкранов, из которых цифровых 4786 (в том числе 3773 3D экрана), число цифровых экранов приближается к 100%, а процент 3D экранов намного выше общемировых показателей. Благодаря мерам Министерства культуры и Фонда Кино по сохранению позиций отечественного кино в кинопрокате, Россия стала крупнейшим в Европе кинорынком. Несмотря на яростные протесты кинопрокатных компаний, всё-таки отказались от проекта закона о квотировании количества иностранных фильмов и взиманию платы за прокат, но все равно приняли меры по сбору 3% стоимости от цены каждого проданного билета для того, чтобы поддержать отечественных кинопроизводителей. Протекцио-низм и возрождение отечественного кинопроизводства создали благоприятные условия для развития российского кинорынка. ①

Согласно статистике Китайского агентства по вопросам кино, в 2018 г. кассовые сборы (включая плату за обслуживание) составили 60.976 млрд. юаней, выше показателей предыдущего года на 9.06%, общее число посетителей кинотеатров составило 1.716 млрд. человеко-раз, что выше показателей 2017 г. на 5.9%. В 2018 году кассовые сборы первых 10 самых популярных фильмов превысили 1.6 млрд. юаней, а количество посещений составило в среднем свыше 45 млн. человеко-раз. Суммарные кассовые сборы 10 популярных фильмов составили 24.38 млрд. юаней, что выше

① Ли Хуайляна, *Доклад о состоянии международного креативного рынка в 2018 г.* Под. Гл. ред. -Изд-во：Столичного университета экономики и торговли, 2019. Сент. С. 83-84.

показателей предыдущего года на 19.9%. В 2018 г. среди 542 фильмов, вышедших в китайский прокат, 430 было фильмов китайского (а также совместного) производства, иностранных фильмов—112, кассовые сборы по которым составили 37.9 млрд. юаней и 30.1 млрд. юаней соответственно. Показатели по фильмам китайского производства были выше показателей 2017 г. на 25.9%, и на протяжении двух лет рост превысил 10 процентных пунктов. Показатели зарубежных фильмов снизились по отношению к предыдущему году на 10.6%, вовлекая увеличение кассовых сборов. Пропорциональна доля фильмов отечественного производства также возросла. В 2018г. кассовые сборы по ним увеличились на 8.4 процентных пункта и достигли 62.2%. По количеству киноэкранов Китай занимает 1 место в мире— насчитывает 60 079 штук, что выше прошлогоднего показателя на 18%.

Если сравнить оживление китайского и российского внутреннего кинорынка, то можно констатировать, что они пока находятся на начальном этапе. Не зависимо от количества проката, жанра, кассовых сборов и репутационного эффекта, китайские и российские фильмы на кинорынках друг друга составляют малый процент, взаимодополняемость и принятие очень низки. С 2015 по 2019 гг. 27 российских фильмов вышли в китайский прокат, в том числе 6 совместных и 5 китайско-российских. С точки зрения жанров кино, большинство прокатных фильмов пришлось на мультфильмы и боевики (по 7 фильмов), что суммарно составляет почти 50%. Мультфильмы в основном с фэнтезийным, приключенческим сюжетом; боевики в основном относятся к научной фантастике, триллерам и саспенсу. Следом идут мелодрамы (5 фильмов) и военные фильмы (3 фильма). С точки зрения кассовых сборов, российских фильмов, собравших более 10 млн. юаней насчитывается 16, что составляет 60%. Пятерка самых кассовых российских фильмов представлена 《Движение вверх》, 《Снежная королева 3: Огонь и лёд》, 《Он—дракон》, 《Снежная королева 2: Перезаморозка》, 《Экипаж》, общие сборы которых составили 293 млн. юаней, не достигнув уровня кассовых сборов по отдельным голливудским, индийским фильмам и японским мультфильмам. Даже те российские фильмы, которые сделали лучшую кассу в России, в Китае не оправдали возложенных на них ожиданий Так, российский научно-фантастический фильм 《Салют-7》, который только выйдя в прокат, стал сенсацией, кассовые сборы в Китае составили всего 16. 86 млн. юаней; фильм 《Лёд》, собравший в России свыше 1 млрд. рублей (примерно 112 млн. юаней), в китайском прокате собрал лишь 17. 18 млн. юаней. Кроме того, с точки зрения прокатного времени к киносетям российские фильмы существенно недобирают по сравнению с американскими, индийскими и японскими: 11 российских фильмов были в прокате только 10 дней, 5 фильмов выходили на экраны менее 10 дней и прокат только 3 фильмов превысил 20 дней.

Можно заметить, что с 2015 по 2019 гг. количество российских фильмов, вышедших в прокат в китайских киносетях, не так уж и мало, но кассовые сборы невысокие, кроме того, ни один их российских фильмов не вошел в китайский Топ-25 самых кассовых фильмов. По итогам 2018 г. в российском Топ-25 кассовых фильмов присутствует 21 американский и только 1 китайский-совместный китайско-американский блокбастер 《Мег:

монстр глубины》. Этот фильм вышел в российский прокат в августе 2018 г. , кассовые сборы составили 13. 3 млн. долларов США, количество просмотров 3. 34 млн. человеко-раз. В том же 2018 г. в китайском Топ-25 самых кассовых фильмов американских фильмов было 11, индийских 1 и ни один российский фильм не вошел в данный рейтинг. Согласно исследованиям, в 2016 г. в России за весь год количество просмотренных китайских фильмов составило всего 2. 17. Из-за препятствий в распространении и препонов в торговле, СНГ (Белоруссия, Украина, Молдова) в лице России уже стала определенным препятсвием для продвижения китайских фильмов за рубеж. ①

В целом, Китай и Россия, стартовав с проведения совместных кинофестивалей и взаимообмена фильмами, доросли до совместного производства фильмов. Однако, количество китайских фильмов, которые выходят в России в фестивальный прокат, намного ниже проката коммерческих фильмов в киносетях. Основной причиной этого является то, что российские каналы сбыта и строительство Сети достаточно отсталое, добавив к этому языковой барьер, получаем, что китайские фильмы могут выйти в российский прокат только через международное сотрудничество в кинопроизводстве, поэтому китайско-российская торговля в области кино и телевидения ещё ждет своего развития.

---

① Тянь Мяо. , "Исследование распространения китайского кино за рубежом в свете инициативы Пояса и Пути", *Китайский рынок кино*, 2017. Вып. 10.

Таблица 2 − 5   Российские фильмы в китайском

прокате 2015-2019 гг.

Год выхода	Название	Жанр	Кассовые сборы (юань)	Дни проката	Примечание
2015	Балет в пламени войны	Военная драма	12. 11 млн.	17	Китайско-российский
	А зори здесь тихие	Военная драма	7. 3 млн.	13	
	Снежная королева	Мультфильм	4. 08 млн.	7	
2016	Застывший ангел	мелодрама	53 тыс	NA	Китайско-российский
	Он-дракон	Мелодрама, фэнтези, приключения	60. 15 млн.	17	
	Sun Duck	мультфильм	20. 08 млн.	10	
	Экипаж	Боевик, приключения, фильм-катастрофа	30. 79 млн.	10	
	Мафия: игра на выживание	Боевик, триллер, научная фантастика	21. 10 млн.	10	
	Черное море	Приключения, триллер	2. 26 млн.	3	
	Снежная королева 2: Перезаморозка	Мультфильм, фэнтези, приключения	35. 76 млн.	16	
2017	Савва: Сердце воина	Мультфильм, приключения	11. 51 млн.	16	
	Защитники	Боевик, научная фантастика, приключения	20. 23 млн.	10	
	Возвращение в страну Оз	мультфильм	9. 05 млн.	10	
	Куда ушло время?	драма	8. 54 млн.	18	ЮАР, Индия, РФ, Южная Африка Бразилия, Индия Китай
	Викинг	Военный, боевик	14. 11 млн.	10	

Дополнительные таб-лицы

Год выхода	Название	Жанр	Кассовые сборы (юань)	Дни проката	Примечание
2018	Салют-7	Научная фантастика, приключения, драма	16. 86 млн.	10	
	Притяжение	Мелодрама, научная фантастика, драма, катастрофа	2. 38 млн.	10	
	Лёд	Мелодрама, спортивная драма	17. 18 млн.	10	
	Снежная королева 3: Огонь и лёд	мультфильм	74. 22 млн.	60	Китайско-российский
	Тренер	Спортивная драма	6. 09 млн.	17	
	Поиск	Триллер, драма, саспенс	30. 51 млн.	10	американо-российский
	Напарник	Боевик, комедия	210 тыс.	NA	
2019	Как я стал русским	Комедия, мелодрама	8. 04 млн.	11	Китайско-российский
	Последние рыцари	Боевик, комедия, приключения	660 тыс.	3	
	Движение вверх	Спортивная драма	91. 78 млн.	32	
	Снежная королева 4: Зазеркалье	Мультфильм, фэнтези. приключения	23. 57 млн.	24	
	Тайна печати дракона	Фэнтези, приключения, боевик	18. 51 млн.	10	Китайско-российский

Источник: http://www.cbooo.cn

(3) Отрицательное сальдо в торговле предметами искусства

с 2015 по 2019 гг. Китай вступил в этап быстрого увеличения спроса на развлечения. Условия аппаратного оборудования театров улучшаются день ото дня. Спрос на зрелище и художественная подготовка становятся более требовательными, а потенциал шоу-рынка раскрепощается, между тем, в отношении других стран в основном доминируют выступления в рамках культурного обмена. Русский балет, театральное искусство и цирк исторически рассматриваются как три жемчужины русского искусства. Им присуща длительная традиция, отменное сценическое мастерство и высокая способность масс к эстетической оценке, что позволило данным видам искусства стать тяжеловесами на всемирном рынке искусства, стать привлекательными на мировом рынке зрелищных мероприятий. Именно это и есть существенное отличие китайского и российского зрелищных рынков.

Согласно официально обнародованной информации Министерства культуры Китая и поданных и утвержденных заявлениях об иностранных коммерческих выступлениях, количество российских творческих коллективов, прибывающих в Китай с коммерческими гастролями с 2015 п 2019 гг. снизилось, между тем уже сформировало на территории Китая постоянную зрительскую аудиторию и стабильные кассовые сборы. Среди них не мало самых лучших российских и даже мирового уровня творческих коллективов, которые в Китае собирают полные залы и делают внушительные кассовые сборы и имеют стабильную репутацию. К примеру, один из десятки лучших мировых симфонических оркестров Санкт-Петербургский филармонический оркестр почти каждый год приезжает в Китай, чтобы выступать на сцене. Драма Сотни Преображений《Белые перчатки волшебника》, созданная известной театральной труппой HAND MADE, была поставлена в 23 странах мира. Драма уже представлена три года в Китае с более чем 120 спектаклей.

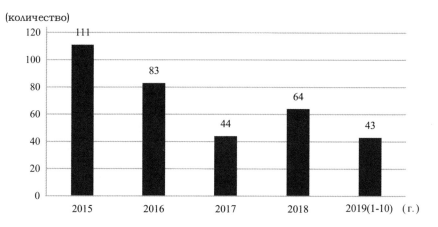

Рис. 2 – 18 Количество российских творческих коллективов,

прибывших в Китай на гастроли в 2015-2019 гг.

Источник: Система Министерства культуры КНР об утверждении поступивших иностранных заявок на коммерческие творческие выступления на территории Китая

Если проводить сравнение, несмотря на то, что доходность от гастролей китайских творческих коллективов за рубежом постоянно возрастает, однако в большинстве своем китайские творческие коллективы выезжают за рубеж по линии культурных обменов, доля коммерческих гастролей сравнительно низкая. Согласно статистике, представленной в ежегодном докладе Китайской ассоциации шоу-бизнеса, в 2016 г. доходы от зарубежных гастролей составили 2. 723 млрд. юаней, что выше показателей 2015 г. на 4. 15%. Доходы же иностранных коллективов в ходе гастролей по Китаю составили 4. 368 млрд. юаней, что наглядно демонстрирует внушительный пассивный баланс. В 2017 г. доходы от зарубежных гастролей китайских творческих коллективов составили 2. 974 млрд. юаней, что выше показателей 2016 г. на 8. 43%. В то же время процент коммерческих гастролей по-прежнему очень низкий и составляет всего 38. 1% от всех зарубежных гастролей китайских творческих коллективов. Доходы от заграничных гастролей в 2018 г. составили 3. 186 млрд. юаней, что выше 2017 г. на 6. 66%, в том числе коммерческих выступлений около 2 тыс. с прибылью в 1. 297 млрд. юаней, что выше показателей предыдущего года на 4. 76%. С точки зрения жанров, на международном рынке самыми коммерциализиро-ванными китайскими зрелищными представлениями являются танцевальные, акробатические выступления и выступления мастеров ушу. Особой популярностью пользуются китайские акробатические представления, на долю которых в 2018 г. пришлось 40% от общего числа коммерческих гастролей за рубежом китайских худо-жественных коллективов. Именно акробатические номера стали локомотивом продвижения китайского сценического искусства за пределы Китая. Из-за того, что виды коммерческих выступлений достаточно однородны, а маркетинговые возможности на мировом рынке ограничены, поэтому масштабы и частота гастролей китайских творческих коллективов в России не высокая, и в основном гастроли проходят в рамках культурных обменов. Китай-ских коллективов, у которых была бы сформирована определен-ная репутация и узнаваемость, которые бы регулярно гастроли-ровали в России крайне мало, поэтому и следует говорить, что на китайско-российском сценическом рынке сохраняется достаточно большое пассивное сальдо.

В визуальном искусстве у России очень высокие мировые позиции в области живописи. Репин, Левитан, Шишкин и др. стали всемирно известными живописцами. Раньше в России была запрещена покупка произведений искусства частными лицами и только со времени президентства Б. Ельцина частным лицам было разрешено заниматься куплей-продажей на рынке произведений искусства. С 2002 г. на российском рынке произведений искусства наблюдался стремительный рост. Россия вместе с Китаем и Индией были признаны новыми игроками на рынке произведений искусства. Вслед за аукционами 《 Сотбис 》 и 《 Кристис 》, аукционная стоимость и уровень торговых сделок с российскими произведениями живописи постоянно обновлялись. Коллекционная стоимость русской живописи получила международное признание, а её котировки на рынке всё время повышались. Благодаря тому, что китайскому народу очень близка русская живопись, поэтому русская живопись стала одним из объёктов китайского коллекционирования зарубежных произведений искусства. С 90-х гг. xx век китайские коллекционеры и почитатели искусства (к примеру, Художественная мастерская 《 Хуаян 》 в Пекине) начали обращать внимание и покупать российскую живопись, тем самым инициировав волнение на внутрироссийском рынке. Однако, если сравнить с живописью других европейских стран, то цена произведений на российском рынке намного ниже их художественной ценности, если сравнить с бурно развивающимся китайским рынком произведений искусства художественная ценность многих российских деятелей искусства недооценена. Кроме того, если принять во внимание тот факт, что в России проводится политика, разрешающая беспошлинный ввоз произведений искусства, и ограничивающая свободный вывоз, когда для вывоза необходимо проходить ряд специальных оценочных процедур, на китайских рынок попадает очень мало лучших произведений русской живописи.

Если проводить сопоставление, то основным российским товаром, не относящимся к категории живописных произведений, на китайском аукционном рынке произведений искусства, стал антиквариат. Согласно данным о сделках самых крупных в Китае аукционных компаний《Цзядэ》и《Баоли》, в 2015-2019 гг. выставленных на аукцион и успешно проданных российских лотов было 32. Основными разновидностями лотов были（расположены от большего к меньшему）: антикварные книги（17 шт.）, почтовые марки（5）, монеты（5）, живопись（3）, фотографии（1）, фарфор（1）, при этом книги составили более половины всех лотов. Если сравнивать с аукционными товарами из США, Франции, Великобритании, то количество российских лотов крайне мало и недотягивает даже до 10% от общего числа лотов. Однако, с точки зрения стоимости сделок, российские лоты имеют стабильное преимущество. Так, аукционная цена на рукописи великих русских художников и композиторов, таких как П. И. Чайковский, А. Г. Рубинштейн, И. Е. Репин и др., начинается с более чем 10 тыс. и заканчивается несколькими сотнями тысяч. Хотя общая стоимость сделок с российскими лотами нестабильна, но в 2015-2017 гг. наблюдалось заметное снижение. Между тем, по причине высокой стоимости рукописей великих мастеров, в 2018 г. с российскими лотами было совершено сделок на 700 тыс. юаней.

（4）Новый фактор роста—торговля цифровой продукцией

В последние годы такая цифровая продукция, как интернет-игры, видеоклипы, онлай-литература становятся важным фактором роста китайско-российской торговли в области культуры. Создается единая трансграничная развлекательная среда из видеоконтента, издательств, аудио, литературы, игр, электронной коммерции и др. областей, ядром которой становится IP-адрес. Согласно докладу о состоянии глобального рынка онлай-игр в 2019 г.,

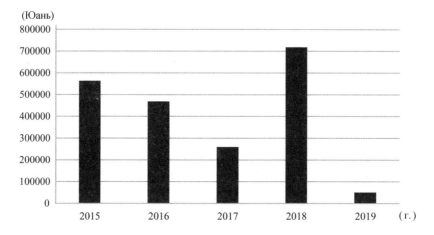

Рис. 2 – 19   Общая сумма сделок с российскими лотами на

аукционах "Цзядэ" и "Баоли" в 2015-2019 гг.

Источник: аукционы《Цзядэ》и《Баоли》

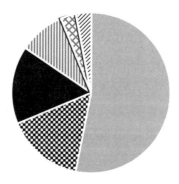

■ антикварные книги ọ почтовые марки ■ монеты ⺊ живопись ⌒ фотографии ⁄ фарфор

Рис. 2 – 20   Структура российских лотов по категориям на

аукционах "Цзядэ" и "Баоли" в 2015-2019 гг.

Источник: аукционы《Цзядэ》и《Баоли》

опубликованному Newzoo, доход глобального рынка игр в 2019 г. по прогнозам достигнет 152.1 млрд. долларов и вырастет по сравнению с предыдущим годом на 9.6％. Максимальный доход на рынке онлай-игр приходится на долю следующих 15 стран: США, Китай, Япония, Южная Корея, Германия, Велико-британия, Франция, Канада, Италия, Испания, Австралия, Россия, Мексика, Бразилия, Индия. Китай является самой крупной в Азиатско-Тихоокеанском регионе и второй в мире страной по объёму рынка сетевых игр, который достигает 36.5 млрд. долларов. Структура рынка интернет-игр стран Восточной Европы и привычки потребителей имеют свои особенности. Это произошло из-за того, что Восточная Европа является той частью Европы, которая вступила на рынок интернет-игр достаточно поздно. Несмотря на это, в последние годы этот рынок стремительно развивается и занимает значительное место. Россия, являясь лидером восточноевропейских стран и одной из самых привлекательных стран для иностранных инвесторов и производителей интернет-игр. По прогнозам российский рынок сетевых игр в 2019 г. достигнет 1.8 млрд. долларов.

Согласно статистическим данным из доклада о состоянии китайской отрасли сетевых игр за последние годы, в 2018г. реальные доходы от реализации на зарубежных рынках, разработанных Китаем сетевых игр составили 9.59 млрд. долларов, что выше показателей 2017 г. на 15.8％. в первую половину 2019 г. доходы отрасли составили 5.57 млрд. долларов, что выше прошлогодних показателей на 20.2％, что даже выше скорости прироста доходов от аналогичной продукции на внутреннем китайском рынке. Зарубежный рынок уже стал для китайских производителей игр важным источником дохода. Сейчас Китай экспортирует в Юго-Восточную Азию, Среднюю Азию, Индию,

Россию и Европу игровую продукцию, модели эксплуатации и IP-культуру как образцы созревшей и масштабной экономической системы сетевых игр. Для Китая эти регионы являются самыми лучшими показателями влияния, в этих регионах есть колоссальный спрос на сетевые игры, однако ещё не сформировались равные по уровню конкуренты-производители интернет-игр. Кроме того, что с учетом демографической ситуации внутри Китая, дивиденды от сетевых игр уже достигла своего предела, поэтому стратегическим окном для Китая является непрерывное продвижение китайских предприятий онлайн-игр на мировые рынки и очередным шагом по выходу китайских игр на международные рынки.

Возьмем к примеру, бурно развивающиеся в последние годы мобильные игры. На российском рынке мобильных игр основную долю занимают стратегии (SLG), ролевые игры (RPG) и экшн-игры (ACT), иногда сюда примешиваются аркады и казуальные игры. В обнародованном в августе 2019 г. совместном докладе App Annie и Google о степени проникновения китайских интернет-игр на зарубежные рынки говорится, что общая статистика для iOS и Google Play показывает, что в первой половине 2019 г. что среди чемпионов по скачиванию игр на мировом рынке Россия занимает 4 место после Индии, США и Бразилии с показателем 1. 17 млрд. раз, что выше прошлогоднего показателя на 9%. Расходы российских потребителей на китайские мобильные приложения возросли до 73% (включая платное скачивание и плату за использование). С точки зрения жанров, то среди стратегий, китайские игры имеют абсолютное преимущество на российском рынке; в ролевых и экшн-играх китайские продукты для мобильных устройств находятся в острой конкурентной борьбе с производителями из США, Японии и Южной Кореи. С точки зрения продукции, китайские игры для мобильных устройств（в том числе и《Лорды》（Lords Mobile）,《Война королей》（Clash of Kings）,《Король Авалона》（King of Avalon）на российском рынке онлайн-игр за последние два года увеличили свои доходы вдвое. Многие китайские производители игр, например, IGG, Elex, Net Ease, осуществляют в России стратегию адаптацию к местным условиям. Эти компании кроме того, что построили долгосрочные стабильные партнерские отношения с App Store и Google Play, проводят глубокое исследование местной специфики, включая местную культуру и привычки пользователей, чтобы усилить взаимодействие с потребителями и производить более качествен-ный продукт, удовлетворяющий запросы потребителей.

Благодаря фрагментации, низкому порогу и высокой степени распространения, такие китайские социальные видео приложения как Douyin и Kuaishou, начиная с 2017 г. ускорили свой выход на международную арену и стремительно выросли. По данным App Annie Kuaishou выел на российский рынок в мае 2017 г. Среди зарубежных пользователей данного приложения доля российских пользователей составила 31%. К маю 2018 г. приложение Kuaishou стало чемпионом по скачиванию для мобильных устройств с операционными системами Android и iOS. В России данное прило-жение пользовалось популярностью благодаря возможности создавать популярные ролики и рекламу. Согласно статистики из доклада о развитии китайских сетевых литературных платформ, в России помимо основных международных игроков на междуна-родном рынке литературных интернет-платформ Webnovel, Wuxia-world, Gravity Tales, в основном продвигается и переводится китайская платформа интернет-романов tl. RULATE. ru. Данный сайт был создан в 2012 г. , а к 2017 г. уже насчитывал 34059 зарегистрированных пользователей (включая переводчиков), было переведено 1998 произведений, 600 тыс. фрагментов статей, проведено более 50 тыс. исправлений текстов переводов. На данном сайте представлено 419 китайских романов, 78 корейский, 370 японских, 141 на английском языке. Романы на китайском языке в большинстве своем представлены интернет-романами. Среди 2 тыс. романов, в числе первых 15, 12 представлены интернет-романами на китайском языке.

Ⅲ. Прогноз на перспективу развития китайско-российской торговли в креативной индустрии

1. Закрепить успехи гуманитарных обменов и укреплять основные силы на иностранных креативных рынках

Китай и Россия, являясь партнерами по совместному построению《 Пояса и Пути》, также являясь членами БРИКС и ШОС, обладают схожими целями и стремлением к общей выгоде. Однако, структура креативной индустрии и в Китае, и в России сейчас находится в процессе преобразований и неотложно требует раскрытия внутренних производственных сил, чтобы посредством интеграции торговли и принятию мер, благоприятствующих инвестированию, выводить свои креативные продукты и услуги на международный рынок. В августе 2012г. после официального вступления в ВТО, Россия снизила общий уровень таможенных пошлин, ввела правила сотрудничества транснациональных корпораций в единую рамку. Все эти меры благотворно сказались на сотрудничестве Китая и России в сфере разворачивания креативной индустрии. Между тем, согласно российскому закону 《Об иностранных инвестициях в отрасли, имеющие стратегическое значение》, к отраслям, в которых ограничены иностранные инвестиции, в том числе радио и СМИ, крупнейшие газеты и издательства и др., покрывающие половину территории России, оказывают существенное влияние на состояние китайско-российской торговли и инвестициях в креативной отрасли.

С позиции общих тенденций, китайско-российская торговля в креативной сфере может развиваться как вглубь, так и вширь. Однако если сравнить с политическими и торгово-экономическими отношениями, то потенциал китайско-российской торговли в креативной сфере ещё до конца не раскрыт. Поэтому наши страны стоят пред лицом решения важной задачи—на базе механизмов личных контактов на высшем уровне и многолетнего опыта народной дипломатии в различных областях, заложить основу стратегического взаимодоверия, закрепить успех гуманитарных обменов. Крупномасштабные культурные мероприятия могут послужить для Китая и России шансом и площадкой для гуманитарного сотрудничества, а также информационным каналом взаимопонимания. Но для расширения сотрудничества, для появления длительных стимулов, зависит от поддержки сильного режима, необходимо в целом просчитывать экономические, социальные, рыночные факторы, избегать краткосрочных эффектов и через коммерциализацию стимулировать развитие торговли. Есть необходимость в увеличении числа культурных стратегий по отношению к России, изучению политики в области культуры, а также исследованию конкретных реалий страны，жизни народа，чтобы понять природу различий в области культуры，собрать глубокие данные о специфике местных рынков. Кроме того，требуется усилений основных объёктов креативного рынка обеих стран，доминирующая роль выдающихся предприятий и их руководящая роль на рынке，ликвидировать преграды в виде высокой себестоимости при растаможке，отсутствия единых стандартов，постоянно улучшать деловую среду，создавать благоприятные условия для предприятий Китая и России，инвестирующих в креативную отрасль，осуществлять расширение масштабов креативной торговли и повышать её качество，всё это вольет новую силу в китайско-российского торгово-экономическое сотрудничество.

2. Ориентация на рынок цифрового контента и инновация китайско-российской модели торговли креативными услугами

В условиях непрерывного расширения глобальной цифровой торговли все страны активно способствуют развитию цифровой экономики，основанной и поддерживаемой инновациями. В 2019 году были официально объявлены 《Национальный план развития науки и технологий Российской Федерации》 и 《Российская национальная стратегия развития искусственного интеллекта до 2030 года》. В первом документе в качестве специальных показателей используются национальные проекты 《наука》，《образование》 и 《цифровая экономика》，которые реализуются с 2019 по 2030 год. Последний направлен на содействие быстрому развитию России в области искусственного интеллекта，включая усиление научных исследований в области искусственного интеллекта，повышение доступности информационных и вычислительных ресурсов для пользователей, совершенствование системы подготовки кадров в области искусственного интеллекта и т. д. . Данная стратегия будет включена в рамку государственного плана развития 《Цифровой экономики Российской Федерации》.

Являясь точкой пересечения глобализации и цифровизации, новые технологии и креативная индустрия, постепенно сливаясь, образовали базовую структуру китайской цифровой инновационной индустрии. В особенности после того, как Китай назвал цифровую инновационную отрасль национальной стратегически важной новой индустрией, поэтому в ближайшем будущем можно ожидать бизнес 5G, китайская инновационная цифровал креативная индустрия сейчас находится в стадии взрывного роста. Не только электронные игры, теле-и видеоролики, выставки и конференции, туризм, журналистика и другие отрасли извлекут выгоду, но и трансграничная комплексная глобальная Сеть, образованная отраслевыми Сетями и потребительскими Сетями, сыграют важную стимулирующую роль в сложении креативной отрасли, как производящей сферы услуг, а вывод своей креативной индустрии на мировой рынок уже стало совместным выбором цифровых инновационных корпораций Китая.

Стоя перед лицом того огромного шанса, который даёт цифровая торговля и трансформация стратегий экономического развития, Китай и Россия должны активно урегулировать торговые стратегии, выявлять и взращивать новые точки роста цифровой экономики, всеми силами развивать разные виды экспорта, основой которого будет политика 《Сервис +》 с цифровой технологической поддержкой и высоким уровнем сервиса, а также необходимо формировать новые формы и модели культурного сервиса в торговле. Стимулировать различные исследования в области применения авторского права, охранять право автора на монетизацию своего труда, эффективно продвигать запуск в производство сформированных креативных идей, использовать отклики больших данных потребителей как руководство для признания ценности креативной торговли за рубежом. Избегать однотипности продукции и предотвратить финансовые потери от поставок товаров, не пользующихся спросом, а также адаптироваться к местным условиям. Необходимо разрушить порочную практику вывода на экспорт отдельных видов креативных продуктов, сделать акцент на создании оригинальной продукции с правом интеллектуальной собственности, таких, как печатные издания, теле/кино и видео контент, мультфильмы, музыку и т. п.. И на этой основе продолжать расширяться в сторону торговли авторскими правами и долевых капиталовложений, осуществляя тем самым более самостоятельное и разнообразное сотрудничество.

3. В полной мере задействовать портовый эффект и функцию интеграции для содействия развитию китайско-российской креативной торговли

Китай и Россия имеют протяжённые границы, множество открытых портов, географическую близость, сближение двух народов и культурные связи—это одно из важных преимуществ развития китайско-российской креативной торговли. То, как в полной мере использовать эффект порта и функцию интеграции, является ключевым моментом развитию креативной торговли между Китаем и Россией, особенно трансформации и модернизации торговли между Китаем и Дальним Востоком.

Необходимо усилить строительство инфраструктуры в местах китайско-российских переходов, заложить аппаратное обеспечение и материальную базу для развития приграничной креативной торговли. Усилить контакты с Россией, улучшать условия прохождения таможни, создавать благоприятные условия для развития креативной торговли. Налаживать связи и сотрудничество с теми городами внутри страны, у которых есть преимущества в сфере креативной продукции и сервиса, налаживать непосредственную коммуникацию в креативной торговле. Интенсифицировать распространение информации о проводимой политике, привлекать больше креативных предприятий, конкурентоспособных на мировом рынке, для базирования в приграничных переходах или для открытия филиалов, наладить беспрепятственный канал для отраслевого сотрудничества. Сделать удобными системы расчетов для предприятий и способствовать тому, чтобы предприятия наших стран проводили технические состыковки, помогать китайским и российским предприятиям открывать для себя креативный рынок страны-партнера.

Стимулировать китайские приграничные города к сотрудничеству с Россией в области культурных выставок, творческих выступлений, подготовки и переподготовки кадров. Использовать Харбинскую международную торгово-экономическую ярмарку и другие площадки, где проводятся крупномасштабные трансграничные торговые выставки для создания более сильной культурной привлекательности Китая, его экономической эффективности, сформировать распределительные пункты для выставок-ярмарок творческих товаров и творческих обменов, и торговли

креативными   продуктами. Перепрофилировать   торговлю
приграни́ч- ных городов на торговлю товарами с высокой
добавленной   стоимостью,   торговлю   высокотехнологичными
креативными   про- дуктами, а   также   способствовать
экономическому плюрализму в пограничных переходах.

Использовать Харбин, Хэйхэ и Маньчжурию в качестве
ключевых пунктов, ориентированных на российский и европей-
ские рынки. Уже сейчас функционируют Китайско-российская
культурная ярмарка, Китайско-российские культурные станции и
другие комплексные площадки, совместная деятельность в рамках
Харбинского международного центра живописи, Русского художественного города в г. Хэйхэ и др. торговые площадки; способствовать китайско-российской отраслевой концентрации следующих
отраслей: гастрольная деятельность, развлечения, анимация,
игры, культурный туризм, спорт, художественное ремесло,
прикладное искусство, культурные выставки, интернет-культура,
а также образование, финансы, торговля, сфера услуг и др. ;
строить площадки для китайско-российского сотрудничества в
торговле, индустрии, финансах, науке и технике.

Активно использовать политический шанс—《 Комплексный
проект экспериментальной зоны свободной торговли в пров.
Хэйлунцзян》—предпринимать меры для улучшения инвестиционного климата для развития торговли в выступлениях, выставках, художественном ремесле, онлайн-играх и др. ; привлекать
китайские и российские предприятия и соответствующие организации к консолидации, помочь России с каждым днем улучшать
инвестиционный климат после её вступления в ВТО; осуществлять
инвестирование в трансграничное хозяйствование в креативной

отрасли；воспитывать и развивать высокую культуру сервиса и новые методы управления в цифровых отраслях；сформировать пилотную и образцово-показательную зону китайско-российской креативной торговли.

Китайско-российские культурные обмены в сфере туризма (2018-2019 гг.)

Ван Хэн

Китай и Россия как два государства с общими границами отличаются дружественностью на уровне культуры. С момента установления дипломатических отношений 70 лет назад, две державы, придерживаясь стратегического партнерства в области политики, экономики и культуры, непрерывно развивали плодотворное сотрудничество и налаживали эффективные обмены. Как важная составляющая таких культурных обменов разнообразные формы сотрудничества в индустрии туризма между двумя государствами способствовали продвижению вперед. 22 марта 2013 года председатель Си Цзинпин в приветственной речи на церемонии открытия Года китайского туризма в России отметил, что 《туризм—это своего рода мост для трансляции культуры, обмена культурными ценностями и укрепления дружбы, а также важный показатель повышения уровня жизни народа; международный туризм становится стремлением широкого круга людей. Туризм, будучи комплексной отраслью, является движущей силой для развития экономики》. ①В связи с этим с опорой на практический опыт сотрудничества и обменов между двумя странами в туристической сфере за последние годы, а также с учетом прошлого и настоящего положения развития туристического взаимодействия обеих стран, посредством социальных медиа, в отчете рассматривается эффективность распространения в сети интернет имиджа стран благоприятных для туризма в отношении Китая и России и выдвигаются предложения для маркетинговых мероприятий, направленных на создание такого имиджа.

I. Состояние китайско-российских двусторонних обменов в сфере туризма

1. Расширение масштаба китайско-российских обменов в сфере туризма, постепенное упрощение визового режима

Обращаясь к истории развития китайско-российских туристических обменов, можно заметить, что количество туристов с начала 1990 г. со 100 тысяч человеко-раз к 2011 году увеличилось до 3.3 миллионов человеко-раз. С 2002 по 2011 гг. количество туристических обменов между двумя странами ежегодно увеличивалось в среднем на 9.6%. По состоянию на 2018 г. количество двусторонних обменов превысило 4 млн. человеко-раз. В 2017 г. число китайских туристов, отправившихся в Россию, достигло

---

① "Си Цзиньпин Приветственная речь на церемонии открытия Года китайского туризма в России ", Китайская академия туризма, Китайско-российский центр комплексного стратегического сотрудничества и совместных инноваций. Ассоциация туризма Мир без границ, *Сборник статей по материалам китайско-российского туристического форума-2013*. Пекин: Издательство 《Туристическое образование》, 2014. -c. 3.

примерно 1. 5 млн. , таким образом китайский контингент стал для России крупнейшим источником иностранных туристов. Более 900 тысяч китайских граждан посетили Россию с туристической целью в рамках безвизового режима (см. Рис. 3-1).

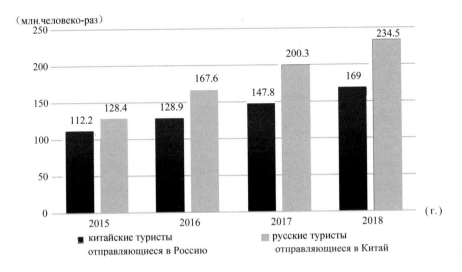

Рис. 3-1 **Численность российских туристов, посетивших Китай и китайских туристов, посетивших Россию**

Источник данных: Федеральная служба государственной статистики России.

В 2000 г. Китай и Россия подписали соглашение о введении безвизового режима для участников группового туризма. Согласно договоренности группа в 5—50 человек в течение 15 рабочих дней может осуществлять въезд на территорию страны-партнёра с туристической целью без визы. 8 августа 2017 г. в России был запущен процесс выдачи электронных виз для посещения свобод-ного порта Владивостока для граждан Китая и граждан стран, перечень которых утвержден правительством Российской Федерации. Граждане Китая могут подать заявление на получение бесплатной электронной визы в пять регионов Дальнего Востока

России. Документ является однократным и действует в течение 30 календарных дней. При этом однократное пребывание составляет 8 дней. Въезд на территорию России по такой визе осуществляется через 11 специальных пунктов пропуска, включая воздушный пункт во Владивостоке. Для российских транзитных туристических групп введен безвизовый режим пребывания в течение 144 часа на территории конкретно определенных провинций, городов и портов, включая районы, расположенные в дельте реки Чжуцзян провинции Гуандун. Кроме того, на китайском курортном острове Хайнань для россиян действует 30-дневный безвизовый режим. ①

2. Различные формы китайско-российских обменов в сфере туризма и постепенное формирование механизмов платформы сотрудничества

С 2010 г. наблюдается интенсивное развитие официального сотрудничества между правительствами, дружественными провинциями и городами Китая и России. В целях углубления взаимопонимания и доверия по договоренности двух стран 2010 г. был объявлен Годом китайского языка в России, 2012 г. установлен как год Туризма России в Китае, 2013—как год Туризма Китая в России. Данные мероприятия способствовали созданию прочной основы для реализации и расширения обменов между двумя

---

① Сост. группа по написанию отчетов в сфере гуманитарных обменов на основе больших данных. Далянь, *Отчет о гуманитарных обменах в рамках инициативы《Пояса и Пути》2018 2.* (на основе больших данных), Изд-во Даляньскогоп олитехнического университета, 2018 г. 95, 104.

странами на социальном и гражданском уровнях.[①]

Проведенные в рамках культурных обменов в сфере туризма мероприятия（фестивали, выставки и т. д.）в последние годы исчисляются большим количеством, в качестве примера приведем только основные из них, состоявшихся в 2017 и 2018 гг. （см. табл. 3-1）.

Таблица 3-1 Список мероприятий за 2017-2018 гг., прошедших в рамках культурно-туристических обменов между Китаем и Россией

Дата	Название мероприятия	Содержание
22. 02. 2017	Презентация рекламного ролика, посвященного вопросам консульской защиты 《Безопасное и культурное путешествие по России》	Место проведения: посольство Китая в России（г. Москва）. В мероприятии приняли участие более 130 человек, в том числе представители МИД РФ, Федерального агентства по туризму России, Туристической ассоциации "Мир без границ", Государственного управления по делам туризма Китая, китайских авиакомпаний, компаний с участием китайского капитала, общественных организаций этнических китайцев и китайцев, проживающих в России, а также китайцев, обучающихся

---

① Путин В. В., "Приветственная речь на церемонии открытия Года китайского туризма в России," Китайская академия туризма. Китайско-российский центр комплексного стратегического сотрудничества и совместных инноваций. Ассоциация туризма 《Мир без границ》. *Сборник статей по материалам китайско-российского туристического форума-2013.* Пекин: Издательство Туристическое образование, 2014. -с. 5

Дополнительные таблицы

Дата	Название мероприятия	Содержание
22. 02. 2017		в России. Посол КНР в РФ Ли Хуэй, посол по особым поручениям МИД РФ Е. Томихин, заместитель руководителя Федерального агентства по туризму С. Корнеев, сотрудники Государственного управления по делам туризма Китая, представители Южной авиакомпании Китая, аккредитованные в России, выступили с речью.
4. 04. 2017	Премьера российско-китайского документального фильма 《Это Китай》	Место проведения: посольство Китая в России (г. Москва). С приветственной речью выступили: посол КНР в России Ли Хуэй, официальный представитель МИД России М. Захарова, заместитель инспектора Информационного бюро Государственного совета Китая Тянь Чжэй, заместитель пресс-секретаря председателя правительства РФ К. Каминская. В мероприятие приняли участие сотрудники пресс-служб правительства и МИД КНР и РФ, представители СМИ, всего около 150 человек.
28. 04. 2017	Презентация Нижнего Новгорода как российского города в посольстве КНР	Место проведения: посольство Китая в России (г. Москва). Посол Китая в РФ Ли Хуэй, генеральный консул Китая в Казани У Инцинь, зам. мэра Нижнего Новгорода Марина Холкина, глава делегации г. Цзинань, директор Цзинаньского издательства Цуй Ган приняли участие в мероприятии и выступили с речью. Представители МИД РФ, ответственные

Дополнительные таблицы

Дата	Название мероприятия	Содержание
28. 04. 2017		лица основных ведомств правительства г. Нижнего Новгорода, представители китайских и российских предпринимателей, СМИ двух стран, дипломаты посольства Китая в России, всего 150 с лишним человек присутствовали на мероприятии. Нижний Новгород стал девятым по счёту городом, презентованным посольством КНР в качестве потенциального партнера для сотрудничества.
22. 06. 2017	Торжественное открытие VIII китайско-российского культурного фестиваля в г. Хэйхэ	Место проведения: г. Хэйхэ провинции Хэйлунцзян КНР. При поддержке Министерства культуры Китая, правительства провинции Хэйлунцзян, министерства культуры России, администрации Амурской области, организаторами мероприятия выступили департамент культуры провинции Хэйлунцзян, муниципальное правительство г. Хэйхэ, отдел культуры и архивного дела Амурской области, администрация г. Благовещенска. Идеи 《культурного сотрудничества, взаимовыгодной торговли, культурного туризма, процветания и развития》, освещение концепции 《Культура Китая во вне》, продвижение инициативы《Пояса и Пути》 стали главными составляющими мероприятия.

Дата	Название мероприятия	Содержание
21. 07. 2017	Церемония закрытия ярмарки китайской культуры Дитань-2017 в Москве	Место проведсния： площадь Революции, г. Москва. Посетителям были представлены народные ремесла, продукты культурного творчества, материального и нематериального культурного наследия Китая (резьба по лаку, каллиграфия, живопись; изделия из шёлка, клоизоновый фарфор, чайники из пурпурной глины; чай и т. д.). Данное мероприятие снова состоялось в Москве после 2016 года. Количество участников ярмарки за 4 дня составило 160 тысяч человек. Мероприятие получило широкое освещение в СМИ (CCTV, агентство новостей Синьхуа и People's Daily и многие российские СМИ выпустили специальные репортажи).
20. 07. 2017	Церемония открытия восьмого китайско-российско-монгольского кулинарного фестиваля и третьего фестиваля изысканных блюд города Улан-Цаб КНР	Место проведения： город Улан-Цаб Автономного района Внутренней Монголии КНР. Мероприятие продолжалось 10 дней до 30 июня.
10. 08. 2017	Тематическая презентация 《День Санья》, посвященная продвижению имиджа курортного города	Место проведения： г. Москва, открытая площадка площадки на территории телебашни Останкино. В мероприятии приняли участие заместитель министра культуры РФ О. Рыжков, посол Китая в России Ли Хуэй и мэр г. Санья У Яньцзюнь. Представители Министерства иностранных дел РФ, Министерства культуры

Дополнительные таблицы

Дата	Название мероприятия	Содержание
10. 08. 2017		РФ, Департамента спорта и туризма г. Москвы, китайских и российских турагентств и СМИ, всего более 100 человек. Фраза 《Прекрасный город Санья, романтическое приглашение》стало темой мероприятия.
12. 09. 2017	Фестиваль российской культуры-2017 в Гуанчжоу	Место проведения: г. Гуанчжоу провинции Гуандун. Организованный Министерствами культуры Китая и России Фестиваль российской культуры-2017 открылся концертом в большом театре в г. Гуанчжоу. На сцене выступили более ста китайских и российских деятелей искусства, мероприятие посетили представители соответствующих кругов двух стран и более тысячи зрителей.
19. 09. 2017	Открытие серии мероприятий по китайско-российскому сотрудничеству в сфере красного туризма-2017	Место проведения: провинция Хунань городской уезд Люян, г. Вэньцзя, площадь восстания 《Осеннего урожая》. В числе мероприятий состоялся первый фестиваль красного туризма по местам провинции Хунань.
21. 09. 2017	Финал авто-велопробега 4＋2, организованного в рамках проекта китайско-российско-монгольского туристического сотрудничества 《Великий чайный путь》	Место проведения: Автономный район КНР Внутренняя Монголия, городской округ Хулун-Буир. Комитетом по развитию туризма объявлено завершение 13-ти дневного авто-велопробега 4＋2, проходившего под девизом 《В дорогу с песней—экологически чистое передвижение》в рамках проекта китайско-российско-монгольского туристического сотрудничества 《Великий чайный путь》.

Дополнительные таблицы

Дата	Название мероприятия	Содержание
24. 12. 2017	Российско-китайский конкурс скульптур из снега и льда и открытие туристического фестиваля льда и снега (Большой Хинган, Хума)	Место проведения: уезд Хума, провинция Хэйлунцзян. Организаторами выступили правительство округа Хума, Союз обществ дружбы с зарубежными странами Хабаровского края, отдел пропаганды уезда Хума, Тихоокеанский государственный университет, Хэйлунцзянский научно-исследовательский институт культуры и искусства, бюро туризма, культуры, телерадиовещания, спорта уезда Хума.
25. 07. 2018	15-е заседание подкомиссии по туризму российско-китайской комиссии по гуманитарному сотрудничеству (г. Санья)	Место проведения: г. Санья, провинция Хайнань. В мероприятии приняли участие: член руководящего состава Министерства культуры и туризма Китайской Народной Республики Ду Цзян, заместитель руководителя Федерального агентства по туризму Н. Королёв. Стороны обсудили вопросы подготовки подписания соглашения между Правительством РФ и Правительством КНР о введение безвизового режима для групповых туристских поездок, развития разных направлений российско-китайского сотрудничества в области туризма, координации и регулирования туристского рынка, оперативного обмена информацией и взаимодействия при возникновении инцидентов с участием туристов двух стран.

3. Интеграция составляющих инфраструктуры китайско-российского сотрудничества в туристической сфере, повышение степени удовлетворенности потребителей туристических услуг

Китайско-российское сотрудничество в области туризма набирает обороты, что обуславливает интенсивное формирование составляющих туристической индустрии. В качестве примера возьмем данные опроса туристов относительно питания. По данным приложения для оценки заведений общепита Dianping. com, в Китае рестораны традиционной русской кухни, главным образом, расположены в северо-восточной части Китая и Синьцзяне, в основном в городах, близких к китайско-российской границе, таких как Харбин и Маньчжурия. Например, в Харбине-125, Хулун-Буир-97, Пекин-47, Муданьцзян-25, Далянь-22, округ Алтай Синьцзян-Уйгурского автономного района-20. В России насчитывается 842 ресторана традиционной китайской кухни, из которых в Москве находится 240, в Санкт-Петербурге-180, во Владивостоке-61, в Иркутске-33. В данных ресторанах преобладают блюда кухни провинции Хунань, пекинской кухни и кухни северо-востока Китая. ①

На основе данных отчёта китайской академии туризма за 2018 и 2019 гг. на процессе исследования выявлена тенденция роста в отношении удовлетворенности туристическими услугами со стороны китайских граждан, выезжающих в Россию с туристической целью (см. табл. 3-2).

---

① Сост. группа по написанию отчетов в сфере гуманитарных обменов на основе больших данных. Далянь, *Отчет о гуманитарных обменах в рамках инициативы《Пояса и Пути》2018 г.* (на основе больших данных), Изд-во Даляньского политехнического университета, 2018. - с. 95, 104.

Таблица 3-2   Сравнительные показатели степени

удовлетворенности туристическими услугами со стороны китайских

граждан，выезжающих в Россию с туристической целью

Виды показателей	2017	2018
Общие показатели по степени удовлетворённости	76. 83	81. 9
Показатели по результатам специально проведенных опросов	7. 86	7. 63
Показатели по результатам отзывов в интернете	79. 95	83. 78

Рассмотрим，в каких областях сосредоточены показатели удовлетворённости и неудовлетворённости. На основе анализа данных по поисковым запросам в интернете，комментариев интернет-пользователей，рецензий знатоков и специалистов туризма определено，что общая оценка удовлетворённости российских туристов，выезжающих в Китай，и китайских туристов，выезжающих в Россию，составляет 7 баллов（из 10 баллов）. Сопоставление положительных и отрицательных отзывов представлено в таблице 3-3：

Таблица 3-3 Классические отзывы касательно имиджа Китая и

России как выездных туристических направлений.

отзыв	№	Китай	Россия
положительный	1	гостеприимность и дружелюбие китайцев	красота и величие архитектуры
	2	стоимость поездки	высокий уровень воспитанности и культуры граждан
	3	туристические достопримечательности， сфера развлечений， кухня	богатое культурное наследие России
	4	сервис туристических агентств	

Дополнительные таблицы

отзыв	№	Китай	Россия
отрицательный	1	загрязненность морской воды в зоне отдыха Бэйдайхэ（пров. Хэбэй）	относительная неразвитость индустрии туризма и сферы услуг
	2	некомпетентность части обслуживающего персонала	отсутствие мест в гостиницах и ресторанах в разгар туристического сезона
	3	многолюдность в период золотой недели и других праздничных дней，объёдиненных с выходными	переполненность и долгое ожидание в очереди в супермаркетах по выходным дням
	4	несоответствие гостиниц，туалетов，базовых удобств общепринятым стандартам	на дорогах большое количество транспортных средств в плохом техническом состоянии осуществляют движение，не боясь столкновений，превышают скоростной режим，хаотично передвигаются
	5	недостаточность указателей на русском языке на туристических объёктах	высокая стоимость туристической поездки

Положительные отзывы россиян о китайской индустрии туризма сосредоточены на оценке уровня приема и обслуживания туристов；китайские туристы положительно оценивают Россию как страну с богатым культурно-историческим наследием，отмечают положительные национальные качества русских людей. Что касается отрицательных отзывов，то китайские туристы выражают недовольство в отношении российской индустрии туризма и сопутствующей ей сферы услуг. Отрицательные отзывы российских туристов в основном касаются состояния окружающей среды и несоответствия стандартам комфорта инфраструктуры туристических объёктов.

II. Позиционирование имиджа Китая и России как стран благоприятных для туризма в сети интернет

1. Эффективность распространение имиджа в международных социальных сетях

В настоящее время Facebook и Twitter стали мощной площадкой для реализации маркетинговых целей индустрии туризма. Согласно статистике в мире уже почти в 800 государствах и городах открыты аккаунты в Facebook, в более чем 200 государствах и городах зарегистрированы официальные аккаунты в Twitter. Учитывая то, что Китай и Россия также являются официальными пользователями данных глобальных сетей, представляется целесообразным провести анализ эффективности распространения информации на этих двух площадках, что имеет большое практическое значение и справочную ценность. В статье представлен анализ постов, опубликованных в официальных китайских и российских туристических аккаунтах Facebook и Twitter с сентября 2017 г. по ноябрь 2019 г.

(1) Позиционирование в официальных аккаунтах в Facebook

① Способы презентации информации

Со стороны Китая и России преимущество используются три вида презентации информации в официальных аккаунтах Facebook, к ним относятся: текст, видео и изображение. Использование данных видов презентации информации с китайской стороны имеет соотношение: 67.06 (текст), 7.86 (видеоролик), 25.08 (изображение), с российской стороны: 46.13 (текст), 3.32 (видеоролик), 50.55 (изображение). Как видно, презентация информации с российской стороны больше ориентирована на эффект визуального восприятия（см. Рис. 3-2）.

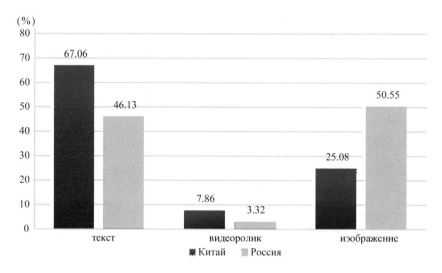

Рис. 3-2 Показатели по использованию
способов распространения информации в Facebook

② Эффективность распространения постов

Количество сообщений, опубликованных на официальных российских туристических аккаунтах Facebook за один и тот же фиксированный период, почти в три раза больше, чем на официальных китайских туристических аккаунтах. Однако разница в средних показателях по количеству перепостов и комментариев несущественная. Что касается средних показателей количества лайков, то их число для туристических постов в Китае более чем вдвое превышает среднее количество лайков для туристических постов в России. С позиции распространения самостоятельных постов, поддерживающих репутацию туристических выездных направлений, структуры, занимающиеся презентацией информации китайской индустрии туризма, демонстрируют более эффективное коммуникационное взаимодействие（см. табл. 3-4）.

Таблица 3-4   Количественные показатели Китая и России в
отношении распространения постов в Facebook

	Китай	Россия
количество постов	674	1927
общее количество рассылки	16194	56935
среднее количество рассылки	24. 0	29. 6
общее количество комментариев	1696	5834
среднее количество комментариев	2. 5	3. 0
общее количество лайков	314435	382757
среднее количество лайков	466. 5	198. 6

③ Эмоциональная оценка реакции на посты, позиционирующие туристические продукты

Сравнение статистических данных показывает разницу в эмоциональных оценках пользователей Facebook в отношении постов, позиционирующих туристические продукты Китая и России. Среди них преобладает доля нейтральной оценки, ср.: Китай—58. 16 и Россия—67. 67, однако показатели положительной и отрицательной оценки китайских постов более выше, что демонстрирует эффективность распространения постов как способа позиционирования туристического продукта (см. Рис. 3-3).

ображение (2) Позиционирование в официальных аккаунтах в Twitter

① Способы презентации информации

Аналогично с Facebook в официальных аккаунтах Twitter преимущественно используются те же три вида презентации информации: текст, видеоролик и изображение. Согласно статистике, презентация информации с использованием данных способов для китайской стороны имеет соотношение: 28. 77 (текст), 5. 48 (видеоролик), 65. 75 (изображение), с российской стороны: 5. 06 (текст), 0. 13 (видеоролик), 94. 81 (изображение). Как видно, способ презентация информации

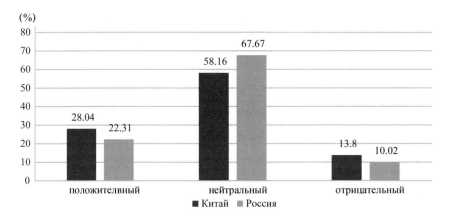

Рис. 3-3   Показатели эмоциональной оценки постов,
позиционирующих туристический имидж Китая и России в Facebook

посредством изображения отличается абсолютным преимуществом как для китайской, так и для российской стороны (см. Рис 3-4).

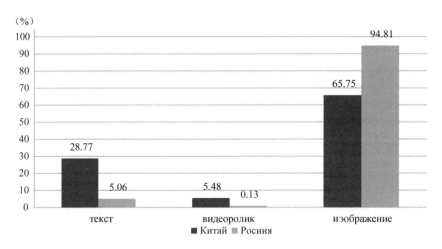

Рис. 3-4   Показатели по использованию способов распространения в Facebook
информации в Twitter (Китай, Россия)

② Эффективность распространения постов

Согласно статистике количество сообщений, размещенных на официальных аккаунтах Twitter, с российской стороны за один и тот же фиксированный период больше в 11 раз, чем с китайской стороны, что определяет существенную разницу в средних показателях при сопоставлении с Китаем. Относительно высокие показатели соотношения текстовой информации, публикуемой китайской стороной, говорят о придании значения функции разъяснительного характера. По средним показателям лайков Россия чуть превосходит Китай. Очевидно, что изображение как средство позиционирования информации вызывает больший положительный эмоциональный отклик (см. табл. 3-5)

Таблица 3-5 Количественные показатели Китая и России в отношении распространения постов в Twitter

	Китай	Россия
количество постов	73	810
общее количество рассылки	70	1436
среднее количество рассылки	1. 0	1. 8
общее количество комментариев	25	97
среднее количество комментариев	0. 3	0. 1
общее количество лайков	300	4334
среднее количество лайков	4. 1	5. 4

③ Эмоциональная оценка реакция на посты, позиционирующие туристические продукты

Статистические данные показывают очевидную разницу в отношении эмоциональной оценки постов по позиционированию туристического имиджа, публикуемых китайской и российской стороной. Хотя доля нейтральной оценки самая большая, однако показатели положительной эмоциональной оценки постов китайской стороны превосходят показатели русской стороны, они составляют 45% в противовес показателям отрицательной оценки, составляющим лишь 4%. Это говорит о том, что совместимость текстового формата позиционирования информации с особенностями коммуникации в Twitter дает более эффективные результаты (см. Рис 3-5).

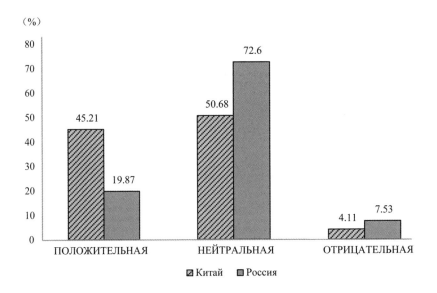

Рис. 3-5 Показатели эмоциональной оценки постов, позиционирующих туристический имидж Китая и России в Twitter

2. Имидж России и Китая как стран благоприятного выездного в сети интернет

(1) Предпочтения по выбору места для туристической поездки как показатель туристического имиджа Китая и России в сети интернет. Сравнительный анализ ТОП-10

С опорой на данные поисковых запросов в сети интернет (китайской поисковой системы Qinbo) и анализ соответствующей информации, а также на комментарии, обсуждения и отзывы специалистов сформирован список ТОП-10 мест, пользующихся популярностью у русских туристов, выезжающих в Китай и у китайских туристов, выезжающих в Россию (см. табл. 3-6).

Таблица 3-6　　　　　Предпочтения по выбору места для тур.
поездки. ТОП 10

№	Китай	Россия
1	Санья（туристическая зона Тяньхай-цзяо，бухта Ялунвань，ночной город Мечты）（провинция Хайнань）	Байкал
2	Бэйдайхэ，курортная зона Бэйдайхэ（пров. Хэбэй）	Мурманская область
3	участок Великой китайской стены（г. Пекин）	г. Санкт-Петербург （ Эрмитаж，Невский проспект，Храм Спаса-на-крови，Большой Екатерининский дворец）
4	запретый город（г. Пекин）	г. Москва （ Кремль，Красная площадь，усадьба Коломенское，музей заповедник Коломенское，Новодевичий монастырь，парк Горького，Старый Арбат，Новый Арбат，Храм Христа Спасителя，Третьяковская галерея，Воробьевы горы，МГУ，ВДНХ，ГУМ，ЦУМ.
5	Шаолиньский монастырь（провинция Хэнань）	Московская область，г. Сергиев-Посад
6	Три ущелья реки Янцзы（пороги близ границы провинции Сычуань и Хубэй）	г. Владимир
7	Хуангошу （ водопад в провинции Гуйчжоу）	г. Суздаль
8	терракотовые статуи воинов и боевых коней в гробницах ЦиньШихуана（г. Сиань）	г. Владивосток
9	озеро Сиху （ г. Ханчжоу，пров. Чжэцзян）	Республика Якутия（алмаз）
10	река Лицзя（городской округ Гуйлинь в Гуанси-Чжуанском автономном районе）	г. Калининград（янтарь）

Сравнивая предпочтения русских и китайских туристов относительно выбора места для туристической поездки, можно заметить, что российский контингент туристов проявляет больший интерес к поездкам для отдыха во время отпуска и посещению объектов культурного наследия Китая. Китайские же туристы, главным образом, отдают предпочтение местам культурно-исторического наследия России, корме того, одной из приоритетных целей поездки для них становится совершение покупок. Шопинг как цель выездного туризма отмечается в ежегодном отчете Китайской Академии туризма за 2019 г., при этом доля таких туристов составляет 39.9%, демонстрируя значительный разрыв с количеством китайских туристов, предпочитающих развлечения и знакомство с культурным наследием—11.85%.

（2）Анализ восприятия имиджа России как благоприятного выездного направления в сети интернет

Для оценки восприятия китайскими туристами российских туристических направлений в данной статье в основном использовались функции《статистика частоты слов》и《анализа настроений》программного обеспечения для анализа онлайн-текстов ROST CM6. Материалом исследования послужили онлайн-комментарии с платформы Mafengwo, опубликованные с февраля 2016 г. по октябрь 2019 г. За указанный период касательно Красной площади, Зимнего дворца, Екатерининского дворца было размещено 1486 комментариев, после удаления дублирующего комментария, общее число составило 1485.

① Анализ восприятия имиджа России как выездного направления в когнитивном аспекте

Как правило, имидж дестинации в восприятии туриста представляет собой некую совокупность эмоциональных и рациональных представлений, формирующуюся в результате сопоставле-ния всех особенностей дестинации, собственного опыта и получе-нной информации, которая влияет на создание определенного образа дестинации. В таблице 3-7 представлены Топ-100 самых частотных слов, составляющих корпус лексики, отражающей восприятие имиджа России как выездного направления. Анализ частотных слов показывает, что восприятие имиджа России как выездного направления происходит по пяти параметрам: 1) объекты, обладающие привлекательностью для туристов; 2) инфраструктура; 3) отдых и развлечения; 4) среда туристического места; 5) атмосфера туристического места.

Таблица 3-7   **Топ 100 частотных слов по**

отзывам о туризме в России в интернете

Высоко-частотное слово	Частота	Высоко-частотное слово	Частота	Высоко-частотное слово	Частота	Высоко-частотное слово	Частота	Высоко-частотное слово	Частота
храм	1161	очередь	147	монастырь	78	колоритный	60	Александр	52
Россия	442	турист	146	Пётр I	78	изящный	60	речь детей	52
Зимний дворец	338	Москва	143	Хужир	77	потрясающий	58	покупка билета	51
архитектура	292	входить	139	украшения	76	северное сияние	58	век	51
Байкал	279	Дворец Екатерины	138	центр	73	открытость	58	Гум	51
площадь	254	Кремль	133	Храм Василия Блаженного	71	вход	58	приятный на вид	50
Петербург	219	час	131	известный	71	купол	57	воображение	50

Дополнительные таблицы

Высоко-частотное слово	Частота	Высоко-частотное слово	Частота	Высоко-частотное слово	Частота	Высоко-частотное слово	Частота	Высоко-частотное слово	Частота
дворец	219	стиль	128	Нижний парк (Петергоф)	69	место события	56	лучший	50
место	210	фонтан	124	Китай	69	цвет	56	Северный Ледовитый океан	50
Красная площадь	209	православие	113	прекрасный	66	Петропавлов-ская крепость	55	местонахожде-ния	50
время	207	стенная роспись	100	пейзаж	65	погода	55	роскошный	50
посещать	202	история	99	объяснение	64	бесплатно	54	Иркутск	50
музей	199	красивый	98	выбор	63	великолеп-ный	54	стать первым	49
рубль	184	заранее	97	выход	63	верующие	53	святой	49
входной билет	173	остров Ольхон	92	экскурсия	62	Верхний сад (Петергоф)	53	религия	49
Фотографиро-вать	170	Океанариум на острове Русский	88	сказка	62	внешний облик	53	номер в гостинице	49
внутренность	165	искусство	88	лук репчатый	61	поверхно сть льда	53	зима	48
Летний дворец	155	живописное место	86	красочный	61	театральн-ыепостановка	53	деликатный	48
парк	147	царь	84	стоить, заслуживать	61	солнечный свет	53	поверхность озера	47
малые поселки	147	театр	80	интернет	61	Казанский собор	53	покупки	47

В корпус частотных слов относились единицы с частотой употребления более 30 раз по каждому из указанных выше пяти параметров—1）объекты, обладающие привлекательностью для туристов; 2）инфраструктура; 3）отдых и развлечения; 4）среда туристического места; 5）атмосфера туристического места. Анализируя количество и частоту употребления часто встречающихся слов в каждом аспекте, мы можем исследовать степень внимания туристов к каждому когнитивному параметру.

Результаты подсчета показывают, что самая высокая частотность слов наблюдается по параметру《объекты, обладающие привлекательностью для туристов》. К составляющим данного параметра относятся природные реалии и реалии культуры. В комментариях туристов одиннадцать частотных лексических единиц（11.08%）можно отнести к группе《природные реалии》, например: Байкал, солнечный свет, остров Ольхон и т. д. Тридцать четыре лексические единицы группы《реалии культуры》составляют 53.45%. Среди них, например, храмы, Екатерининский дворец, Зимний дворец. Наличие объектов, привлекающих туристов, считается ключевой составляющей имиджа привлекательного выездного направления. В отношении к России такими объектами для китайского контингента туристов являются Байкал, Красная площадь, Зимний Дворец, Летний дворец, Петропавловская крепость и т. д. Стенная живопись, скульптура, балет и другие виды искусства также притягивают большое количество китайских туристов. Немаловажным для них является шопинг, особенно посещение ГУМ для приобретения традиционных сувениров в качестве предметов, привезенных из туристической поездки в Россию. Результаты исследования показывают, что притягательными объектами для китайский туристов среди природных реалий являются леса, озера, дикие животные, растения и т. д. Среди объектов культурных реалий—культурно-исторические памятники, памятники архитектуры, национальные обычаи, питание, шоппинг, культура и искусство, спорт и развлечения и т. д. . Среди них гуманистические достопримечательности являются наиболее заметными и составляют наиболее часто встречающиеся слова, становясь важным параметром для восприятия туристами имиджа России.

На втором месте после объектов притягательных для туристов находится среда туристического места. В нашем понимании она включает в себя природные условия, социальную среду, политический и экономический климат, в процентном соотношении составляет 4. 72 % , 2. 18% , 5. 66% .

Социальная среда. Привычка у россиян стоять в очереди начинается ещё с советских времен, и пользователи сети в шутку назвали Россию страной, где 《люди больше всех любить стоять в очереди》. Наличие очереди в общественных местах в России говорит о недостаточной развитости сферы услуг. Кроме того, Россия—эта страна с сильной религиозной традицией, почти 60% людей утверждают, что они верят в православие, российским гражданам свойственна высокая вовлеченность в религию и как следствие вышеуказанных фактов-появление среди частотных единиц таких слов, как 《очередь》, 《религия》, 《православие》 и т. д.

Природные условия. В связи с тем, что большая часть территории России находится в умеренно-континентальном климатическом поясе, где зима продолжительная и холодная, а лето теплое и короткое. Немало туристов из Китая стремятся в Россию, чтобы ощутить морозную русскую зиму. Таким образом, слова 《погода》, 《зима》 также вошли корпус частотных единиц.

Политический и экономический климат. Обмен национальной валюты на рубли для туристической поездки в Россию обусловил наличие слова 《рубль》 среди частотных единиц. Появление слова 《бесплатно》 связано с тем, что посещение таких известных достопримечательных мест в Москве, как Красная площадь, ГУМ, Александровский сад, Манежная площадь является бесплатным и привлекает большое внимание туристов

Четырнадцать частотных слов (9. 16%) выражают оценку атмосферы, обстановки, местных жителей туристического места, например, среди них: 《роскошный》, 《великолепный》, 《древний》, 《величественный》, 《деликатный》. Это говорит о том, что туристы воспринимают Россию как страну с великим культурным наследием.

Отдых и развлечения. В данной группе выделяется пять частотных лексических единиц, что составляет 7. 01% от общего количества. Главном образом, фигурируют слова фотографировать, посещать, осматривать и т. д. , не встречаются слова, связанные со спортивными и экстремальными видами деятельности, что в некотором смысле говорит об однообразии в отношении отдыха и развлечений.

Двенадцатью лексическими единицами (6. 74%) представлена группа слов, связанная с восприятием инфраструктуры. Данная группа включает слова, касающиеся проживания (гостиница, номер) и экскурсий (автомат для продажи билетов, разъяс-

нения）, не включает слова, касающиеся транспортной инфраст-
руктуры（метро）и Барн. Это показывает, что туристы считают
однообразным тип туристической инфраструктуры в России, где
отсутствуют бары, русская кухня и другие объекты общественного
питания, а также метро, автобусы и другие транспортные средства.

Таким образом, можно сделать вывод, что среди самых частотных слов преобладают лексические единицы группы《объекты,
привлекающие туристов》, среди них большую часть составляют
слова подгруппы《объекты культурного наследия》, им уступают
слова подгруппы《природные объекты》. Далее группы слов по
частоте употребления располагаются в следующем порядке—《среда
туристического места》, включающая подгруппы слов《природные
условия》,《социальная среда》,《политический и экономический
климат》; затем следуют частотные единицы групп《атмосфера
туристического места》,《отдых и развлечения》и《инфраструктура》
（см. табл. 3-8）.

**Таблица 3-8　　Классификация высокочастотных
слов, отражающих восприятие имиджа России как
благоприятного туристического направления**

параметры восприятия		высокочастотное слово（кратность）	%
объекты, привлекающие туристов	природного характера	Байкал（279）ледяная поверхность（53）остров Ольхон（92）на острове（88）северное сияние（58）сад/парк（147）поверхность озера（47）река Нева（46）берег озера（41）заяц（31）голубой лёд（35）	11. 08

Дополнительные таблицы

параметры восприятия		высокочастотное слово (кратность)	%
объекты, привлекающие туристов	культурного характера	Зимний дворец (338) архитектура (292) храм (1161) площадь (254) Санкт-Петербург (219) Екатерининский дворец (138) Кремль (133) театральная постановка (53) монастырь (78) Храм Василия Блаженного (71) Казанский собор (53) Гум (51) (царский) дворец (219) Красная площадь (209) Летний дворец (155) Колокольная башня (35) музей (199) фонтан (124) стенная живопись (100) Верхний сад (Петергоф) (53) купол (57) Петропавловская крепость (55) Нижний парк (Петергоф) (69) проспект (47) балет (47) скульптура (47) мороженое (43) Мариинский театр (42) статуя (40) тюрьма (35) архитектурный ансамбль (36) балетная постановка (36) Святая троица (36)	53.45
инфраструктура		вход (58) покупка билета (51) объяснение (64) номер (в гостинице) (49) выход (63) интернет (61) лестница (47) билетная касса (44) главный вход (41) дом/здание (32) автомат по продаже билетов (33) гостиница (34)	6.74
отдых и развлечения		фотографироваться (170) посещать (202), живописное место (86) осматривать на экскурсии (62) театр (80)	7.01
среда туристического места	природа	солнечный свет (53) зима (48) погода (55) закат (31)	2.18
	социум	очередь (147) открытость (58) религия (49) православие (113) война (37)	4.72
	политика и экономика	бесплатный (54) рубль (184) покупки (47) платный (31) дешёвый (39) император Пётр I (78) Александр (52)	5.66

Дополнительные таблицы

параметры восприятия		высокочастотное слово（кратность）	%
атмосфера туристического места		приятный на вид（50）деликатный（48）роскошный（50）великолепный（54）прекрасный（66）красочный（61）красивый（98）искусство（88）потрясающий（58）колоритный（60）величественный（46）особенный（40）древний（33）богатый（об обстановке）（32）	9. 16

②Анализ восприятия имиджа России как выездного направления в эмоциональном аспекте

Анализ комментариев из сети позволил классифицировать составляющие имиджа России как выездного направления с точки зрения эмоциональной наполненности и зафиксировать их в таблице 3-9. Эмоциональную окрашенность комментариев, делится нами на три вида: положительная, нейтральная и отрицательная. При этом степень положительной и отрицательной окраски делится нами на обычную, среднюю и высокую экспрессию. Ниже представлен анализ трёх типов окрашенности, присутствующей в имидже выездного направления.

Результаты статистики демонстрируют преобладание положительных комментариев, их количество составляет 1268（85. 39%）, среди них обычной степени экспрессии—388（26. 13%）, средней степени экспрессии—332（22. 36%）, высокой степени экспрессии—548（36. 90%）. Анализ показывает, что среди затрагиваемых в комментариях《объектов, привлекающих туристов》,《инфраструктуры》,《развлечений и отдыха》,《среды туристического места》,《атмосферы туристического места》, большая степень эмоциональной окрашенности свойственна комментариям,

Таблица 3-9　Эмоциональная составляющая имиджа России как привлекательного выездного направления

Виды оценки	Степень экспрессии	Составляющие имиджа выездного направления（количество/ полученные баллы）	Кол-во	Кол-во
положительная	обычная （0—10）	объекты, привлекающие туристов （351/2078） инфраструктура（12/79） отдых и развлечения（1/3） среда туристического места （11/69） атмосфера туристического места（7/ 62）	388 （26. 13%）	1268 （85. 39%）
	средняя （10—20）	объекты, привлекающие туристов （305/4692） инфраструктура（16/287） отдых и развлечения（2/23） среда туристического места （6/83） атмосфера туристического места（2/ 25）	322 （22. 36%）	
	высокая （более 20）	объекты, привлекающие туристов （480/21227） инфраструктура（31/ 1789） отдых и развлечения（5/205） среда туристического места（28/1299） атмосфера туристического места（5/ 271）	548 （36. 90%）	
нейтральная	0	объекты, привлекающие туристов （81/0） инфраструктура（8/0） среда туристического места （6/0） атмосфера туристического места（4/ 0）	— —	100 （6. 73%）

Дополнительные таблицы

Виды оценки	Степень экспрессии	Составляющие имиджа выездного направления（количество/ полученные баллы）	Кол-во	Кол-во
отрицательная	обычная （ – 10—0）	объекты, привлекающие туристов （64/-257） инфраструктура （15/-48） среда туристического места （13/-61）	92 （6.20%）	117 （7.88%）
	средняя （ – 20— – 10）	объекты, привлекающие туристов （9/-132） инфраструктура （2/-27） среда туристического места （9/-147）	20 （1.35%）	
	высокая （ – 20 и ниже）	инфраструктура （4/-128） среда туристического места （1/-31）	3 （0.20%）	

касающимся 《объектов, привлекающих туристов》, 《инфраструктуры》 и 《среды туристического места》（вертикальное расположение в таблице 3 – 9）. Например, среди объектов, привлекающих туристов, Красная площадь считается самым известным местом Москвы и России в целом, касательно инфраструктуры отмечается наличие множества билетных касс и т. д. Сравнивая разную степень экспрессии в имидже выездного направления（горизонтальное расположение в таблице 3 – 9）, можно увидеть, что комментарии, касающиеся объектов, привлекающих туристов по количеству и полученным баллам занимают первое место, это говорит об удовлетворенности туристов данным видом туристического продукта. С какой бы позиции не проводилось сравнение, количество таких комментариев остается самым большим, полученные баллы-самыми высокими, положительная окраска-ярко выраженной. Этот факт соотносится с выводом, сделанным при анализе имиджа в когнитивном аспекте. Это напрямую связано с тем, что данные комментариев используются для путевых заметок, обзоров и рецензий; обзоры и рецензирование в основном разворачиваются вокруг объектов, привлекающих туристов, интересов и полученных впечатлений, что надлежащим образом вызывает, как правило, положительные эмоции.

Количество отрицательных комментариев составляет 117 （7.88%）, среди них обычная и средняя экспрессия свойственна тем, которые касаются объектов, привлекательных для туристов, инфраструктуры и среды туристического места. Нетрудно заметить, что большая часть подобных комментариев и обзоров описывают исторические объекты архитектуры, например: 《 Петропавловская крепость изначально была сооружена для оборонительной цели, впоследствии использовалась как тюрьма, в которой умирали тысячи политзаключенных 》. Часть комментариев касается обычных достопримечательностей, например: 《 Снаружи выглядит нормально, а внутри ощущается разочарование 》. Отрицательные комментарии с высокой экспрессией, как правило, выражают недовольство туристов инфраструктурой, главным образом, транспортным сообщением, услугами гидов и очередями, например, 《 в небольших городах и малых поселках трудно заказать такси через интернет-приложение 》, 《 в групповой поездке чувствуется обман со стороны гидов 》, 《 простояли в очередь полчаса и только тогда зашли 》. Кроме того, у китайских туристов возникают вопросы по поводу плохого состояния дорог, тяжелая переносимость холода и непонимание недружелюбного отношения, —все это находит отражение в отрицательных комментариях. Например, 《Вы почувствуете неровности сразу после того, как прибудете на остров. На всем острове вообще нет бетонных дорог, а везде грунтовые дороги》, 《Дождь идет непрерывно, люди замерзают на берегу моря》 и 《Не оставайтесь на площади. Несколько банд вымогают деньги. Тот, кто притворяется, что хочет сфотографировать для вас, будет спрашивать у вас 500 юаней》. Кроме того, в путевых заметках отсутствуют отрицательные эмоции, связанные с путешествием, отдыхом, развлечениями и местной атмосферой.

К нейтральным относятся комментарии (количество—100 (6.73%)), в которых отсутствует подтверждение и оценка имиджа благоприятного выездного направления, вместе с тем не прослеживается отрицание и критика. По сравнению с положительными и отрицательными нейтральные комментарии значительно короче, как правило, представляют собой предложения стандартной структуры с наличием подлежащего, сказуемого и дополнения и отсутствием разного рода определений, выраженных прилагательными. Самое большое количество нейтральных комментариев касается привлекательных туристических объектов, в них содержится только объективная точка зрения туриста, не обсуждаются полученные впечатления, например: 《Говорят, что в Кремле находится рабочий кабинет Путина》, 《Это одно из самых ранних архитектурных сооружений, с него начинается история г. Санкт-Петербурга》 и т. д. Комментарии в отношении возможностей и допустимых действий в сфере инфраструктуры, например: 《Билетная касса представляет собой отдельно стоящий киоск, если у вас нет международного студенческого билета, то

вы только можете приобрести входной билет за полную стоимость, вход с напитками запрещен》, комментарии группы 《турис-
тическая среда》, например: 《строгий осмотр на входе в целях
безопасности, места для посещения ограничены》; комментарии
группы 《атмосфера туристического места》, например: 《бросаю-
щаяся в глаза достопримечательность Москвы》.

В целом можно сказать, что степень восприятия имиджа
России как выездного туристического направления в когнитивном
аспекте более высокая; касательно эмоционального восприятия
получены положительные отзывы; однако степень восприятия
относительно имиджа на уровне атмосферы туристического места,
отдыха и развлечений сравнительно низкая, есть комментарии
положительного характера, отсутствуют комментарии отрицатель-
ного характера. Кроме того, степень восприятия инфраструктуры, среды туристического места относительно высокая, хотя в
оценках туристов присутствуют спорные моменты, однако
положительные отзывы составляют большую часть всех комментариев.

Ⅲ. Предложения по усилению совместных маркетинговых стратегий в продвижении имиджа Китая и России как благоприятных выездных направлений

1. Целевой рынок: объединение и разделение.

Согласно проведенному выше анализу ресурсов и
туристических продуктов России и Китая, в данном исследовании

считается, что оба государства в отношении выбора рынка целевого потребителя туристических услуг, должны осуществлять разделение на рынок для потребителей 《внутренних районов》 и рынок для потребителей 《внешних районов》, то есть целевой рынок ориентированный на потребителей, находящихся на далеком расстоянии (Америка, Канада, Австралия) и потребителей, находящихся на относительно близком расстоянии (Азия, Европа).

(1) Внешний целевой рынок—сотрудничество и взаимодействие

Если говорить о целевом рынке относительно совместных усилий, то Китай и Россия могут стать стратегическими партнёрами в создании примыкающих к морю и городских туристских дестинаций, разработать тематические маршруты, например, по объектам Всемирного культурного наследия и создать туристические продукты высокого уровня.

(2) Внутренний целевой рынок—дифференциация

Внутренний целевой рынок ориентирован на китайцев, проживающих в России и русских, проживающих в Китае в течение длительного времени, не включая резидентов. Далее посредством анализа различий между двумя типами целевых рынков (внешнего и внутреннего) можно выстроить стратегию применения маркетинговых усилий как со стороны Китая, так и со стороны России (см. табл. 3-10).

Таблица 3-10　　　　Специфика внешнего и внутреннего
целевого рынка Китая и России

Тип	Организация поездки	Цель поездки	Потребитель-ская способность	Форма выезда	Выбор туристического выездного направления
Рынок для внешних потребителей	дорогостоящая заказная поездка групповой туризм через туристическое агентство, независимый (самостоя-тельный) туризм	экскурсия, отдых, отпуск, деловой визит, научно-познаватель-ный выезд, паломничество	относительно высокая	с семьей или в одиночку	Столица Китая, столица России, традиционные туристические города являются основными выездными направлениями, развивающиеся туристические города выступают как выборочные выездные направления
Рынок для внутренних потребителей	преимуществен-но независимый (самостоя-тельный) туризм	отдых, отпуск, деловой визит, познание	относитель-но не высокая	преимущест-венно с семьей	Китай и Россия как взаимно выбираемые выездные направления и источники контингента туристов

2. Система туристических продуктов: городской туризм и сельский туризм

(1) Городской туризм как туристический продукт

Китай и Россия должны формировать внутренний и международный рынок потребителей туристических услуг с использованием уникальных особенностей региона, в котором находится город; разрабатывать эксклюзивные туристические продукты высокого уровня, совершенствовать уже имеющиеся продукты, предлагая разнообразие тематики, варьирующейся от культурных, музейных ценностей, культурно-просветительских шоу и представлений до спортивных мероприятий. При разработке туристических маршрутов необходимо суметь представить регион данной страны так, чтобы полученные потребителем впечатления и опыт оставались для него глубокими и уникальными (см. табл. 3-11).

Кроме того, с одной стороны необходимо совершенствовать систему по предложению товаров для туристов, особенно тех, которые относятся к категории оригинальных культурных продуктов, так как интерес к данному виду продукции повышает уровень покупательской способности туристов, тем самым оптимизируя структуру потребления туристических услуг. С другой стороны, необходимо предоставить туристам, особенно приехавшим издалека, полный спектр квалифицированного социального обслуживания: услуги по информированию, предоставление гидов; продумать их перемещение внутри города (метро, автобус) и взаимодействие с другими соприкасающимися с туризмом сферами. Предлагать товары и услуги, способствующие получению максимального эффекта от пребывания в данном регионе, например, предоставление гидов, владеющих иностран- ными языками, запуск транспортных линий внутри города, специализирующихся только на перевозке туристов т. д.

Таблица 3-11   **Маркетинговые характеристики**

продуктов городского и сельского туризма

Вид туризма	Целевая группа потребителей	Вид туристического продукта	Составляющие туристического продукта	Транспортное сообщение
городской туризм	турист внешнего выездного направления как главный целевой потребитель, турист внутреннего выездного как сопутствующий целевой потребитель	—лечебно-оздоровительный туризм —культурно-познавательный туризм —театральный и арт-зрелищный туризм —спортивный туризм —экскурсион-ный туризм —фестивальный туризм —научно-познавательный туризм —учебно-образовательный туризм —научно-познавательный туризм —рекреационный туризм в приморских районах	—уникальные туристические районы —комплексные туристические маршруты по городам —музеи и выставки —театрально-фестивальные площадки —тематические парки	авиасообщение железнодорож-ное сообщение автобусное сообщение в пределах города

Дополнительные таблицы

Вид туризма	Целевая группа потребителей	Вид туристического продукта	Составляющие туристического продукта	Транспортное сообщение
сельский туризм	турист внутреннего выездного направления как главный целевой потребитель, турист внешнего выездного направления как сопутствующий целевой потребитель	—трейлерные лагеря —древние поселения —винодельни —плодово-ягодные хозяйства —сельские отели —фермы и хутора как объекты отдыха —рыбалка —природа как ресурс восстановления здоровья —отдых в местах с прекрасными пейзажами (горы, реки, озера) —дома сельских жителей —этнокультурный стиль —интернациональные станции	—народные нравы, обычаи —колорит древнего поселения —опыт проживание в сельских домах —тематические музеи —опыт традиционных ремесел	дорожное сообщение общего пользования

（2）Сельский туризм как туристический продукт

Продукты сельского туризма в Китае нуждаются в срочной трансформации и модернизации. На данный момент требуется создание продукта, сочетающего в себе уникальные природные, историко-культурные особенности региона, его самобытность и тоже время соответствие общепринятым стандартам. Считается целесообразным поощрять объекты сельской местности с более развитой инфраструктурой туризма использовать модель развития по типу самобытного поселения. Создавать комплексы, в которых представлены элементы сельского хозяйства, поля и сады, с возможностью отдыха и развлечения, что позволит потребителям продукта сельского туризма получить впечатление и опыт, отличные от тех, которые он получает при потреблении продукта городского туризма.

3. Совместные продукты: сходства и различия

（1） Интеграция туристических маршрутов как совместных туристических продуктов: выделение однородности туристических ресурсов

Говоря об однородности и схожести туристических ресурсов Китая и Росси и опираясь на вышеизложенный материал исследования, можно заметить, что в туристических продуктах экскурсионного （природный пейзаж）, рекреационного （приморские районы）, культурного （объекты всемирного культурного наследия） прослеживается явная общность （однородность）, что даёт возможность проектировать и разрабатывать разнообразные тематические туристические маршруты. В ноябре 2012 г. во время Китайско-российского туристического форума в г. Шанхай заместитель руководителя Ростуризма Е. Писаревский выдвинул инициати-ву разработки 《 чайного пути 》, маршрут которого были бы выключены Москва, Кяхта, Улан-Батор, Эрэн-Хото, Чжанцзя-коу, Пекин. Реализация туристических проектов вдоль 《чайного пути》 будет стимулировать развитие китайско-российско-монголь-ского транснационального туризма и отдыха, будет способствовать преобразованию данного 《чайного пути》 в транспортный, экономический и геополитический 《коридор》.[①] Что касается Китая, то он должен основываться на скоординированной стратегии развития китайско-российского туризма и сосредоточиться на строитель-стве транснациональных туристических маршрутов в районах китайско-монгольско-российской границы, включая маршруты вдоль древних чайно-конных путей, ориентированных на туристи-ческие рынки стран и регионов, имеющих отношение к инициати-ве 《Пояса и Пути》.

（2） Дифференциация и интеграция продуктов с отличитель-ными преимуществами: выделение различий в типах ресурсов

Интегрируя туристические ресурсы и маршруты как туристи-ческие продукты, Китай и Россия должны придерживаться дифференцированных маркетинговых стратегий.

В частности, необходимо стремление к объединению природ-ных, культурных, социальных и промышленных ресурсов основных туристических направлений двух стран для создания международного туристического продукта с ярко выраженными местными особенностями и мировым влиянием. Города должны, основываясь на функциональном развитии местного туризма, эффективно извлекать характерные преимущества ресурсных про-дуктов, реализовывать дифференцированные стратегии интеграции для характерных выгодных продуктов и активно развивать культур-

---

① Писаревский Е. "Создание единой глобальной системы туризма и отдыха, основанной на сотрудничестве национальных систем туризма и отдыха", Китайская академия туризма, Китайско-российский центр комплексного стратегического сотрудничества и совместных инноваций. Ассоциация туризма 《Мир без границ》*Сборник статей по материалам китайско-российского туристического форума-2013*. Пекин: Издательство Туристическое образование, 2014. -с. 27-28

ный туризм, рекреационный туризм, учебно-познавательный туризм, красный туризм, круизный туризм, лечебно-оздоровительный туризм, спортивный и развлекательный туризм, деловой туризм, шоппинг-туризм и другие серии туристических продуктов.

Что касается Китая, то он должен сосредоточиться на создании туристического пояса Шёлкового пути; международного туристичес- кого пояса, охватывающего районы реки Янцзы; туристического пояса районов реки Хуанхэ, где зародилась китайская цивилиза- ции; пояса экологического и культурного туризма в районах протяженности Великой китайской стены, пояса культурного туризма в районах Пекинско-Ханчжоуского Великого канала; туристического пояса, охватывающие памятные места Великого похода Китайской Красной Армии; туристического пояса морского Шёлкового пути, туристического пояса районов вдоль железной дороги Цинхай-Тибет; культурного туристического пояса Тибет-Цян-И; культурного туристи- ческого пояса Древнего чайного конного пути, все 20 национальных туристических поясов.①

4. Совместные маркетинговые усилия: вертикаль и горизонталь

(1) Создание эффективных механизмов координации с опорой на международные организации

Китай и Россия должны в полной мере использовать потенциал таких уже сформированных структур, как БРИКС, инициатива《Пояса и Пути》, Шанхайская организация сотрудничества и других международных площадок. Стремиться к стимулированию эффективного сотрудничества в сопутствующих

---

① Китайская академия туризма, *Годовой отчет о развитии выездного туризма.* -Пекин: Издательство Туристическое образование, 2018. -с. 9

развитию туризма культурных, научно-технических, торгово-экономических, образовательных сферах. С одной стороны, расширять и укреплять уже созданные способы осуществления двусторонних обменов в индустрии туризма, обозначенных, например, в подписанном на первой встрече министров культуры стран БРИКС в 2015 г. 《Соглашении между правительствами стран БРИКС о сотрудничестве в области культуры》 и подписанном в 2017 г. 《Плане действий по реализации Соглашения между правительствами стран БРИКС о сотрудничестве в области культуры》. В связи с чем Китай и Россия должны предпринимать практические действия по совместному маркетингу и продвижению проектов в рамках соглашений, а также расширять сферу маркетинговый усилий в отношении международного туризма. С другой стороны, необходимо внедрение инновационных форм и платформ продвижения за рубежом с использованием новых медиа, технологий и анализа больших данных для достижения результатов маркетинговых усилий.

（2）**Использование потенциала городов-побратимов для эффективности маркетинговых усилий**

Для крупных туристических городов Китая и России, таких как Пекин, Шанхай, Санья, Москва и Санкт-Петербург, необходимо проделать хорошую работу по продвижению города, устанавливать дружеские отношения, создавать платформы для взаимодействия и обмена, разворачивая рекламные мероприятия, особенно те, которые направлены на зарубежного потребителя. Кроме того, представляется эффективным использования потенциала международных туристических организаций, таких как Всемирная федерация туристических городов （штаб-квартира в

Пекине) и Туристическая ассоциация стран Азии и Тихого в целях получения поддержки и гарантий в реализации международных маркетинговых мероприятий.

Всемирная ассоциация туристических городов была добровольно сформирована по инициативе Пекина и является первой международной туристической организацией городов, воспринимающей город как ядро развития туризма и восполняющей недостаток сотрудничества между туристическими городами и организациями, связанными со сферой туризма. В настоящее время организация насчитывает 218 членов, деятельность организации охватывает территориальные единицы 73 стран мира, её лозунгом выступает фраза 《Туризм делает жизнь в городах прекрасней》, свою миссию она видит в том, чтобы содействовать сотрудничеству и обмену между туристическими городами мира. Начиная с 2012 года (года создания) в рамках работы организации успешно прошло восемь Сяншаньских саммитов по туризму, в этот период городами проведения стали: Пекин (КНР), Рабат (Марокко), Фез (Марроко), Чунцин (КНР), Лос-Анджелес (США), Циндао (КНР), Хельсинки (Финляндия). Такие города как Пинанг (Малайзия), Касабланка (Марокко), Богота (Колумбия), Севилья (Испания), Панама (республика Панама) явились местами проведения пяти региональных форумов Всемирной ассоциации туристических городов, форумы послужили площадкой взаимного обучения, обмена опытом, что особенно важно для стран, города которых связаны с инициативой 《Пояса и Пути》. Данная ассоциация стала одной из самых быстрорастущих и влиятельных международных туристических организаций в мире. Данную платформу можно использовать для осуществления взаимодействия городов Китая и России с другими всемирно известными крупными городами для реализации совместных маркетинговых усилий и управления ими.

Годовой доклад о китайско-российских культурных обменах （2018-2019гг.） Доклад российских авторов

Российско – китайское гуманитарное сотрудничество в 2018 – 2019 годах

В последние годы российско-китайские отношения поддерживаются на достаточно высоком уровне и характеризуются стабильным развитием. Страны добились хороших успехов в различных областях сотрудничества. Новый импульс, в том числе и для гуманитарного взаимодействия, был дан 5 июня 2019 года, когда Си Цзиньпин и В. В. Путин подписали 《 Совместное заявление Российской Федерации и Китайской Народной Республики о развитии отношений всеобъемлющего партнерства и стратегического взаимодействия, вступающих в новую эпоху 》. Тем самым они вывели на совершенно новый уровень российско-китайские отношения, основанные на равенстве, доверии, вза-имопомощи, совместном процветании и многовековой дружбе.

Стороны договорились включить гуманитарные обмены в число пяти ключевых сфер сотрудничества. Российско-китайское взаимодействие в гуманитарной сфере нацелено на передачу российско-китайской дружбы из поколения в поколение, на укрепление добрососедских отношений, содействие диалогу цивилизаций и обмену опытом. Тем самым создаются прочные основы для достижения высокого уровня взаимопонимания и сотрудничества двух стран. Все это также благотворно влияет на развитие взаимодействия в рамках реализации инициативы 《Пояси Путь》 и укрепления Евразийского экономического союза.

Еще в 2000 году Китай и Россия создали механизм гуманитарного взаимодействия и обменов. В частности, в рамках регулярных встреч глав правительств России и Китая была создана Российско-китайская комиссия по сотрудничеству в области образования, культуры, здравоохранения и спорта. Этот был важный шаг в российско-китайском гуманитарном сотрудничестве, который стал первым для Китая опытом создания на самом высоком уровне механизма гуманитарных обменов с другим государством. В ходе двадцатилетней практики и поисков новых путей и возможностей сложился и существенно укрепился механизм российско-китайского взаимодействия в гуманитарной сфере. В итоге, в 2007 году Российско-китайская комиссия по сотрудничеству в области образования, культуры, здравоохранения и спорта была переименована в Российско-китайскую комиссию по гуманитарному сотрудничеству.

В рамках значительно расширившихся гуманитарных обменов состоялось много замечательных тематических мероприятий. Был запущен ряд успешных долгосрочных проектов, которые стали ярким подтверждением успешного гуманитарного сотрудничества двух стран. На фоне этих достижений имеет место устойчивая тенденция расширения участия гражданского населения в российско-китайских гуманитарных обменах. По мере постоянного углубления сотрудничества непрерывно увеличивается также интенсивность контактов в рамках гуманитарного взаимодействия, расширяются сферы взаимообменов, растет число достижений. К 70 – летию установления дипломатических отношений между Китаем и Россией двусторонние отношения достигли новых рубежей, что нашло выражение в значительном подъеме китайско-российского гуманитарного сотрудничества.

I. Основные достижения российско-китайских гуманитарных связей в 2018 – 2019 годах

Благодаря развитию российско-китайских дружественных отношений и проведению культурных мероприятий, сотрудничество двух стран в последние два года наполнилось новым содержанием, а гуманитарное взаимодействие 2018 – 2019 годов принесло двум странам много новых ярких впечатлений и событий.

1. Активное развитие сотрудничества в области образования

Являясь чрезвычайно важным направлением гуманитарного сотрудничества, российско-китайское взаимодействие в сфере образования стремительно развивается. Одной из главных целей сотрудничества в сфере образования является подготовка специалистов, владеющих иностранными языками и междисциплинарными знаниями, а также отвечающих потребностям развития китайско-российских отношений. В настоящее время в 166 высших учебных заведениях Китая открыта специальность 《Русский язык》, в 22 университетах и исследовательских институтах созданы центры российских исследований. Министерство образования КНР уже 12 лет подряд проводит Всекитайский конкурс по русскому языку среди студентов и магистрантов. Данный конкурс стал одним из проектов институционализированного российско-китайского сотрудничества в области образования.

В целом, очевидно повышение интереса к русскому языку в Китае. В то же время в России растет интерес к китайскому языку. Это хорошие тенденции, поскольку продвижение изучения-языка страны-партнера представляется необходимым условиям для повышения уровня двухстороннего сотрудничества и взаимодействия. К тому же, китайский язык, как и русский, является одним из сложнейших языков для изучения, поэтому привлечение обучающихся и поощрение изучения языков на государственном уровне должно способствовать сближению двух стран в различных сферах общественной жизни. Важную роль в решении такой задачи выполняет 《Соглашение об изучении русского языка в Китайской Народной Республике и китайского языка в Российской Федерации》, подписанное в Пекине 3 ноября 2005 года. Этот документ является всеобъемлющим и ставит своей целью поощрение изучения и преподавания русского и китайского языков, усиление сотрудничества в сфере образования, а также ряд практических действий, направленных на увеличение образовательных и культурных обменов. В настоящее время китайский язык преподается в 175 высших учебных заведениях России. В 2013 году конкурс 《Китайский язык-это мост》 был впервые проведен среди учащихся российских школ. А с 2019 года китайский язык был включен в число языков по выбору для сдачи единого государственного экзамена. Как важный институт языкового обучения и культурных обменов, Институт Конфуция играет значимую роль в гуманитарном сотрудничестве. По состоянию на 30 сентября 2019 года в России было открыто 19 институтов Конфуция и 4 класса Конфуция, в их числе два новых института Конфуция, созданных в июле 2018 года и апреле 2019 года①.

Другой не менее важный документ—это 《Соглашение между Министерством образования и науки Российской Федерации и Министерством образования Китайской Народной Республики о сотрудничестве в области образования》, подписанное в Пекине 9 ноября 2006 года. Соглашение дало импульс к развитию образовательного и научно-педагогического обменов между двумя странами, к совершенствованию механизмов сотрудничества между учреждениями высшего образования. В нем, в частности, прописаны условия финансирования обменов сторонами соглашения, обмена знаниями, а также положено начало созданию информационных порталов с общими базами знаний для обеих стран. В целом, подписание данного соглашения дало преимущества студентам, аспирантам, специалистам и ученым для их самореализации, как в Китае, так и в России в равной степени. Таким образом, этот документ заложил серьезную основу для сотрудничества двух государств в научно-образовательной сфере, плоды которого сегодня вполне очевидны.

Так, начиная с 2006 года, по инициативе Московского государственного университета им. М. В. Ломоносова, каждые два года Российский Союз ректоров проводит Форумы ректоров России и Китая. На VII Форуме, прошедшем в 2019 году,

① http：//www. hanban. org/confuciousinstitutes/node_10961. htm.

заместитель председателя Правительства РФ Татьяна Голикова подчеркнула, что на данный момент подписано более 250 соглашений по двустороннему сотрудничеству между двумя странами; кроме того, 200 учебных заведений со стороны России и 600 со стороны КНР занимаются подготовкой специалистов со знанием китайского и русского языков соответственно; причем большинство выпускающихся в России специалистов (более 90000, по заявлению Голиковой) будут задействованы в секторе реальной экономики. [1] Представитель КНР, заместитель премьера Госсовета КНР Сунь Чуньлань подчеркнула, что на данный момент уже создано 13 ассоциаций и 124 образовательные программы в двух странах, и в перспективе создание новых. [2] В число ассоциаций входит Ассоциация классических университетов России и Китая, одним из учредителей которой стал Дальневосточный Федеральный Университет, [3] Международная ассоциация молодых математиков, созданная на Российско-китайском педагогическом форуме 《Пояс и Путь》[4] и другие, не менее значимые для науки и образования организации. Многие вузы России, в том числе МГУ, МФТИ, МПГУ, СПбГУ, СПбПУ, УФУ, ДВФУ и другие имеют двусторонние договоры с вузами Китая по научно-образовательным обменам. Кроме того, РФ развивает и создает новые совместные научно-образовательные центры, одним из

---

① Российская Газета. https：//rg. ru/2019/09/17/reg – szfo/vuzy – rossii – i – kitaia – nachinaiut – obrazovatelnyj – megaproekt. html.

② Официиальный сайт МГУ. https：//www. msu. ru/news/forum – rektorov – vysshikh – uchebnykh – zavedeniy – rossii – i – kitaya. html.

③ ТАСС. https：//tass. ru/obschestvo/4560564.

④ Официальный сайт МГУ. https：//www. msu. ru/news/pervyy – rossiysko – kitayskiy – pedagogicheskiy – forum – odin – poyas – nbsp – odin – put. html.

которых является центр на базе Дальневосточного Федерального Университета на о. Русский, г. Владивосток.

Реальные же результаты выглядят следующим образом. По данным Министерства образования КНР на 2018 год количество российских студентов, обучающихся в Китае, составило 19 239 человек.[①] По данному показателю Россия занимает шестое место, уступая Южной Корее, Таиланду, Пакистану, Индии и США. В последние годы Россия стала популярным направлением для получения зарубежного образования китайскими студентами. Число китайских студентов, обучающихся в России, увеличивается с каждым годом. Так, в 2018 году в российских университетах обучалось в общей сложности 30 000 китайских студентов, что на 10% больше, чем в 2017 году. В итоге, за последние семь лет количество китайских студентов в России увеличилось почти в 2 раза.[②] С 2014 года ежегодно растет число китайских студентов, обучающихся в России за счет средств российского федерального бюджета. В 2018 году российское правительство финансировало обучение 15 000 иностранных студентов в России, из них больше всего студентов было из Китая—950 человек. Этот показатель значительно выше, чем в 2014 году, когда за счет российского бюджета обучение проходили 642 китайских студента[③].

Согласно информации, представленной на официальном сайте по отбору иностранных граждан для обучения в России

---

① http: //www. moe. gov. cn/jyb_ xwfb/gzdt_ gzdt/s5987/201904/t20190412_377692. html.

② https: //mp. weixin. qq. com/s? src = 11&timestamp = 1571638766&ver = 1925&signature = nJtZSwGithgl6gWWv3Z5LBM9vWvel7Tm1MIOBpQwRN2eTM8xJz7U94BfI ∗ z6yfjMr8KC7sANU5NZpBdcHC − cJCvJuF34wsrCMWLbbNju84i47NMwb4O9knk8HWqhI − Jk&new = 1.

③ http: //dy. 163. com/v2/article/detail/E3FVNMF9051497H3. html.

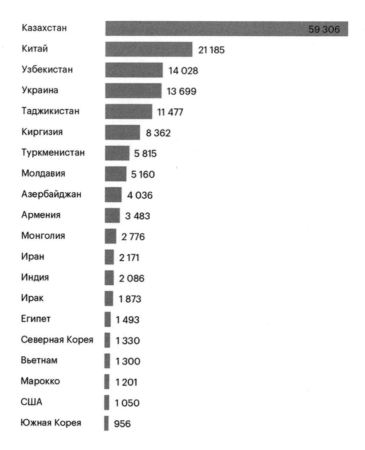

Рис. 4 – 1 Численность иностранных граждан, обучающихся в России

（первый и второй квартал 2019 года）

Нсточник：Русское Бонсалгинговое Информационное Агентство（РБК）

（Russia. Study）, количество заявок от китайских граждан на обучение в России за счет государственного бюджета РФ в 2018 и 2019 годах составило 2059 и 2259 единиц соответственно. По данному показателю Китай занимает восьмое место среди зарубежных государств без учета стран СНГ.① В 2018 году количество

———————

① http：//sputniknews. cn/society/2019102510299918967/.

участников российско-китайских программ долгосрочных и краткосрочных обменов, проходивших обучение за счет средств государства, предприятий и учреждений, а также личных средств, достигло 85 000 человек. Таким образом, страны сделали важный шаг на пути реализации задачи, поставленной в 《Плане действий по развитию российско-китайского взаимодействия в гуманитарной сфере》, - увеличить к 2020 году число участников академических обменов до 100 тысяч в год. ①

Количество совместных российско-китайских структур и проектов в области высшего образования превысило 100. ② Совместный университет МГУ-ППИ, учрежденный МГУ имени М. В. Ломоносова, Пекинским политехническим институтом и Муниципальным народным правительством Шэньчжэня, является хорошим примером расширения сотрудничества двух стран в области высшего образования. Это также новая платформа для развития научно-технических и культурных обменов между Западом и Востоком. Другой важный шаг в углубление российско-китайского образовательного сотрудничества сделали Санкт-Петербургский государственный университет и Харбинский политехнический университет, которые также объявили о создании совместного университета.

2. Сотрудничество в сфере СМИ и инноваций

Для укрепления добрососедских отношений между Китаем и Россией важное значение имеют СМИ. Благодаря проведению годов обменов между российскими и китайскими СМИ в 2016 –

---

① http：//dy. 163. com/v2/article/detail/E3FVNMF9051497H3. html.

② http：//www. moe. gov. cn/jyb_xxgk/xxgk_jyta/jyta_jijiaosi/201812/t20181229_365488. html.

2017 годах сотрудничество в области средств массовой информации вышло на государственный уровень. В рамках данных перекрестных годов было реализовано свыше 250 совместных проектов, что позволило в полной мере продемонстрировать достижения сотрудничества Китая и России. В 2018 году СМИ двух стран провели 60 совместных мероприятий, а число участвующих в них китайских и российских структур увеличилось с 30 до 50. Количество мероприятий в 2019 году составило 120. Проводимый уже в пятый раз форум СМИ России и Китая стал важной платформой для диалога и взаимодействия средств массовой информации, которые осуществляют широкое сотрудничество по таким направлениям, как проведение совместных интервью, взаимные визиты делегаций, обмены специалистами, стажировки, организация выставок и т. п.

В апреле 2019 года прошло XI заседание Российско-Китайской рабочей группы по высоким технологиям и инновациям, являющейся частью подкомиссии по научно-техническому сотрудничеству. Согласно результатам заседания на данный момент научное сотрудничество между РФ и КНР носит широкий и многоаспектный характер. Одним из последних проектов является мега-проект 《 Комплекс NICA 》 Объединенного института ядерных исследований. ① РФ и КНР удалось подготовить и успешно провести 23-е заседание подкомиссии по научно-техническому сотрудничеству, основной темой обсуждения которого стала подготовка Года российско-китайского научно-технического и инновационного сотрудничества в 2020 – 2021 годах. С учетом

_____

① ТАСС. https：//nauka. tass. ru/nauka/6557219.

того, что у Китайской Народной Республики и Российской Федерации наиболее высокие доли инноваций среди стран БРИКС, данное событие позволит поднять научно-техническое сотрудничество стран на совершенно новый качественный уровень.

Таким образом, со времени подписания основополагающих документов в сфере научно-образовательного сотрудничества обе стороны успели реализовать большое количество инициатив как в рамках отдельных учреждений, так и на государственном уровне. Готовятся к реализации новые проекты, активно развиваются студенческий и научный обмены. Вполне очевидно, что потенциал сотрудничества между Россией и Китаем в научно образовательной сфере далеко не исчерпан. Более того, судя по темпам роста, в перспективе сотрудничество в этой области будет только увеличиваться как в количественном, так и в качественном планах.

3. Литературные связи России и Китая

Важное место в российско-китайском гуманитарном сотрудничестве традиционно занимают литературные связи. Именно литературные связи укрепляют доверие народов—в лице писателей и читателей, содействуют углублению диалога цивилизаций и широкому обмену опытом, способствуют развитию всесторонних народных контактов и передаче российско-китайской дружбы из поколения в поколение. Общие проблемы двух стран, двух народов получают разнообразное освещение в литературном творчестве российских и китайских писателей и вызывают отклик в душе читателей, а взаимное общение писателей, переводчиков и читателей, обмен литературными произведениями, созданными писателями двух стран, создают поле взаимопонимания русской и китайской культур.

Китай и Россия на протяжении многих столетий сознавали свою культуру как литературоцентричную, опирающуюся на длительную традицию рефлексировать реальность через письменные тексты и художественную литературу. Есть и еще одно важное общее свойство российской и китайской современных культур-глобальный эгоцентризм. Китайские исследователи, например, отмечая особенности и различия в культурных традициях наших стран, выделяют общее 《чувство гордости за национальную культуру, ее разнообразие на фоне экономической глобализации и желание сохранить свою культуру, развивать ее, заимствуя лучшие достижения зарубежной культуры, но при этом не вестернизируясь》.[1] Сказанное относится и к взаимоотношениям китайской и российской культур, в которых также подчеркиваются китайская и российская специфика, проявляющаяся во всех заимствованиях—не только у Запада, но и друг у друга.

Чтобы упрочить взаимопонимание и традиционную дружбу между народами Китая и России, начиная с 2006 г. Китай и Россия стали проводить перекрестные тематические мероприятия, связанные с культурой. В 2006 – 2007 гг. прошли 《Год России в Китае》 и 《Год Китая в России》. В 2009 – 2010 гг. —《Год русского языка в Китае》 и 《Год китайского языка в России》. В 2012 – 2013 гг. —《Год российского туризма в Китае》 и 《Год китайского туризма в России》. В 2014 – 2015 гг. — 《Годы дружественных молодежных обменов между Китаем и Россией》. В 2016 – 2017

---

[1] Юй Пэй, *Экономическая глобализация и стратегия культурного развития Китая и России—Развитие и углубление стратегического взаимодействия России с Китаем.* М. : ИДВ РАН, 2009. С. 206.

гг. —《Годы обменов между СМИ Китая и России》. В 2018 — 2019 гг. —《Годы регионального сотрудничества России и Китая》. Многие более частные культурные форумы проходили в рамках этих больших тематических мероприятий.

Так, в сентябре 2009 г. В Пекине прошло масштабное мероприятие《К России с любовью: в Китае поют русские песни》, организованное Международным радио Китая, Центральным народным радио и телеканалом《Пекин》. А в ноябре того же 2009 г. в Китае состоялся двухдневный писательский симпозиум 《Литература — мост, соединяющий сердца китайского и русского народов》. Он прошел в Тяньцзине в рамках празднования 60— летия дипломатических отношений между РФ и КНР и года русского языка в Китае.《В самые сложные времена, несмотря на потрясения, которые испытывали наши страны и народы, мы в Китае ощущали глубокую связь с русской литературой, черпая в ней духовные силы》, — сказал, выступая на симпозиуме, известный китайский писатель Ван Мэн. ①

В рамках работы некоторых общественных организаций (Китайское Пушкинское общество, Ассоциация изучения русской и советской литературы, Китайская ассоциация преподавателей русского языка и литературы (КАПРЯЛ)), занимающихся популяризацией русской культуры и русского языка, в 2002 г. были выпущены информационные бюллетени, которые распространялись в рамках справочной информации МИДа РФ и знакомили российскую общественность с мероприятиями по распространению русской культуры и русского языка в Китае. В

---

① "Открылся Российско-китайский симпозиум", *Вестник Азия ИТАР-ТАСС* 2009. 18 ноября.

частности, в этих бюллетенях говорилось о мероприятиях, укрепляющих китайско-российские культурные связи. Отмечалось, что на русском языке в Пекине и в провинциях издаются несколько общественно-политических и деловых газет и журналов.

Международным радио Китая ежесуточно осуществляется 20 - часовое внешнее и 1 - часовое внутрикитайское вещание (на 22 крупнейших китайских города); в течение пяти лет на Пекинском телевидении еженедельно идет получасовая передача 《 Русские страницы 》, посвященная русскому языку и русской литературе, а затем через спутники ретранслируется на всю страну (самый высокий рейтинг среди телепередач на иностранных языках); центральными, провинциальными и университетскими издательствами выпущены сотни наименований учебников, словарей, одно- и двуязычных изданий с произведениями россий-ской литературной классики, монографий и альбомов об истории и коллекциях основных российских художественных музеев, в том числе Эрмитажа, Государственного русского музея, Третьяков-ской галереи и ГМИИ имени А. С. Пушкина. [1] Все эти меропри-ятия создают общую атмосферу интереса китайцев к русскому языку, русской культуре и особенно к русской литературе, с которой в Китае обычно ассоциируется российская культура в целом.

Как известно, русская классическая литература оказала большое влияние на формирование китайской литературы XX в. На рубеже XIX и XX вв. в Китае возникло движение реформаторов, выступавших за большую открытость китайского общества, за радикальное обновление китайской культуры, за

---

[1] Министерство иностранных дел РФ, http：// www. ln. mid. ru/blraz. nsf/7b27b40957 ce8e5743256a2c00350999/ fd9d38fe3134b0b143256c7d00.

более широкое знакомство просвещенных китайцев с иностранной литературой и, в частности, с русской литературой.

В 1872 году в Шанхае появился перевод одной из басен Крылова подназвашием 《 Русская басня 》.[①] Имя А. Пушкина впервые было упомянуто в журнале 《Вестник российских политических событий》, изданном в Шанхае в 1900 году, а одним из первых переведенных произведений стала 《Капитанская дочка》, опубликованная в 1903 году,[②] в 1907 г. — 《 Герой нашего времени 》 М. Ю. Лермонтова, 《 Черный монах 》 А. П. Чехова, 《Каин и Артем》 М. Горького, в 1909 г. — 《 В усадьбе 》, 《 В ссылке 》, в 1910 г. — 《 Палата № 6 》 А. П. Чехова, в 1914 г. — 《Воскресение》 Л. Н. Толстого, в 1915 г. — 《Хозяин и работник》, 《Два Гусара》 Толстого же, в 1916 г. — 《 Толстый и тонкий 》, 《Смерть чиновника》, 《Человек в футляре》 А. П. Чехова, в 1917 г. — 《 Утро помещика 》, 《 Анна Каренина 》, в 1918 г. — 《Детство, отрочество и юность》, в 1919 г. — 《 Крейцерова соната》, 《Семейное счастье》 Л. Н. Толстого и многие др.

Перед началом движения 《4 мая》 1919 года стали постепенно переводить произведения Крылова, Лермонтова, Чехова, Толстого, Тургенева, Горького и других авторов. Всего было переведено 80 произведений, из них более 30-ти—произведения Льва Толстого. После Октябрьской революции 1917 года, этот поток продолжался 40 лет и ослабел только в 1960 – х гг. Считается, что в 1917 г. в Китае произошла литературная революция, изменившая

---

① Лю Вэньфэй, Распространение русской литературы и ее сегодняшнее положение в Китае // Русский Харбин, запечатленный в слове. 2012. № 6. С. 251.

② Лю Вэньфэй, Перевод и изучение русской литературы в Китае // Новое литературное обозрение. 2004. № 69. http: //magazines. russ. ru/nlo/2004/69/lu34. html 5.

характер и жанрово-стилевые особенности китайской литературы. Цель ее заключалась в том, чтобы все произведения писались на истинно живом народном языке. В《Предисловии к энциклопедии новой китайской литературы》 китайский писатель Лу Синь отмечал, что литературная революция в Китае в значительной степени обусловлена влиянием русской классической литературы. Путь развития китайской литературы лежал через освоение творчества Пушкина, Гоголя, Толстого, Тургенева, Чехова, Горького и др. [1]В дальнейшем, по мере расширения переводов с русского на китайский, решающее влияние на китайскую литературу XX в. стала оказывать советская литература, написанная и напечатанная на русском языке.

Исследователи, занимающиеся изучением литературных связей России и Китая, отмечают, что и на рубеже XX и XXI вв. наблюдается влияние, которое оказывает русская классическая литература на современную литературу Китая, (произведения А. С. Пушкина, М. Ю. Лермонтова, И. С. Тургенева, Л. Н. Толстого, А. П. Чехова, М. А. Горького). [2] В той или иной мере сохраняется в современном Китае интерес к советской литературе (но в еще большей степени-к современному восприятию советской литературы в постсоветской России). Показательно, что в Китае, XXI века начиная с 1980 – 90-х годов и по настоящее

---

[1] Сенина Е. В, "Социально-политические и социокультурные предпосылки интереса к русской литературе в Китае" (первая половина XX в.), *Россия и Китай на дальневосточных рубежах* Изд-во Амурского гос. университета, 2015. С. 176.

[2] Лебедева Н. А, "Российско-китайский культурный диалог – путь к взаимодополнению в XXI веке ", *Россия-Китай-Япония в Северо-Восточной Азии: проблемы регионального взаимодействия в XXI веке*, Материалы Международной научной конференции, 18 – 19 сентября 2000 г. – Владивосток: ДВО РАН, 2000. С. 116 – 121.

время, растет интерес к практически неизвестной китайским читателям-литературе Серебряного века и Русского зарубежья, а также к русской литературе постсоветского времени.

В 1990-е гг. китайский переводчик Гао Ман познакомил соотечественников с переводами Б. Пастернака, Бэй Дао в 2004 г. представил О. Мандельштама и И. Эренбурга. Ежегодно в Китае на прилавках книжных магазинов появляется до 30 наименований книг, впервые переведенных с русского, а общее количество издаваемой русской литературы составляет порядка 100 наименований в год. [①] Как отметил директор Центра по изучению русской литературы АОН КНР, переводчик Лю Вэньфэй, чаще всего переиздают А. П. Чехова, Д. Гранина, популярны С. Носов, В. Аксенов. [②]

Современная русская литература также находится в сфере интересов китайских филологов, а новейшая китайская-российских. С наступлением нового века литературные связи Китая с Россией продолжают расширяться. В последние годы на китайский язык переводятся такие авторы, как В. Маканин, В. Ерофеев, З. Прилепин. В их творческом пространстве репрезентируются кон- цепты новой русской культуры, появление которых обусловлено веяниями времени.

Знаковой вехой в развитии социокультурного диалога Китай-Россия стал десятитомник 《 Литература русской эмиграции в Китае》, вышедший в 2005 году в Китае и России на русском языке. В предисловии к изданию его автор, профессор Цицикар-

---

① Муратшина, *К. Г. 20 лет партнерства России и Китая*: *результаты и уроки*, – Екатеринбург : Изд-во Урал. ун-та, 2016. С. 202.

② *Об издании российских книг в КНР*, Вестник Азия ИТАР-ТАСС. 2013. 6 июня.

ского университета Ли Яньлин написал: 《Россия, я вернул тебе культуру русских эмигрантов》. В течение тридцати с лишним лет Ли Яньлин создавал данный труд, который заполнил одно из 《белых пятен》 в истории российской и китайской литературы.

В последние годы традиционной стала ежегодная Пекинская книжная ярмарка, на которой выставляются произведения современных российских авторов, что свидетельствует о сохраняющемся интересе китайцев к русской литературе. В последней Пекинской ярмарке, которая состоялась в августе 2012 года, приняли участие российские писатели: Сергей Лукьяненко, Юрий Поляков, Максим Амелин и Валентин Постников. Их произведения ранее были изданы в Китае. Немаловажным является и тот факт, что в 2002 году издательство 《 Жэньминь вэньсюе чубаньшэ》 учредило премию 《Лучший иностранный роман》, и за прошедшее десятилетие в общей сложности восемь авторов из России были награждены этой премией. ①

Развивая тему литературных контактов между двумя странами, исследователи отмечают 《сходство культурных процессов в двух странах (связанное, прежде всего, с официальным в России или же "неоглашенным" в Китае отказом от старой системы), что делает вопрос о состоянии культуры и литературы Китая особенно интересным. Обе страны переживают рост коммерциализации литературы и культуры, снижение статуса литературы, усиление

---

① *Петухов С. В.,* "Русская литература в диалоге с китайским читателем: история и современность", http: //www. shikardos. ru o_O/46698/0.

влияния переводной иностранной литературы》. ①

Особенно показательны процессы становления и развития в китайской литературе 1980-90-х гг. и позднее литературного модернизма, авангарда, постмодернизма, неореализма, постлитературы (наряду с социалистическим реализмом и критическим реализмом). Вышедшая недавно на русском языке монография Чэнь Сяомина 《Тенденции новейшей китайской литературы》② свидетельствует о том, что на рубеже XX и XXI вв. и в XXI в. многие черты новейшей литературы на китайском языке и на русском совпадают или, во всяком случае, демонстрируют типологическое сходство.

Это говорит о том, что литературные связи Китая и России в XXI в. интенсивно развиваются. Они способствуют взаимовлиянию русской и китайской литератур, преодолению штампов и стереотипов, характерных для литературного процесса предшествующих периодов, развитию актуальных интересов читателей двух стран в глобализирующемся мире.

4. Региональное межкультурное взаимодействие: туризм, бизнес-инкубаторы

Региональный межкультурный обмен осуществляется по инициативе субъектов Российской Федерации и разных провинций КНР, исходя из заключенных правовых актов, закрепляющих

---

① *Завидовская Е*, "Постмодернизм и современная китайская литература", *Проблемы Дальнего Востока*, 2003. №2. С. 143-149. *Завидовская Е А*, *Постмодернизм в современной прозе Китая.* Автореферат дисс. на соиск. учен. степ. канд. филол. н. – М., 2005.

② *Чэнь Сяомин*, *Тенденции новейшей китайской литературы* пер. с кит. Никитиной А. А., Яковенко М. С., Батыгина К. В. – М.: ООО Международная издательская компания 《Шанс》, 2019. – 583 с.

полномочия коллективных субъектов, участвующих в осуществлении международных связей в сфере культуры и туризма. В настоящее время это одна из распространенных форм прямого взаимодействия регионального уровня, регулируемая разными правовыми актами.

К примеру, Правительство Пензенской области, начиная с 2001 года по настоящее время, ведет системную работу по укреплению международных связей с Китайской Народной Республикой. За это время был подписан ряд Соглашений об экономическом, научно-техническом и культурном сотрудничестве с Народным Правительством провинции Ганьсу; провинции Цзилинь, провинции Сычуань, провинции Хубэй, провинции Цзянси Китайской Народной Республики. В 2019 году круг сотрудничества расширился: был подписан Меморандум о сотрудничестве между Правительством Пензенской области (Российская Федерация) и Народным Правительством провинции Аньхой (Китайская Народная Республика) (от 23. 05. 2019 года № 4 – 7а – 14/ 37). Исходя из этого, Министерством культуры и туризма Пензенской области реализуются полномочия по приему иностранных граждан в сфере культуры, либо при включении данных граждан в состав официальных делегаций государств.

– Туристская деятельность —это драйвер всестороннего сотрудничества межрегионального уровня

Один из интересных туристских региональных проектов 《 Красный маршрут 》 Ульяновской области—победитель всероссийских туристских конкурсов демонстрирует позитивную динамику—

ежегодно на 20 ~ 30% увеличивается приток туристов из КНР, посетивших Ульяновск. Проект состоит из трех экскурсионно-рекреационных компонентов: маршрут по Ленинским местам, посещение достопримечательностей области и отдых на природе. В 2019 году начато развитие круизного направления туризма по Волге, создание языковых лагерей отдыха, проведение арт-туров.

Развитию туризма способствует укрепление региональной инфраструктуры. Так, в одной из основных визитных карточек Калужской области—Этнографическом парке-музее《Этномир》в Боровском районе открыт этнодвор《Китай》; центром притяжения туристов в《Этномире》является третий павильон《Восточная Азия》, где демонстрируют наследие культуры Китая, Кореи и Японии. Выставочное пространство первого этажа павильона воссоздает атмосферу культуры трех стран. Представители государственного автономного учреждения Калужской области《Агентство по развитию туризма》приняли участие в Российско-китайском туристическом форуме в г. Москве в августе 2018 года; в ноябре 2018 года на Первой Китайской международной ярмарке импортных товаров China International Import Expo в Шанхае был представлен туристский потенциал Калужской области. Гостей и участников ярмарки познакомили с основными культурными и туристическими объектами региона. В сети Интернет действуют региональные сайты, такие как, к примеру, 《Туризм и отдых в Пензенской области》(www. welcome2-penza. ru). Основные разделы сайта переведены на английский и китайский языки.

—Молодежный бизнес—инкубатор-новая форма межрегио-

нального российско-китайского сотрудничества

В интенсификации событийного ряда межрегионального культурного сотрудничества КНР с Ульяновской областью участвует Фонд 《Ульяновск-культурная столица》. Помимо получившего признание у международного сообщества дискуссионных площадок Ульяновского культурного форума, где тема диалога между разными субъектами и институциями разного уровня также уже почти десять лет включается в повестку дня, успешно были проведены Второй Российско-Китайский конгресс молодых предпринимателей, Первый российско-китайский форум молодых журналистов.

В период с 2016-2019 гг. в четырех городах: Омске, Ульяновске, Уфе и Хабаровске были открыты бизнес-инкубаторы. В Ульяновске акселерационная программа проходила на базе опорного вуза региона (Ульяновского государственного университета) в четырех инкубаторах-побратимов на территории китайских городов-Циндао, Сиань, Харбин и Гуйян. Распространение такого инновационного проекта в Ульяновской области—Российско-Китайского студенческого бизнес-инкубатора—позволило 50 резидентам из России и Китая пройти обучение по программе дополнительного профессионального образования 《Создание инновационного предприятия》. Было также подписано более 100 соглашений о сотрудничестве, создан Российско-Китайский торговый дом 《Содружество》. Чтобы стать резидентом бизнес-инкубатора необходимо было зарегистрировать свой проект на сайте Российского союза молодежи и пройти конкурсный отбор. В Ульяновский бизнес-инкубатор было подано 177 заявок и только

15 человек прошли отбор и получили право стать резидентами бизнес-инкубатора. Аналогичный конкурс прошел в провинции Гуйчжоу КНР, в результате которого резидентами из Китая стали 13 человек.

Программы молодежного бизнес-сотрудничества нацелены на укрепление культурных и экономических связей между двумя странами, открывают перспективы совместных молодежных бизнес-проектов. Участники бизнес-инкубатора из КНР посетили предприятия индустриального парка 《Заволжье》, центр трансфера технологий 《ULNANOTECH》, бизнес-инкубатор Ульяновской области, IT-конференцию "Ulcamp – 2017"; а также встречи с региональными и федеральными экспертами, встречи с представителями власти и бизнеса региона, посещение предприятий и выезды в районы с высокими показателями по состоянию производственного и рекреационного потенциала. В результате образовательно-акселерационной программы получились перспективные бизнес-проекты—креативные стартапы, некоторые из участников уже имели успешный бизнес, но во время обучения увидели возможности для развития и выхода на международный уровень. Все резиденты получили сертификаты о прохождении образовательной программы Создание инновационного предприятия-менеджмент инноваций》 (в объёме 110 часов).

После защиты проектов на Российско-Китайском бизнес-инкубаторе перед представленными на экспертизу проектами в номинациях 《Лучшая инновационная идея》, 《Лучший инновационный проект》, 《Лучший инновационный продукт》 открылись перспективы реализации в рамках подписанных документов о сотрудничестве с китайскими предпринимателями.

Резиденты, занявшие первые места, продолжили проработку идей на инвестиционной сессии в Сколково.

5. Межкультурные связи между Москвой и Пекином

Ведущим партнёром Москвы в Китае является столица КНР г. Пекин. На основании Соглашения об установлении дружественных партнёрских отношений между двумя столицами, начиная с 1995 года, проводится 《Программа сотрудничества》. В настоящее время—это Программа сотрудничества на 2018 – 2021 гг., реализуемая в двух столицах. Она включает деловую программу (круглые столы по вопросам развития городских агломераций, экологии, презентация инвестиционного потенциала российской столицы) и культурную программу (концерт артистов ансамбля 《Золотое кольцо》 на улице Ванфуцзынь в Пекине, а также открытие беседки-матрешки в городском парке Чаоян). Ответные мероприятия 《Дни Пекина в Москве》 прошли в российской столице в период с 26 по 28 июля 2018 года. Культурную программу дополнили культурная ярмарка на Тверской площади, торжественный концерт в Московском доме музыки, открытие уголка китайской книги в Библиотеке искусств им. Боголюбова, торжественные мероприятия в Московском зоопарке. В августе 2018 года успешно состоялись Дни Шанхая и Дни Чэнду.

7 – 13 апреля 2018 года и в период с 17 по 20 июня 2019 года состоялся визит в КНР официальной делегации города Москвы. Центральным событием визита стала проведенная конференция по вопросам инновационного развития городов: 《Москва—Пекин: вместе в новое будущее》. В рамках реализации Программы сотрудничества между Правительством Москвы и Народным

Правительством Пекина на 2018-2021 гг. ряд префектур Москвы ведут регулярный обмен опытом с округами Пекина. В ходе данного визита руководство Центрального и Северо-восточного округов города Москвы провели встречи в Народных правительствах округов Дунчен, Чаоян и Тунчжоу. Основными областями сотрудничества является развитие деятельности служб жилищно-коммунального хозяйства, обеспечение городской безопасности. 19 июня 2019 года делегация Комитета по туризму города Москвы приняла участие в работе выставки 《Beijing International Tourism Expo》. В ходе проведения указанной выставки состоялось подписание меморандума о сотрудничестве между АО 《ВДНХ》 и ООО 《Пекинский выставочный комплекс》 в конгрессно-выставочной сфере.

В период с 19 по 20 июня 2019 года в городе Чэнду состоялись официальные торжественные мероприятия, посвященные празднованию передачи больших панд из Чэнду в московский зоопарк. Официально пара больших панд была передана в Московский зоопарк для проведения совместных исследований по изучению и сохранению редких животных в рамках встречи Президента РФ В. В. Путина и Председателя КНР Си Цзинпиня. От российской стороны Мэр Москвы С. С. Собянин подписал Меморандум о взаимопонимании между Правительством Москвы (Российская Федерация) и Государственным управлением лесного хозяйства и пастбищ Китайской Народной Республики о сотрудничестве в области охраны больших панд.

Мероприятия в Чэнду были направлены на демонстрацию экономического и культурно-туристического потенциала города Москвы в столице провинции Сычуань. В рамках масштабной презентации туристического потенциала российской столицы китайским туристическим операторам, представителям СМИ и руководству города были представлены современные решения в области повышения туристической привлекательности города, программы модернизации инфраструктуры для удовлетворения потребностей всех туристов, прибывающих в Москву, новые туристические маршруты, планы в области совершенствования законодательной базы на городском и федеральном уровнях в туристической сфере.

Важно отметить, что мероприятия в городе Чэнду были ориентированы на широкие слои населения. Программу мероприятий украсил масштабный уличный фестиваль, прошедший на одной из центральных площадей Сычуаньской столицы 《Чунсилу Дите Гуанчан》. Более 20 тысяч жителей и гостей города Чэнду посетили выступления артистов московского государственного академического театра танца 《Гжель》, участники мероприятия получили возможность познакомиться с богатой культурой России, попробовать традиционные московские сладости и угощения. Трогательным моментом церемонии стал момент передачи писем жителей Чэнду в адрес пары больших панд, поселившихся в Москве. Украшением комплексных мероприятий и подарком жителям мегаполиса стал праздничный концерт с участием полюбившегося китайской публике вокального исполнителя Витаса, а также Московского ансамбля 《Гжель》. Почетным гостем концерта стал Мэр города Чэнду господин Ло Цян.

Проведение вышеуказанных проектов, особенно в свете масштабных мероприятий, приуроченных к празднованию 70 – летия установления дипломатических отношений между двумя странами, играет важную роль в дальнейшем укреплении межрегиональных связей между столицей России и крупнейшими мегаполисами КНР Пекином и Чэнду. Такое сотрудничество позволяет деловым кругам и специалистам узнать о потснциальных возможностях расширения бизнеса с московскими партнерами, играет важную роль в дальнейшем укреплении туристического потока как из Китая в Москву, так и в обратном направлении.

II. Российско-китайские отношения в интернет-пространстве: основные достижения и имеющиеся проблемы

1. Общая характеристика информационных потоков между Китаем и Россией

Российско-китайские отношения в последние десятилетия набирают обороты: ежегодно в обеих странах проводятся различные культурные мероприятия, направленные на знакомство с культурой и национальными особенностями друг друга. Интернет пространство в этой связи позволяет дополнительно налаживать систему взаимодействия. Важность данного фактора при анализе межкультурного взаимодействия подтверждается тем обстоятельством, что по состоянию на июнь 2019 года число интернет-пользователей в России составило около 80% от общей численности населения (116 млн. человек), а в Китае аналогичный показатель составил порядка 60% (854 млн. человек)①. Приведенная статистика позволяет сделать вывод о невозможности игнориро-

① Internet World Stat: Top 20 countries with the highest number of internet users － https: // www. internetworldstats. com/top20. htm (дата обращения: 23. 02. 2020).

вания межкультурной коммуникации в интернет пространстве между двумя странами.

В последние годы в России и Китае в рамках выстраивания партнерских отношений в различных областях сотрудничества были созданы информационные интернет-площадки, освещающие культурные, экономические, социальные и другие сферы жизни. В России среди такого рода ресурсов можно выделить такие информационные порталы как: Магазета (https://magazeta. com); Laovaev. net (http://www. laovaev. net); О Китае (http:// www. o – kitae. ru); Привет Китай (https://hellochina. me); Международное радио Китая (http://russian. cri. cn); Россия-Китай: главное (https://www. sinorusfocus. com) и другие. В Китае также существует ряд интернет-СМИ, имеющих русскоязычные версии сайта: газета 《Жэньминь Жибао》 (http:// russian. people. com. cn); China. org. cn (http://russian. china. org. cn); СИНЬХУА Новости (http://russian. news. cn); CNTV (http:// russian. cntv. com); CRI Online (http://russian. cri. cn); а также полностью русскоязычное СМИ-Журнал 《КИТАЙ》 (www. kitai-china. com). Можно предположить, что обоюдный интерес к культурам двух стран в перспективе будет лишь увеличиваться, что подтверждается ростом популярности изучения китайского языка в России и русского—в Китае, интенсивным обменом студентами в рамках образовательных программ высшего образования и организацией ежегодных совместных мероприятий.

Помимо информационных ресурсов, в большей степени представляющих интерес для туристов, аналитиков и специалистов различного профиля, занимающихся исследованием культуры, внешней и внутренней политики двух стран, большое значение в интернет пространстве имеют социальные сети, а также различные сервисы, в том числе, относящиеся к сфере развлечений: фото, видео, игры, иная мультимедиа продукция. Их значимость для оценки межкультурного взаимодействия двух стран обусловлена широким охватом и численностью аудитории. В инфотейнмент сфере в полной мере раскрываются все характерные особенности и специфика массовой культуры с ее плюсами и минусами.

2. Обзор популярных интернет площадок и сервисов в России

Для более предметного рассмотрения значимости и специфики интернет площадок в России и Китае приведем некоторые статистические данные. В качестве источника их получения использовалась информация крупного российского исследовательского центра Mediascope, [①] позволяющего производить сравнение различных интернет-площадок по одной методологии, что в целом повышает релевантность полученных данных. В соответствии с размещенной сервисом информацией по состоянию на 2019 год, ежемесячно интернетом в России пользуются около 93. 6 млн. человек, порядка 91 млн. —еженедельно и 82. 8 млн. -ежедневно (приведенные показатели несколько отличаются от статистики, приводимой зарубежными аналитическими центрами). Данные цифры позволяют сделать заключение, что около 64% населения России являются активными пользователями Интернет. [②]

[①] Информация об объеме и характеристиках аудитории интернет-ресурсов, https: //mediascope. net/data/? FILTER_ TYPE = internet.

[②] Численность населения России на 01. 01. 2020, https: //www. vedomosti. ru/economics/news/2020/01/24/821403 – rosstat.

Среднее время，которое пользователи проводят в глобальной сети，составляет 183 минуты，а больше всего в сети проводят представители группы 12-64 года—194 минуты в день. Важно подчеркнуть，что порядка 80 млн. пользователей выходят в Интернет с мобильных устройств，что говорит о достаточно глубоком внедрении технологий в жизнь людей. Приведенные статистические показатели позволяют сделать заключение о том，что интернет пространство，включая социальные сети и мессенджеры，становится неотъемлемым элементом современной жизни. В этой связи исследования глобальной сети и межкультурного взаимодействия между представителями различных народов представляют собой высокую значимость.

Наибольший интерес для оценки активности людей в сети Интернет с точки зрения их коммуникативной составляющей представляют социальные сети и медиа сервисы，специализирующиеся на том или ином типе контента. Среди наиболее популярных для России по числу посетителей в месяц можно выделить：видеохостинг 《 YouTube 》—41. 2 млн. ；социальная сеть 《 В Контакте》—38. 2 млн. ；мессенджер 《 Whats App 》—33. 3 млн. ；приложение для обмена фотографиями и видеозаписями 《 Instagram 》—30. 6 млн. ；социальная сеть 《 Одноклассники 》—24. 4 млн. [1]

Видеохостинг 《YouTube》（с 2006 года принадлежит компании Google ），предоставляющий пользователям услуги хранения，доставки и показа видео，с каждым годом набирает все большую популярность в России，постепенно забирая аудиторию телевизион-

---

[1]　Тенденции монетизации контента в Интернет，https：//www2. deloitte. com/ru/ru/pages/ technology – media – and – telecommunications/articles/media – consumption – in – russia. html.

ных каналов. Высокую значимость сервиса в мире в качестве источника информации подтверждает то обстоятельство, что 《YouTube》 занимает второе место по популярности в мире после поискового сервиса 《Google》.[①] Особенностью данной площадки является доступность видео контента для любого пользователя вне зависимости от страны его нахождения и страны производство видео ролика. Удобный сервис 《рекомендации》, оценивая интересы пользователя и популярность видеороликов, самостоятельно предлагает к просмотру различные материалы, что позволяет значительно расширить границы распространения информации в глобальных масштабах, способствуя знакомству с культурами других стран. Здесь, однако, следует сделать уточнение, что наиболее популярными и тиражируемыми материалами, набирающими десятки, а иногда и сотни миллионов просмотров, как правило, становятся произведения массовой культуры, не отличающиеся высококультурным содержанием.

Социальная сеть 《В Контакте》, созданная российским программистом П. Дуровым в 2006 году, является одним из самых посещаемых сайтов в рунете и насчитывает по разным оценкам от 60 млн. до 100 млн. пользователей из России. Общее же число зарегистрированных пользователей составляет более 550 млн. человек (при оценке данного показателя следует учитывать наличие нескольких страниц у некоторых пользователей, а также 《фэйковые》 страницы и страницы-боты, которые периодически

---

① По данным сервиса статистики посещения интернет-ресурсов Alexa. com-https：// www. alexa. com/topsites.

удаляются администрацией ресурса).[①] В настоящее время 《ВКонтакте》 доступно для пользователей из Китая.

3. Популярность китайского приложения для создания коротких видео 《TikTok》

Отдельное внимание следует уделить новому, стремительно набирающему популярность во всем мире, приложению для создания коротких видео, разработанному китайской компанией ByteDance, известному как 《 TikTok 》. Под таким названием данный видеохостинг распространяется за пределами Китая, а внутри страны имеет название Douyin. Появившись в 2016 году, приложение с каждым годом завоевывало все большую аудиторию во всем мире. По примерным оценкам, ее активная ежемесячная аудитория по состоянию на конец 2019 года превысила 1 млрд. человек.[②]

В России приложение занимает четвертое место в рунете по продолжительности использования в день среди различных социальных сетей и мессенджеров, уступая лишь приложениям: 《ВКонтакте》, Instagram и WhatsApp[③]. По данным, озвученным представителем видеосервиса TikTok на конференции 《 Измени сознание 》 (Китай, Гонконг, 24-27 мая 2019 года), среднеме-

---

① Каталог пользователей Вконтакте по состоянию на 23. 02. 2020 – https：//vk. com/catalog. php.

② The company that owns TikTok now has one billion users and many are outside China，https：// edition. cnn. com/2019/06/20/tech/tiktok – bytedance – users/index. html.

③ UBS и Mediascope：TikTok стал четвёртым по времени использования среди приложений соцсетей и мессенджеров в России，https：//vc. ru/social/58482 – ubs – i – mediascope – tiktok – stal – chetvertym – po – vremeni – ispolzovaniya – sredi – prilozheniy – socsetey – i – messendzherov – v – rossii.

сячное число пользователей из России составляет около 8 млн. человек. ① В то же время, в интернет пространстве размещалась информация, что в России существует определенный предел роста аудитории приложения: в стране проживает порядка 22 млн. молодых людей в возрасте от 10 до 24 лет, являющихся потенциальными пользователями данного сервиса. В связи с наличием данного обстоятельства, Россия, по информации, размещенной китайским изданием LatePost, не входит в перечень стратегически важных для продвижения TikTok стран②.

Основное наполнение размещаемых пользователями коротких видеороликов составляют музыкальные клипы (в них люди театрально обыгрывают популярные музыкальные композиции), танцы, юмористические зарисовки, небольшие обучающие фрагменты. Существует мнение, что популярность сервиса заключается в простоте и легкости предлагаемого к просмотру контента на фоне обилия негативных мировых и внутригосударственных новостей. Подобный формат не предполагает глубокого погружения, анализа, а направлен на сугубо эмоциональное восприятие даже при незнании языка.

4. Обзор популярных интернет площадок и сервисов в Китае

В КНР существуют свои аналоги практически всех существующих приложений: мессенджер WeChat вместо WhatsApp и Telegram; магазин приложений 360 market в качестве аналога Google

---

① Информация размещена Telegram − каналом 《O Digital》 (https：//t. me/odigital/869) .

② Byte Beat TikTok перечисляет США, Японию и Индию в качестве ключевых стратегических стран, https：//mp. weixin. qq. com/s? _ _ biz = MzU3Mjk1OTQ0Ng = = &mid = 2247484190& idx = 1& sn = 99eeda6bcce83482a030c90e0dfa6774&source = 41 #wechat_ redirect.

Play；видеохостинг Youku—аналог YouTube；социальная сеть Renren—как аналог Facebook；приложение для обмена фотографиями Camera 360—вместо Instagram；платежная система Alipay—взамен PayPal；сервис для вызова такси Didi—как аналог Uber；приложение для знакомств Tantan—взамен Tinder；сервис микроблогов Sina Weibo—аналог Twitter. Некоторые из приведенных выше приложений используются исключительно на территории Китая, другие распространяются в мире в качестве аналогов или принципиально новых альтернативных мультимедиа решений. Среди наиболее популярных за пределами Китая приложений можно выделить мессенджер WeChat, браузер UC Browser（в большей степени благодаря распространению мобильных устройств китайских производителей）, и, конечно, приложение для создания коротких видео TikTok.

5. Основные проблемы на пути налаживания культурного обмена в интернет пространстве России и Китая

В разрезе оценки взаимодействия представителей России и Китая в интернет пространстве следует выделить ряд серьезных проблем, связанных с отсутствием тесных контактов, сложностью налаживания онлайн коммуникации, а также доступностью媒体 контента. Данные обстоятельства снижают интенсивность культурных обменов и препятствуют знакомству с культурами двух стран. Главной проблемой, лежащей на пути налаживания взаимодействия, лежит языковой барьер: китайские иероглифы наподобие Великой Китайской стены встают на пути рядового пользователя из России. Аналогичная проблема актуальна и для интересующихся культурой России представителей Китая. В условиях доминирования английского языка в качестве языка международного общения, стимулирование граждан к его изучению представляется наиболее подходящим путем решения данной проблемы. Подобная практика приводит к тому, что молодежь получает возможность свободно общаться и путешествовать по всему миру. Помимо английского в Китае в ряде университетов также изучается и русский язык. Как отмечалось, следует также отметить возрастание интереса к изучению китайского языка со стороны российской молодежи, все чаще рассматривающей Китай в качестве одного из наиболее перспективных направлений для приложения своих профессиональных навыков.

Другая не менее, а, возможно, и более важная проблема заключается в отсутствии общих для России и Китая популярных интернет-площадок для знакомств, общения, культурного обмена. На первый взгляд, наличие общих социальных сетей, интернет сервисов и мессенджеров не представляет какого-либо интереса с точки зрения интенсификации межкультурного обмена и установления диалога культур, поскольку китайская культура очень сильно закрыта от остального мира в силу специфики своего языка.

С другой стороны, даже в условиях существования определенных трудностей в языковом плане, наличие общей площадки для обмена различным медиа контентом (музыка, фото, видео) создает хорошую возможность для знакомства с произведениями другой культуры. Многие современные интернет сервисы благодаря функции 《 рекомендаций 》 контента, исходя из интересов пользователя и учета популярных трендов, позволяют реализовать данную задачу. Кроме того, режим включения субтитров при воспроизведении видео роликов на иностранном языке решает проблемы с наличием языкового барьера. Так, например, популярный видеохостинг YouTube успешно реализует описанные выше задачи, благодаря чему пользователи получают доступ к видео контенту, созданному представителями других культур. Учитывая то обстоятельство, что распространяемые в массовой культуре материалы зачастую не отличаются высококультурным набором ценностей, подобный контент легко воспринимается, в том числе на сугубо эмоциональном уровне.

Ⅲ. Прогноз тенденций и рекомендации по развитию сотрудничества

В последние годы по мере углубления российско-китайских отношений растет и всестороннее взаимодействие двух стран в гуманитарной сфере. Постоянно улучшаются механизмы гуманитарных обменов, непрерывно углубляется сотрудничество, которое характеризуется активными связями на всех уровнях, а также широким охватом областей взаимодействия и высоким уровнем интеграции. Гармонично развиваются отношения в гуманитарной, научно-технической и торгово-экономической сферах. Заметно возрастает роль гуманитарных связей в области интернет-технологий. С учетом совокупных возможностей развития России и Китая, гуманитарное сотрудничество двух стран обладает большим потенциалом. Для дальнейшего укрепления гуманитарного сотрудничества необходимо выполнение ряда рекомендаций.

1. Необходимо повышать роль общественных организаций в российско-китайских гуманитарных связях

По случаю 70-й годовщины со дня образования Китайской Народной Республики Председатель КНР Си Цзиньпин наградил первого заместителя председателя Общества российско-китайской дружбы Галину Куликову орденом Дружбы КНР за ее более чем 60-летнюю работу и выдающийся вклад в развитие дружественных отношений Китая и России (Советского Союза) по линии общественных организаций. Это в полной мере отражает то важное значение, которое ЦК КПК и Государственный совет придают российско-китайским гуманитарным связям и народной дипломатии. Осуществляя дальнейшее укрепление гуманитарного сотрудничества, региональные власти должны руководствоваться такими принципами как 《 всемерное содействие со стороны государственных структур》, 《 привлечение к реализации гуманитарных инициатив общественных сил》, 《 обеспечение многостороннего участия в совместных проектах》 и т. п. Региональные власти должны также играть активную роль в налаживании контактов между общественными организациями, повышая тем самым роль общественных организаций в российско-китайских гуманитарных связях.

2. При создании значимых проектов в области культурного обмена следует популяризировать массовую культуру и развивать обмены в этой сфере

При проведении российско-китайских культурных обменов каждая из стран должна иметь представление об интересе своего народа к культуре государства-партнера. В этой связи должны проводиться культурно-массовые мероприятия, имеющие целевую направленность; следует также популяризировать музыку, кино и другие элементы современной культуры. Именно так можно и нужно добиваться сближения народов двух стран, повышая тем самым уровень их взаимопонимания и сотрудничества.

3. Необходимо эффективно использовать интернет-каналы распространения информации, а также возможности новейших технологий 5G

Благодаря эффективности, удобству и широкой доступности Интернет стал самым важным средством общения и получения информации для граждан Китая и России. Интернет-СМИ играют важную роль в российско-китайских гуманитарных обменах, в сближении двух стран и углублении дружбы между народами Китая и России. Мы должны использовать возможности, открывающиеся перед нами с внедрением технологий пятого поколе-ния мобильной связи, чтобы создать ряд влиятельных коммуни-кационных платформ. Благодаря новой и эффективной модели 《Интернет +》 мы можем познакомить граждан России с китай-ской культурой, сформировать новый образ Китая и расширить Интернет-возможности китайских СМИ. Органичное объединение онлайн- и офлайн-технологий позволит значительно повысить степень участия граждан двух стран в культурном взаимодействии.

Учитывая опасности потери национальной идентичности и культуры в условиях перехода человечества к формату информа-ционного общества и стремительному распространению продуктов массовой культуры, китайская информационная оборонительно-наступательная стратегическая модель представляется достаточно продуктивной. Выстроив 《Золотой шит》 от проникновения в национальную культуру элементов массовой культуры（с ее западными ценностями и мировоззренческими составляющими）, одновременно развивая аналоги интернет сервисов и приложений, Китай создал благоприятные условия для развития собственных IT компаний, а также выработал рабочие·методы сохранения своей культуры и национальной идентичности в глобальном мире.

Характерным примером политики серьезной фильтрации информационных потоков является практика создания двух версий интернет-приложений：для внутреннего и внешнего рынка. Наиболее яркими примерами подобной политики информацион-ной безопасности является уже упоминавшееся выше приложение TikTok, а также торговая площадка Aliexpress（в Китае известна как TaoBao）, предоставляющая возможность покупать товары производителей из КНР（а с 2018 года—и из других стран）, число пользователей которой только в России составляет порядка 25. 7 млн. человек[①].

Учитывая наличие незначительного числа открытых широко используемых интернет площадок для коммуникации, общение, обмен, распространение информации и медиаконтента между представителями России и Китая достаточно осложнено. В то же время представляется важным подчеркнуть значимость неофици-альных личных межкультурных контактов представителей двух стран, учитывая большую вовлеченность людей в интернет пространство. Следствием данного положения дел является ситуа-ция недоступности или слабого освещения в Китае популярного

---

① Тенденции монетизации контента в Интернет, https：//www2. deloitte. com/ru/ru/pages/ technology – media – and – telecommunications/articles/media – consumption – in – russia. html.

《трендового》 контента из России, также как и в России мало известно о Китайской популярной медиа культуре (видео, музыка, тренды). Таким образом, для большинства людей наиболее известными представителями культуры, медийными персонами остаются герои популярных фильмов или наиболее известных художественных произведений. Так, большинство россиян (за исключением представителей молодого поколения), рассуждая о культуре и наиболее известных объектах или представителях Китая, назовет: Великую Китайскую стену, шелк, чай, Конфуция и Джеки Чана.

Отсутствие возможности размещения фото, видео материала, в том числе с указанием геолокации, в привычных для туристов социальных сетях, недоступных для использования на территории Китая, также наносит определенный ущерб популяризации культуры КНР за рубежом. Наличие единых интернет площадок можно образно сравнить с дворовой территорией многоквартирного дома: несмотря на автономность существования в своих квартирах, люди имеют возможность встречаться в общем для всех месте и обмениваться различной информацией, культурой. Возможность проведения подобных межкультурных контактов представляется более результативным и полезным для сближения двух стран по сравнению с эпизодическими контактами.

Следует отметить, что международные контакты, в качестве основной или вспомогательной задачи имеют под собой цели знакомства с чужой культурой, в процессе которых человек лучше узнает свою собственную, а также выстраивает эмоциональные связи с представителями других культур. Поскольку современная молодёжь зачастую не очень хорошо знает не только мировую, но и культуру своей собственной страны, что подтверждается периодически проводимыми социологическими опросами, знакомство с интернет культурой других стран важно как для большего погружения в национальную культуру, так и для выстраивания системы межкультурных контактов на международном уровне. Для решения данной задачи должны быть созданы единые интернет площадки, где подобная коммуникация, пусть и опосредованно через произведения массовой культуры с элементами национально-ной специфики, реализовывалась бы в полной мере.

Следует отметить, что важность и значимость информационной сферы осознается руководством обеих стран, что было подтверждено во время встречи между Президентом РФ В. В. Путиным и Председателем КНР Си Цзиньпином летом 2019 года, в результате которой главы двух государств договорились о наращивании сотрудничества в сфере регулирования деятельности в информационном пространстве. Кроме того, стороны выразили намерения 《обеспечивать мирное и безопасное функционирование сети Интернет на основе равноправного участия всех государств в данном процессе, способствовать становлению упорядоченного управления глобальным информационным пространством》. ①

4. Необходимо продолжать укреплять всестороннее сотрудничество между китайской и российской молодежью в различных областях, а также уделять внимание детским и юношеским обменам

Молодежь-самая динамичная и творчески активная социаль-

---

① "Россия и Китай вместе отрегулируют интернет", *Роскомсвобода*, https://roskomsvoboda. org/47491/.

ная　группа. Расширяя　взаимный　обмен　и　укрепляя　дружбу
молодежи двух стран, Китай и Россия могут в полной мере
использовать　свои　образовательные　и　инновационные　возможности, чтобы побудить молодежь двух стран активно творчески
взаимодействовать　в　различных　сферах　культуры　и　научно-
технических инноваций. Тем самым будут создаватья хорошие
условия и новые возможности для более эффективного проведения
《 Годов　российско-китайского　научно-технического　и　инновационного　сотрудничества 》　и　преобразования　знаний　в　непосредственную　производительную　силу. В　то　же　время　необходимо
уделять　внимание　юношеским　и　детским　обменам,　создавать
больше таких неординарных проектов,　как Всероссийский детский
центр 《 Океан 》,　чтобы　ростки　российско-китайской　дружбы
укреплялись в сердцах молодых людей уже с самого детства.

Приложения

Приложение 1: Хроника китайско-российских мероприятий в области культуры за 2017 год

ЯНВАРЬ

12 января Посол КНР в Российской федерации Ли Хуэй принял участие в презентации книгидеятеля культуры Ирины Захаровой 《Волшебное путешествие в Китай》

12 января В Китайском культурном центре в Москве состоялась презентация новой книги известного китаиста и заслуженного деятеля культуры Ирины Захаровой—《Волшебное путешествие в Пекин》. В мероприятии приняли участие посол КНР в РФ Ли Хуэй, председатель Общества российско-китайской дружбы Дмитрий Мезенцев, глава пресс-службы МИД России Мария Захарова и ректор Дипломатической академии МИД России Евгений Бажанов. Презентацию посетили около 120 гостей, в числе которых были представители издательств новой книги, СМИ и общественных кругов Китая и России.

Дата публикации: 13 января 2017 года

Источник: Посол КНР в Российской федерации

**17 января в г. Харбин（КНР）состоялись I Китайско-
российские соревнования по народным уличным танцам и лечебной гимнастике**

17 января состоялась пресс-конференция Первых Китайско-
российских соревнований по народным уличным танцам и
лечебной гимнастике и Первого Китайско-российского фестиваля
национальных танцев и костюмов. Главная цель данных мероприятий—стимулировать，укреплять и продвигать дружественные
связи между народами Китая и России посредством знакомства со
своеобразием культуры национальных оздоровительных практик，
развития культур национальных меньшинств，развития и
поддержки китайско-российской волонтерской деятельности.

Дата публикации：17 января 2017 года

Источник：Информационный портал《Жэньмиь Жибао》，
канал Хэйлунцзян

ФЕВРАЛЬ

**21 февраля состоялась презентация рекламного ролика
консульской защиты《Безопасное и культурное путешествие по
России》**

21 февраля 2017 г. в посольстве Китая в России состоялась
презентация рекламного ролика，посвященного вопросам консульской защиты《Безопасное и культурное путешествие по России》.
В этом мероприятии приняли участие более 130 человек，в том
числе представители МИД РФ，Федерального агентства по туризму
России，Туристической ассоциации《Мир без границ》，Государ-

ственного управления по делам туризма Китая, китайских авиакомпаний, компаний с участием китайского капитала, общественных организаций этнических китайцев и китайцев, проживающих в России, а также китайских студентов, обучающихся в России. На мероприятии выступили посол КНР в РФ Ли Хуэй, посол по особым поручениям МИД РФ Евгений Томихин, заместитель руководителя Федерального агентства по туризму Сергей Корнеев, представители Государственного управления по делам туризма Китая, представители Южной авиакомпании Китая, аккредитованные в России.

Дата публикации : 22 февраля 2017 года

Источник : Информационное агентство Китая (*ChinaNews*)

23 февраля в Вэйнаньском педагогиеском институте состоялись мероприятия в рамках научного обмена заслуженных художников России и прошла китайско-российская художественная выставка

23 февраля в Вэйнаньском педагогическом институте состоялись мероприятия в рамках научного обмена заслуженных художников России и была проведена китайско-российская выставка художественных работ. Мероприятия были организованы совместными усилиями фонда Конфуция, Вэйнаньским педагогическим институтом, Управлением по делам культуры, телерадиовещания и печати г. Вэйнаня, Союзом художников г. Вэйнаня и ООО Туристическая корпорация Шэньси Хуашань.

Дата публикации : 24 февраля 2017 года

Источник : Интернет портал 《Окно вузов Китая》

МАРТ

14 марта генеральный консул Консульства КНР в г. Хабаровск Го Чжицзюнь принял участие в открытии 27-го Молодёжного творческого фестиваля государств АТР《Новые звезды》

14 марта генеральный консул Консульства КНР в г. Хабаровск Го Чжицзюнь принял участие в открытии 27-го Молодёжного творческого фестиваля государств АТР《 Новые звезды 》. В мероприятии приняли участие свыше 500 человек, в числе которых вице—мэр Хабаровска Татьяна Шевченко, председатель Дальневосточного отделения благотворительного фонда《 Новые звезды 》 Людмила Никитина, представители иностранных организаций и представители местной общественности. Творческие коллективы из провинции Хэйлунцзян и АР Внутренняя Монголия по приглашению приняли участие в этом творческом фестивале.

Дата публикации：15 марта 2017 года

Источник：Консульство КНР в г. Хабаровск

АПРЕЛЬ

4 апреля в Москве состоялась презентация совместного китайско-российского многосерийного документального фильма《Это Китай!》

4 апреля в посольстве КНР в РФ состоялась торжественная презентация совместного китайско-российского многосерийного документального телефильма《Это Китай!》. Посол Китая в России Ли Хуэй, официальный представитель МИД РФ Мария Захарова,

заместитель инспектора Пресс-канцелярии Госсовета КНР Тянь Чжэи, заместитель директора Департамента пресс-службы и информации правительства РФ Ксения Каминская приняли участие в мероприятии и выступили с речью. Примерно 150 представителей из Управления пресс-службы и информации президента РФ, департамента пресс-службы и информации правительства РФ, департамента пресс-службы и информации МИД РФ, а также китайских и российских СМИ присутствовали на мероприятии.

Дата публикации：4 апреля 2017 года

Источник：Посольство КНР в России

14 апреля в Хэйлунцзянском художественном музее открылась выставка российской живописи

14 апреля в Хэйлунцзянском художественном музее состоялось открытие выставки российского художника Сергея Герлаха. Ведущим этой выставки выступил декан факультета художественного дизайна Хэйлунцзянского профессионально-художественного колледжа Жэнь Мин.

Дата публикации：15 апреля 2017 года

Источник：Феникс, канал Хэйлунцзяна

17 апреля прошла презентация новой книги на русском языке《Русская пресса в Китае（1898-1956 гг.）》

17 апреля на русском языке вышла монография профессора Института журналистики Китайского народного университета Чжао Юнхуа《Русская пресса в Китае（1898-1956 гг.）》. 17 апреля по московскому времени в Москве прошла презентация русскоязычной версии данной книги.

Дата публикации: 18 апреля 2017 года

Источник: Новостной портал《Хуанцю》

28 апреля в посольстве КНР в РФ прошла презентация города Нижнего Новгорода

28 апреля в посольстве КНР в России состоялась презентация города Нижнего Новгорода. Посол Китая в России Ли Хуэй, генеральный консул Китая в Казани У Инцинь, зам. мэра Нижнего Новгорода Марина Холкина, глава делегации г. Цзинань, директор Цзинаньского издательства Цуй Ган приняли участие в мероприятии и выступили с приветственными словами. На презентации присутствовало свыше 150 человек, в числе которых представители МИД РФ, ответственные лица основных ведомств правительства Нижнего Новгорода, китайские и российские предприниматели, представители СМИ и дипломаты посольства Китая в России. Это уже девятый раз, когда посольство Китая в России проводит специальную презентацию для субъектов Российской Федерации.

Дата публикации: 29 апреля 2017 года

Источник: Посольство КНР в России

28 апреля генеральный консул Консульства КНР в г. Хабаровск Го Чжицзюнь принял участие в передвижной фотовыставке《Китайский альбом》

28 апреля генеральный консул Консульства КНР в г. Хабаровск Го Чжицзюнь принял участие в открытии передвижной фотовыставки《Китайский альбом》, которая состоялась в Дальневосточном художественном музее. В открытии выставки приняли участие представители министерства иностранных дел России в г.

Хабаровск, представители краевого министерства культуры, журналисты ведущих региональных СМИ, члены ассоциации художников и др. Число участников мероприятия около ста человек.

Дата публикации : 2 мая 2017 года

Источник : Консульство КНР в г. Хабаровск

МАЙ

6 мая Яньчэнский педагогический университет（КНР）и Московский государственный институт культуры совместно организовали и провели II Международный конкурс музыкантов исполнителей《Кубок Китая и России》

6 мая торжественная церемония открытия II Международного конкурса музыкантов исполнителей《Кубок Китая и России》, организованного Яньчэнским педагогическим университетом（КНР）и Московским государственным университетом культуры и искусства, прошла в концертном зале МГИК. Более 200 участников из России, Китая, Австрии, Германии, Монголии приняли участие в этом конкурсе.

Дата публикации : 8 мая 2017 года

Источник : интернет портал《Окно вузов Китая》

6 мая в китайском городе Иньчуань прошел Первый международный китайско-российский фестиваль культуры и искусства

6 мая в Центре международных обменов г. Иньчуань состоялось торжественное открытие Первой международного китайско-российской художественной выставки и форума деятелей культуры и искусства. В праздничных мероприятиях и торжественной церемо-

нии открытия Центра международных культурно-художественных обменов приняли участие ректор Московского художественного института им. В. И. Сурикова, народный художник РФ, вице-президент Союза художников России Анатолий Любавин, академик Российской академии художеств, народный художник РФ, вице-президент Союза художников России Евгений Ромашко, академик Российской академии художеств, народный художник РФ, первый вице-президент Союза художников России Боровской, журналисты центральных СМИ, аккредитованных в Нинсяском АР, министерство культуры Нинсяского автономного района, ответственные лица Всекитайской ассоциации работников литера-туры и искусства, а также лидеры города. Данный Центр должен стать научно-исследовательской, изобразительной базой, а также ⟪креативной кузницей⟫ для художников Китая и России в г. Иньчуань.

Дата публикации: мая 2017 года

Источник: Ежедневная газета ⟪Иньчуань жибао⟫

15 мая генеральный консул Консульства КНР в г. Хабаровск Го Чжицзюнь принял участие в торжественных мероприятиях, приуроченных к 10-летию Института Конфуция в БГПУ

15 мая генеральный консул Консульства КНР в г. Хабаровск Го Чжицзюнь, находясь с визитом в Амурской области, был приглашен принять участие в торжественных мероприятиях, посвященных 10-летнему юбилею Института Конфуция Благовещенского государственного педагогического университета. В праздничных мероприятиях приняли участие свыше 500 человек, в числе почетных гостей присутствовали заместитель председателя правительства

Амурской области Ольга Лысенко, министр экономического разви- тия и внешних связей Сергей Дмитриенко, министр образования и науки Марина Селюч, министр культуры Ольга Юркова, вице-мэр Благовещенска Светлана Яковлева, и. о. ректора БГПУ Вера Щёкина, партийный секретарь Института Хэйхэ Цао Байин, директор Института Конфуция российской стороны Николай Кухоренко, директор китайской стороны Цзун Чэнцзюй и др.

Дата публикации : 19 мая 2017 года

Источник : Консульство КНР в г. Хабаровск

19 мая состоялась выставка приграничных городов Китая и России

19 мая в г. Хэйхэ состоялось открытие выставки российско-китайских приграничных городов 2017 года и Международной торгово-экономической ярмарки о. Дахэйхэ г. Хэйхэ. Параллельно с мероприятиями в китайском г. Хэйхэ, в период с 19 по 28 мая в российском городе Благовещенск также проходит Китайско-российская выставка приграничных городов и Амурский междуна- родная ярмарка.

Дата публикации : 20 мая 2017 года

Источник : Ежедневная газета 《Хэйлунцзян жибао》

26 мая 2017 года кинофестиваль китайско-российских доку- ментальных фильмов 《пропишется》 в СУАР, оповестив всех о китайско-российской дружбе

26 мая в Пекине состоялась пресс-конференция, посвященная кинофестивалю китайско-российских документальных фильмов.

Присутствовавшие на мероприятии высокие гости с китайской и российской сторон заявляли, что кинопоказ документальных фильмов имеет важное значение для укрепления дружбы между нашими народами. 6 июня в Урумчи пройдёт торжественное открытие кинофестиваля китайско-российских документальных фильмов. 7 июня начнет свою работу форум документалистов Китая, России и стран Средней и Западной Азии. Главной темой форума станет 《Пояс и Путь》 и 《Евразийский экономический союз》. Участники форума обсудят вопросы международного взаимодействия и регионального гуманитарного сотрудничества.

Дата публикации: 26 мая 2017 года

Источник: Информационного агентства Китая (ChinaNews)

27 мая в посольстве Китая в России прошёл совместный вечер китайских и российских детей, приуроченный к Международному дню защиты детей

27 мая в посольстве Китая в России царила праздничная атмосфера. Сотни китайских и российских детей собрались здесь, чтобы вместе отметить Международный день защиты детей. На этом вечере присутствовала и выступила с речью супруга посла Китая в России госпожа Ши Сяолин. В совместном мероприятии приняли участие более 150 человек, в том числе учителя, ученики и их родители из школы при посольстве Китая в России 《Янгуан》, Шуваловской школы, Центральной детской школы искусств Московской области, Школы танцев в Красногорске и др.

Дата публикации: 28 мая 2017 года

Источник: Посольство КНР в России

ИЮНЬ

9 июня пройдет китайско-российская конференция, посвященная вопросам интеллектуальной собственности

В Благовещенском государственном педагогическом университете открылась международная научно-практическая конференция 《 Интеллектуальная собственность 》. Данная конференция организуется Управлением интеллектуальной собственности Амурской области совместно с Хэйхэским институтом и БГПУ.

Дата публикации : 9 июня 2017 года

Источник : Ежедневная газета 《 Хэйлунцзян жибао 》

11 июня 2017 года состоялось торжественное открытие Международного китайско-российского молодёжного творческого фестиваля 《 Золотое слово 》

11 июня В Сиане состоялся провинциальный конкурс юных дарований 《 Молодые звезды сияют над царством Цинь 》 и прошел праздничный вечер, посвященный двухлетию Сианьского детско-юношеского дома творчества 《 Маленькое облачко 》. Танцевальные номера 《 Джаз 》 и 《 Сила 》 привнесли сильный национальный русский колорит.

Дата публикации : 16 июня 2017 года

Источник : Образовательный канал Tencent Дациньван

13 июня Министерство иностранных дел КНР провело презентацию провинции Цзилинь

13 июня в Голубом зале министерства иностранных дел КНР в

рамках VIII презентации МИД административно-территориальные единиц Китая состоялась презентация провинции Цзилинь темой презентации стал девиз《Яркий Цзилинь-встреча с миром》. На торжественной церемонии и приветственной речью выступил министр иностранных дел Китая Ван И, свои доклады представили партийный секретарь провинции Цзилинь Баинь Чаолу и губернатор провинции Цзилинь Лю Гочжун.

Со словами приветствия выступили полномочные послы Тайланда, Франции, Перу. Посол Российской Федерации Андрей Денисов также выразил благодарность за то, что МИД Китая предоставляет площадку, знакомящую дипломатов из разных стран с регионами Китая. Дипломаты выразили восхищение теми успехами, которых добилась провинция Цзилинь во всестороннем развитии промышленной базы провинции, оценили возможности сотрудничества своих стран с провинцией Цзилинь и выразили надежду на продвижение сотрудничества в рамках инициативы 《Пояс и Путь》.

Дата публикации: 13 июня 2017 года

Источник: Информационное агентство Китая (*ChinaNews*)

22 июня Ляонинские балерины потрясли Москву, завоевав 2 серебряные и 3 бронзовые награды

22 июня балетная труппа провинции Ляонин триумфально вернулась на родину. На только что завершившемся 13-м Международном конкурсе балета, проходившем в Москве на сцене Большого театра, молодая балетная труппа не обманула общих ожиданий и завоевала 2 серебряных и 3 бронзовых награды. Молодые ляонинские балерины осуществили свою мечту добиться

высоких призов в Большом театре в Москве.

Дата публикации：26 июня 2017 года

Источник：Информационная система министерства культуры

22 июня в г. Хэйхэ состоялось торжественно открытие Восьмого китайско-российского культурного фестиваля

22 июня Восьмой китайско-российский культурный фестиваль торжественно открылся на площади столетий в г. Хэйхэ. Данный фестиваль был организован министерствами культуры Китая и России, правительствами провинции Хэйлунцзян и Амурской области. Непосредственной реализацией проекта занимались Отдел культуры провинции Хэйлунцзян, мэрия г. Хэйхэ, министерство культуры и архивов Амурской области, администрация г. Благовещенск. Темой фестиваля выступил девиз 《Культурный обмен, Культурная торговля, Культурный туризм》, который делает особый акцент на концепции Китая о 《выходе вовне》, что в свою очередь будет способствовать оптимизации китайско-российского взаимодействия и обмена опытом, стимулирует претворение в жизнь инициативы 《Пояс и Путь》.

Дата публикации：22 июня 2017

Источник：Ежедневная газета 《Хэйхэ жибао》

25 июня в г. Цзямусы и г. Тунцзян открылись Сезоны китайско-российских приграничных культур

25 июня в г. Тунцзян прошла пресс-конференция, посвященная открытию 《Сезонов китайско-российских приграничных культур в городах Цзямусы и Тунцзян》. Данное мероприятие было организовано правительствами городов Цзямусы и Тунцзян и

правительством Еврейской АО и правительством Ленинского района. Мероприятие ознаменовало открытие Сезонов культуры и сближение нашего города с российским Дальним Востоком.

Дата публикации: 27 июня 2017 года

Источник: Новостной портал Северо-Востока, ежедневная газета «Цзямусы жибао»

29 июня состоялась презентация новой книги «Новый Шёлковый путь»

29 июня в Китайском центре в Москве прошла презентация книги известного российского китаиста Юрия Тавровского «Новый Шёлковый путь». Посол КНР в РФ Ли Хуэй, заместитель директора Института Дальнего Востока РАН Андрей Островский, заместитель председателя Изборского клуба Александр Нагорный, главный редактор издательства ЭКСМО Евгений Капьев выступили с приветственными словами. Церемонию проводил советник по культуре Посольства КНР в РФ Чжан Чжунхуа. В мероприятии приняли участие около 120 человек, в том числе представители издательства, российская и китайская общественность, представители СМИ и др.

Дата публикации: 30 июня 2017 года

Источник: Новостной портал «Жэньминь»

ИЮЛЬ

3 июля в Москве открылся Первый китайско-российский культурный форум

3 июля данный форум был организован Китайской академией

художеств，управлением культуры провинции Хэйлунцзян и Хйлунцзянским университетом. Исследовательский центр стратегии развития культуры Китайской академии художеств，исследовательский центр русского языка и культуры Хэйлунцзянского университета，Китайско-российский комиссия по культуре и искусству совместно провели данное мероприятие. На мероприятии собрались более ста специалистов в области искусства из Китая，России，Республики Узбекистан и других стран. Деятели искусства обсудили прошлые достижения и новые перспективы культурного диалога и сотрудничества между Китаем，Россией и пятью среднеазиатскими республиками. Главными дискуссионными вопросами стали многообразие культурных контактов и место национальных языков и литератур в развитии китайской инициати-вы《Пояс и Путь》.

Форум представляет собой открытую，плюралистичную，толерантную академическую площадку высокого уровня для научно-исследовательских учреждений культуры Китая，России и пяти республик Средней Азии. Кроме того，это стало поводом для образования долгосрочных эффективных механизмов взаимодействия в области культуры.

Дата публикации：4 июля 2017 года

Источник：Ежедневная газета《Хэйлунцзян жибао》

4 июля в Москве прошла 11-е заседание Китайско-российского комитета по дружбе，миру и развития

4 июля в Москве состоялось 11-е заседание Китайско-российского комитета по дружбе，миру и развитию，в котором приняли участие свыше 100 человек，в том числе председатель

комитета с китайской стороны Дай Бинго, председатель с российской стороны Борис Титов, а также руководители и представители советов Комитета.

Дата публикации: 6 июля 2017 года

Источник: Информационное агентство Синьхуа

5 июля состоялась встреча министра культуры КНР Ло Шугана с министрами культуры России и Индии

5 июля министр культуры Китая Ло Шуган встретился с министром культуры России Владимиром Мединским и министром культуры Индии Махешем Шарма, которые прибыли в Тяньцзинь, чтобы председательствовать на Втором совещании мини-стров культуры стран БРИКС. На встречах министры культуры обменялись мнениями в отношении китайско-российских и китайско-индийских двусторонних культурных обменов и сотрудничеству в области культуры между странами в формате БРИКС.

Дата публикации: 6 июля 2017 года

Источник: Информационный портал 《Культура Китая》

6 июля в г. Тяньцзинь прошло Второе совещание министров культуры стран БРИКС и был подписан 《План действий по реализации Соглашения между правительствами государств БРИКС о сотрудничестве в области культуры на 2017-2021 гг. 》

6 июля второе совещание министров культуры стран БРИКС состоялось в г. Тяньцзинь. В совещании приняли участие министр культуры КНР Ло Шуган, министр культуры РФ Владимир Медин-ский, министр культуры Индии Махеш Шарма, представители министерства искусства и культуры ЮАР, представители

министерства культуры Бразилии， начальник управления международного продвижения Адам Мунис. Также в составе китайской делегации в совещании приняли участие заместитель министра культуры Чжан Сюй， начальник отдела по гражданским дслам правительства специального административного района Сянган Лю Цзянхуа， начальник отдела социальной политики и культуры специального административного района Аомынь Тань Цзюньжун.

Дата публикации：6 июля 2017 года

Источник：Информационный портал Синьхуа

10 июля председатель Законодательной Думы Хабаровского края посетил генеральное консульство КНР в г. Хабаровск и принял участие в товарищеском матче по настольному теннису

10 июля генеральное консульство КНР в Хабаровске предложило Законодательной Думе Хабаровского края совместно провести товарищеский матч по настольному теннису. В мероприятии приняли участие более 30 человек， среди которых председатель Законодательного собрания Сергей Луговской， заместитель председателя Комитета по вопросам науки， образования， культуры， спорта и молодёжной политики， а также представители думы и сотрудники консульства.

Дата публикации：13 июля 2017 года

Источник：Консульство КНР в г. Хабаровск

С 15 по 18 июля в Москве состоялось закрытие китайского фестиваля 《Храмовая ярмарка Дитань》

В Москву снова прибыл китайский фестиваль 《Храмовая

ярмарка Дитань》, которая проходила здесь в 2016 году. За четыре дня храмовую ярмарку посетило около 160 тыс. человек. Мероприятие получило широкое освещение в СМИ России и Китая. Китайский центральный телеканал CCTV, информационное агентство 《Синьхуа》 и 《Жэньминь жибао》 подготовили специальные выпуски о ярмарке. На многих российских телеканалах также вышли соответствующие новостные выпуски.

Дата публикации: 21 июля 2017 года

Источник: Новостной портал 《Хуаньцю》

20 июля состоялось открытие Восьмого фестиваля китайской, российской и монгольской кухни, а также Третьего фестиваля деликатесов г. Уланчаб

В китайском городе Уланчаб (АО Внутренняя Монголия) состоялось открытие Восьмого фестиваля китайской, российской и монгольской кухни, а также Третьего фестиваля деликатесов. Мероприятия продлятся десять дней и завершатся 30 июля.

Дата публикации: 21 июля 2017 года

Источник: Ежедневная газета 《Внутренняя Монголия》

29 июля в Подмосковье состоялось открытие Третьих 《Армейских международных игр-2017》

На подмосковном полигоне Алабино состоялось открытие Третьих 《Армейских международных игр-2017》. Более 150 команд из 28 стран, включая Китая, Россию, Азербайджан, Казахстан и др., прошли различные соревнования на полигонах не только в России, но и в Китае, Белоруссии, Азербайджане и Казахстане, на практике повышая уровень армейского мастерства.

Дата публикации：30 июля 2017 года

Источник：Информационное агентство 《Синьхуа》

АВГУСТ

1 августа генеральный консул Генконсульства КНР в г. Хабаровск Го Чжицзюнь принял участие в открытии Девятой Международной летней школы в Дальневосточном государственном университете путей сообщения

1 августа генеральный консул Генконсульства КНР в г. Хабаровск Го Чжицзюнь принял участие в открытии Девятой Международной летней школы в Дальневосточном государственном университете путей сообщения. Ректор ДВГУПС, чиновники управления образования и науки Хабаровского края, представители южнокорейского культурного центра в г. Хабаровск, а также свыше ста студентов из Китая, Японии, Кореи приняли участие в данном мероприятии.

Дата публикации：1 августа 2017 года

Источник：Консульство КНР в г. Хабаровск

5 августа в Харбине открылась Вторая китайско-российская неделя культуры и искусства

5 августа В Харбинском театре состоялось торжественное открытие Второй китайско-российской недели культуры и искусства и встречи деятелей искусства Китая и России. В рамках фестиваля прошли выступления 12 творческих коллективов, прибывших из дружественных российских городов. В творческих концертах, кинопоказах, художественных выставках и других

мероприятиях примут участие более 800 китайских и зарубежных деятелей культуры.

Дата публикации: 5 августа 2017

Источник: Портал центрального народного радио

6 августа в Пекине открылась художественная выставка китайских и российских художников 《Пояс и Путь》

Организованная Академией живописи и каллиграфии творческая встреча 《Пояс и Путь》 и художественная выставка лучших произведений китайских и российских художников прошли в одно время в Колокольной башне Императорского дворца в Пекине. Мероприятия продлились три дня. Китайско-российское взаимодействие в области национальной культуры в последние годы активно развиваются, народы двух стран испытывают огромный интерес к культуре друг друга. Контакты и обмены в сфере искусства становятся постоянным явлением нашей жизни и обогащаются форму и содержание культурного диалога Китая и России, а также дают новый толчок и свежие силы для дальнейшего сотрудичества.

Дата публикации: 7 августа 2017 года

Источник: Новостной портал 《Китайская ежедневная газета》

10 августа в Москве прошла презентация по продвижению имиджа китайского курорта Санья.

На мероприятии присутствовали высокие гости: заместитель министра культуры РФ Олег Рыжков, посол КНР в России Ли Хуэй и мэр г. Санья У Яньцзюнь, а также более 100 представителей различных ведомств России, представители туристической отрасли России и Китая. Темой презентации стало 《Прекрасный город Санья приглашает окунуться в романтику》.

Дата публикации : 11 августа 2017 года

Источник : Информационное агентство 《Синьхуа》

11 августа генконсул Генерального консульства КНР в г. Хабаровск Го Чжицзюнь принял участие в открытии международного летнего лагеря будущих дипломатов

Го Чжицзюнь, генеральный консул Генерального консульства КНР в г. Хабаровск принял участие в торжественно открытии летнего лагеря будущих китайск о-российских дипломатов, который состоялся в Малой Академии наук в столице Республики САХА （Якутия） г. Якутске. Посол по особым поручениям Российской Федерации Евгений Томихин, первый председатель правительства Республики САХА （Якутия） Алексей Стручков, заместитель председателя и Постоянный представитель Республики Саха （Якутия） по ДФО Георгий Никонов, начальник управления внешних связей Владимир Васильев, представитель МИД РФ в Республике САХА （Якутия） Николай Дьяконов и свыше ста студентов и преподавателей присутствовали на открытии летнего лагеря.

Дата публикации : 16 августа 2017 года

Источник : Консульство КНР в г. Хабаровск

С 16 по 19 августа китайская делегация тибетской культуры посетила с визитом Россию

Пресс-канцелярия Госсовета КНР направила для визита в Россию тибетскую делегацию. Данной делегацией руководит начальник научно-исследовательского отдела по вопросам религии

Китайского научно-исследовательского центра тибетологии Чжоу Вэйжэнь. В состав делегации входят специалисты по тибетологии и тибетской медицине, чиновники Тибетского административного района, живые будды и др. представители из Пекина и Тибета.

В период визита делегация посетила Институт Дальнего Востока РАН, провела конференции 《 Тибет сегодня 》 для студентов и преподавателей московских вузов, а также для представителей китайцев, проживающих за границей, а также приняла участие в пресс-конференции с участием местных СМИ.

Дата публикации：19 августа 2017 года

Источник：Информационное агентство 《Синьхуа》

СЕНТЯБРЬ

3 сентября в Харбине открылась китайско-российская культурная ярмарка

3 сентября в Харбине состоялось официальное открытие Четвертого культурного фестиваля под открытым небом и Большой китайско-российской культурной ярмарки, которые проходили на территории Харбинского университета теле-и радиовещания. На сцене фестиваля выступили народный ансамбль им. А. К. Глазунова, творческие коллективы Харбинского дворца массового искусства, а также китайские и российские деятели культуры. Концертная программа поистине порадовала зрителей изысканными выступлениями китайских и западных талантов.

Дата публикации：4 сентября 2017 года

Источник：Информационный портал 《 Жэньминь жибао 》,

канал Хэйлунцзян

12 сентября состоялось 18-е совещание китайско-российского комиссии по гуманитарному сотрудничеству

12 сентября в г. Гуанчжоу вице-премьер Госсовета КНР, председатель китайско-российского комиссии по гуманитарному сотрудничеству с китайской стороны Лю Яньдун и вице-премьер РФ, председатель китайско-российского комиссии по гуманитарному сотрудничеству с российской стороны Ольга Голодёц совместно открыли заседание 18-го совещания.

Во время совещания оба вице-премьера приняли участие в торжественном открытии учебного года в Совместном университете, Пекинским политехническим университете и учрежденном МГУ имени М. В. Ломоносова в г. Шэньчжэнь, открытии форума ректоров китайских и российских вузов, открытии фестиваля русской культуры, пресс-конференции, посвященной презентации совместных китайско-российских фильмов и других мероприятиях. Кроме того, в ходе совещаний было подписано восемь соглашений о сотрудничестве.

Дата публикации：14 сентября 2017 года

Источник：Информационный портал《Жэньминь жибао》

12 сентября в Гуанчжоу открылся Фестиваль российской культуры

В Большом театре Гуанчжоу состоялся концерт, посвященный открытию Фестиваля российской культуры. Данный фестиваль совместно организован китайским и российским Министерствами культуры. На сцене выступило более ста исполнителей из

Китая и России, предоставив деятелям культуры двух стран и тысячной аудитории возможность насладиться исполнительским мастерством.

Дата публикации: 12 сентября 2017 года

Источник: Информационное агентство 《Синьхуа》

13 сентября в г. Шэньчжэнь успешно завершился форум ректоров китайски и российских вузов

Форум ректоров вузов является важным мероприятием в рамках событий китайско-российского гуманитарного сотрудничества. Форум организуется совестно Пекинским университетом и Московским государственным университетом им. М. В. Ломоносова. Управление образования провинции Гуандун и отдел образования г. Шэньчжэнь учредили китайско-российский комплексную ассоциацию университетов, съезд которой проходил одновременно с Форумом ректоров в г. Шэньчжэнь. В торжественной церемонии и совместном обсуждении китайско-российских образовательных планов приняли участие вице-премьер Госсовета КНР Лю Яндун и вице-премьер РФ Ольга Юрьевна Голикова, руководители МИД, министерств образования и министерств финансов Китая и России, лидеры провинции Гуандун, свыше ста представителей ректоров вузов и деятели образования двух стран.

Дата публикации: 13 сентября 2017 года

Источник: Портал центрального радио Китая

15 сентября совместная китайско-российская археологическая экспедиция завершила полевые работы

Как стало известно из сообщений Чунцинского научно-исследовательского института культуры и древностей, совместная археологическая экспедиция данного института с Институтом археологии и этнографии СО РАН завершила этап полевых работ по 《 совместному проекту изучения археологического наследия Сибири 》. Исследователи из Китая и России в настоящий момент переходят к камеральным исследованиям полевого материала.

Дата публикации : 15 сентября 2017 года

Источник : информационное агентство Китая (ChinaNews)

18 сентября в Москве состоялся гуманитарный диалог представителей бизнеса 《 Пекин-Москва Шелковый путь—2017 》

18 сентября под руководством Китайской ассоциации народной дипломатии, китайский новостной портал 《 Хуаньцю 》 и Информационное телевизионное агентство России совместно организовали гуманитарный диалог представителей бизнеса 《 Пекин-Москва Шелковый путь—2017 》. Было приглашено около 40 специалистов, представляющих правительства, бизнес-сообщество, СМИ и общественные круги двух стран, для выступлений с докладами на данном форуме. Участники форума совместно обсудили новые модели непрерывного развития для Китая и России в новый исторический период, которые будут способствовать широкому взаимодействию двух стран в гуманитарной и торгово-экономической сферах.

Дата публикации : 19 сентября 2017 года

Источник : Новостной портал 《 Хуаньцю 》

19 сентября 2017 года состоялось открытие китайско-российских маршрутов «красного туризма»

19 сентября прошёл целый ряд китайско-российских мероприятий, посвященных «красному туризму». Кроме того, в г. Люян (пров. Хунань) и г. Вэньцзя (пров. Цзянси) на мемориальной площади состоялся Первый туристический фестиваль, посвященный годовщине мобилизации войск во время Восстания осеннего урожая в 1927 году.

Дата публикации: 19 сентября 2017 года

Источник: Новостной портал «Хунань хунван»

21 сентября завершился китайско-российско-монгольский велопробег «Чайный путь»

21 сентября Комитет по развитию туризма г. Хулун-Буир АР Внутренняя Монголия обнародовал информацию о том, что вчера завершился 13-дневный велопробег «Чайный путь», девизом которого был «С песней по Чайному пути. Низко углеродное движение».

Дата публикации: 21 сентября 2017 года

Источник: Информационное агентство Китая (ChinaNews)

22 сентября Китайско-российская неделя мультипликации помогает сотрудничеству двух стран области мультипликации

22 сентября в Пекине состоялось открытие Китайско-российской недели мультипликации. Мероприятие было организовано программным комитетом китайского Международного фестиваля детских анимационных фильмов «Либо» и Российским экспортно-импортным центром. Поддержку в проведении

мероприятия оказали издательство 《Преподавание и исследование иностранных языков》 и международная ассоциация мультимедийной культуры.

Дата публикации：22 сентября 2017 года

Источник：Китайская культурная газета

22 сентября в Посольстве КНР в России состоялся приём российских любителей ушу

22 сентября в Пососльстве КНР в России состоялся приём российских любителей ушу. На приёме присутствовали посол КНР в РФ Ли Хуэй с супругой Ши Сяолин，представители Московской ассоциации ушу，Московского клуба ушу，школы боевых искусств Ши Яньбиня，школы боевых искусств 《Лунмэнь》，школы боевых искусств 《Шёлковый путь》，китайские и российские любители ушу，а также журналисты России и Китая，всего около 450 человек.

Дата публикации：23 сентября 2017 года

Источник：Посольство КНР в Россци

27 сентября в г. Хух-Хото состоялось открытие мемориального памятника китайско-российско-монгольским реликвиям Чайного пути》

27 сентября в культурно-инновационном парке 《Дашэнкуй》 в г. Хух-Хото состоялась торжественная церемония открытия мемориального памятника китайско-российско-монгольским реликвиям Чайного пути. Данное мероприятие было организовано комитетом по развитию туризма АР Внутренняя Монголия и народным правительство г. Хух-Хото. В подготовке и проведении

мероприятия приняли участие комитет по развитию туризма г. Хух-Хото, народное правительство района Юйчуань г. Хух-Хото, отдел туризма района Юйчуань г. Хух-Хото и ООО 《Мае чуаньмэй》.

Дата публикации: 28 сентября 2017 года

Источник: Китайский информационный Интернет-центр

ОКТЯБРЬ

23 октября в Москве открылась неделя 《Узнавая Китай—Культура провинции Цзилинь》

23 октября в Московском китайском культурном центре состоялось открытие Недели 《Узнавая Китай—Культура провинции Цзилинь》. Недели культуры провинции Цзилинь вновь вернулись в город-герой Москва, после 2011 года, когда в Москве впервые прошла Неделя провинции Цзилинь. На открытии мероприятия приняли участие и выступили с приветственными словами представители правительства, СМИ, бизнес кругов, университетского сообщества, члены Общества Китайско-российской дружбы.

Дата публикации: 27 октября 2017 года

Источник: Отдел культуры провинции Цзилинь

25 октября в г. Хэйхэ развернулся китайско-российский творческий молодёжный фестиваль 《Всколыхнём Айхуэй!》

25 октября в городском районе Айхуэй городского округа Хэйхэ состоялось открытие китайско-российского творческого молодёжного фестиваля, а также состоялись показательные выступ-

ления в рамках танцевального чемпионата. На мероприятиях китайская и российская молодёжь раскрыла очарование народного искусства обеих стран, способствовала укреплению дружбы между молодыми людьми Китая и России.

Дата публикации : 25 октября 2017 года

Источник : Информационный портал Северо-Востока

27 октября в Посольстве КНР в России состоялся концерт 《Вечные воспоминания》

27 октября 2017 г. художественный ансамбль во главе с китайским композитором, автором песен с русскими корнями Чжан Цзиньфу посетил посольство КНР в России и дал концерт под названием 《Вечные воспоминания》. На концерте присутствовали посол КНР в России Ли Хуэй, первый заместитель председателя Общества китайско-российской дружбы Галина Куликова, представители СМИ и др. , всего примерно 250 человек.

Дата публикации : 28 октября 2017 года

Источник : Посольство КНР в России

НОЯБРЬ

3 ноября первые совместные выступления китайских и российских учащихся высших хореографических училищ продвинули китайско-российское сотрудничество в области культуры на новый этап

3 ноября в Вековом лекционном зале Пекинского университета состоялось первое совместное выступление Первое совместное представление выших балетных училищ России и Китая

учащихся хореографических училищ Китая и России. Учащиеся Пекинской хореографической академии и Хореографической академии Бориса Эйфмана из России представили творческую молодёжную балетную программу 《Баяверка》《Сущее》《Сияние》 《Три цвета》《Генри Дриады》. Около ста лучших учащихся этих учебных заведений представили вниманию зрителей фрагменты классиче- ских балетов. Всемирно известный хореограф Бори Эйфман направил поздравления в адрес организаторов и участников фестиваля: 《От всей души надеюсь, что совместное выступление учащихся наших Академий будет способствовать обмену между молодёжью наших стран и ещё больше углубит российско-китайское взаимодействие в области культуры》.

Дата публикации: 6 ноября 2017 года

Источник: Информационный портал 《Хуаньцю》

9 ноября прошли китайско-российские молодёжные обмены 《Подружимся через культуру》

9 ноября на протяжении летнего периода 2017 года четыре группы китайских подростков посетили с визитом Россию. Российские подростки приняли участие в ответном десятидневном визите в Китай. Вечером 9 ноября в Харбине успешно завершился четырехмесячный китайско-российский творческий марафон молодёжи, девизом которого был 《Жизнь—Творчество—Мечта》.

Дата публикации: 9 ноября 2017 года

Источник: Информационное агентство Китая (ChinaNews)

10 ноября Российская академия наук презентовала последний том многотомника《История Китая》

10 ноября в Российской Академии Наук состоялась торжественная презентация последнего, одиннадцатого тома 《 История Китая：с древнейших времен до начала XXI века》 под редакцией академика С. Л. Тихвинского. На презентации со словами приветствия выступили посол КНР в России Ли Хуэй, главный редактор многотомного труда Сергей Леонидович Тихвинский, председатель Общества китайско-российской дружбы Дмитрий Мезенцев, директор департамента Азии МИД РФ Андрей Кулик, директор Института Дальнего Востока РАН Сергей Лузянин. В мероприятии приняли участие около 100 человек, в том числе учные и специалисты, занимавшиеся составлением 《Истории Китая》, представители издательства, а также российские и китайские СМИ.

Дата публикации：14 ноября 2017 года

Источник：Китайский информационный портал 《Чжунгоцяо ван》

15 ноября Посольство КНР в России организовало приём российских любителей китайской национальной живописи

15 ноября посольство КНР В России в лице посла Ли Хуэя и его супруги Ши Сяолин организовали приём российских любителей китайской национальной живописи. На приёме присутствовали первый заместитель председателя Общества китайско-российской дружбы Галина Куликова, директор института живописи МГАХИ им. В. И. Сурикова Анатолий Любавин, представители Общества китайско-российской дружбы, Российского Союза художников, 13 российских клубов любителей китайской живописи, Москов-

ского центра китайской культуры, а также представители СМИ.

Дата публикации: 16 ноября 2017 года

Источник: Посольство КНР в России

15 ноября в трёх городах Китая и России состоялось открытие творческих ЭКСПО

15 ноября в Харбине стартовал крупный китайско-российский творческий форум, который проходил в трёх городах Китая и России. Данный форум организован совместными усилиями китайских г. Харбин, г. Шэньчжэнь и российского г. Хабаровск. Свыше 160 китайских и российски мастеров народных промы-слов и инновационные предприятия в области культуры примут участие в выставке. Общая выставочная площадь составит 5000 кв. м, а количество выставочных экспонатов превысит 20 тыс.

Дата публикации: 16 ноября 2017 года

Источник: Информационное агентство 《Синьхуа》

17 ноября в России прошли памятные мероприятия, посвященные 60-летию речи Мао Цзэдуна

17 ноября в Москве прошло памятное мероприятие по случаю 60-летия речи Мао Цзэдуна, известной по слогану 《Мир принадлежит вам!》. Данное мероприятие было организовано совместно отделом по делам образования Посольства КНР в России и Российским отделением Ассоциации китайских студентов в США и Европе.

России Около 200 представителей из разных отраслей участвовали на данной мероприятии.

Дата публикации: 18 ноября 2017 года

Источник : Информационное агентство 《Синьхуа》

23 ноября в рамках Китайско-российского фестиваля культу-ры в Шанхае состоялось открытие Международной конферен-ции по хоровому пению

Вечером 23 ноября в концертном зале им. Хэ Люйдина в Шанхайской консерватории состоялось открытие Международной конференции по хоровому пению , которая проходила в рамках китайско-российского фестиваля культуры.

Дата публикации : 24 ноября 2017 года

Источник : Информационной портал китайской ежедпев ной газеты

25 ноября Посольство КНР в России приняло участие в благотворительной распродаже , организованной Московским международным женским клубом

25 ноября в Москве в гостинице 《Славянская》 состоялось торжественное открытие Зимней благотворительной распродажи , которая организуется один раз в год Московским международным женском клубом. В мероприятии приняли участие посол КНР в России Ли Хуэй с супругой Ши Сяолин и более ста сотрудников посольства и членов их семей.

Дата публикации : 27 ноября 2017 года

Источник : Посольство КНР в России

ДЕКАБРЬ

5 декабря в Китайском культурном центре в Москве прошли праздничные мероприятия, посвященные 5-летию Центра

5 декабря в Китайском культурном центре прошёл торжественный приём, посвященный 5-летию создания Центра. С приветственными словами на юбилее Центра выступили посол КНР в России Ли Хуэй, первый заместитель председателя Общества китайско-российской дружбы Галина Куликова, заместитель директора Китайского центра культурных обменов Лю Хунгэ, директор Всероссийского музейного объединения музыкальной культуры им. М. И. Глинки Михаил Брызгалов. На пятое день рождения Центра с подарками и поздравлениями прибыли представители правительства, деятели культуры, китаеведы, а также представители СМИ России и Китая, всего более 260 человек. Поздравительные письма в адрес Центра направили специальный представитель Президента России по вопросам международного культурного сотрудничества Михаил Швыдкой, президент Российской академии художеств Зураб Церетели, ректор Московского государственного академического художественного института им. В. И. Сурикова Анатолий Любавин.

Дата публикации: 7 декабря 2017 года

Источник: информационный портал «Молодёжь онлайн»

16 декабря школа 《Янгуан》 при посольстве Китая в России организовала новогодние встречи школьников с российскими сверстниками

16 декабря усилиями супруги посла Китая в России, директора школы 《Янгуан》 при посольстве госпожи Ши Сяолин, школа 《Янгуан》 при посольстве Китая в России в результате активных внешних контактов успешно организовала для своих школьников две новогодние встречи с российскими сверстниками. В ходе мероприятий дети спели китайские и русские песни, исполнили традиционные русские танцы, и весело провели праздник с российскими детьми.

Дата публикации：19 декабря 2017 года

Источник：Посольство КНР в России

19 декабря посольство КНР в России и генеральное консульство КНР в Екатеринбурге совместно провели презентацию Свердловской области

19 декабря в Посольстве КНР в России состоялась презентация Свердловской области. Посол Ли Хуэй, генеральный консул в Екатеринбурге Гэн Липин, посол по особым поручениям России Евгений Томихин, губернатор Свердловской области Евгений Куйвашев приняли участие в мероприятии и выступили с речью. Представители МИД России, Министерства экономического развития России, Министерства промышленности и торговли России, главных ведомств Свердловской области, Китайско-российского бизнес-парка, представительства Китайского комитета содействия развитию международной торговли в России, Союза китайских предприятий в России, китайских и российских СМИ,

всего более ста человек присутствовали на презентации. Это 10-я презентация федеральных субъектов России, которую специально организовало Посольство Китая в РФ.

Дата публикации: 20 декабря 2017 года

Источник: Посольство КНР в России

20 декабря супруга посла Китая в России госпожа Ши Сяолин посетила ансамбль имени Александрова

20 декабря супруга посла Китая в России госпожа Ши Сяолин посетила Краснознаменный ансамбль песни и пляски Российской армии имени А. В. Александрова и встретилась с назначенным в 2017 г. руководителем Геннадием Саченюком. Она поздравила ансамбль с Новым годом.

Дата публикации: 20 декабря 2017 года

Источник: Посольство КНР в России

21 декабря супруга посла КНР в России Ши Сяолин встретилась с учителями и воспитанниками школы-интерната №15 имени Ю. В. Никулина в Москве

21 декабря супруга посла КНР в России Ши Сяолин посетила школу-интернат №15 имени Ю. В. Никулина и встретилась с директором школы Игорем Акопянцем, заместителем директора Анастасией Воеводиной и передала теплые праздничные поздравления всему педагогическому коллективу школы и её воспитанникам.

Дата публикации: 21 декабря 2017 года

Источник: Посольство КНР в России

22 декабря в Пекине прошли мероприятия китайской и российской молодёжи, посвященный празднованию Нового года

22 декабря для встречи наступающего 2018 года в Российском культурном центре в Пекине прошли праздничные новогодние мероприятия. На торжестве приняли участие советник Посольства РФ в Китае Ольга Мельникова, а также представители китайской и российской молодёжи.

Дата публикации: 25 декабря 2017 года

Источник: интернет-портал《Китайской ежедневной газеты》

Приложение 2: Хроника китайско-российских мероприятий в области культуры за 2018 год

ЯНВАРЬ

6 января состоялось открытие выставки русской живописи в жанре реализма

6 января в харбинской художественной галерее 《Хаяо》 открылась выставка русской живописи 《Очарование реализма》. Выставка была организована Отделом культуры провинции Хэйлунцзян, художественной галереей 《Хаяо》, при поддержке Китайско-российского депозитария масляной живописи им. Хань Цзяньмина. На церемонии открытия присутствовал заместитель начальника отдела культуры провинции Хэйлунцзян Мэн Сянъу.

Дата публикации: 10 января 2018 года

Источник: Отдел культуры провинции Хэйлунцзян

13 января на 23-Ш Харбинском международном конкурсе ледяных скульптур произведение российской команды получило первый приз

13 января на церемонии закрытия 23-го Международного

конкурса ледяных скульптур, который длился 4 дня в снежно-выставочном парке Тайяндао в г. Харбин, ледяная скульптура российской команды из г. Амурск под названием 《 Невеста 》 завоевала первый приз конкурса.

Дата публикации : 13 января 2018 года

Источник : Информационное агентство 《Синьхуа》

25 января в Посольстве КНР в России прошёл торжественный приём, посвященный успешному завершению перекрестных Годов СМИ и празднованию китайского Нового года

25 января в посольстве КНР в России прошёл торжественный приём, посвященный успешному завершению перекрестных Годов СМИ и празднованию китайского Нового года. На праздничном мероприятии с поздравительной речью выступил посол Китая в России Ли Хуэй и первый заместитель руководителя администрации президента РФ Алексей Громов. Также с приветственными речами выступили глава евразийского отдела информационного агентства 《 Синьхуа 》 Фань Вэйго и директор российского 《Первого канала》 Константин Эрнст. На праздничном мероприятии присутствовали начальник управления по общественным связям администрации президента РФ Александр Смирнов, заместитель министра связи и массовых коммуникаций Алексей Волин, начальник управления журналистики и средств массовой информации, руководитель Федеральной службы по надзору в сфере связи, информационных технологий и массовых коммуникаций Александр Жаров, начальник первого департамента Азии МИД Андрей Кулик, директор департамента информации и печати МИД РФ, официальный представитель

МИД Мария Захарова, начальник отдела информации ФСБ Дворников, заместитель пресс-секретаря председателя правительства РФ Ксения Каминская, представители Совета Федерации, Министерства обороны, министерства торговли и промышленности, министерства финансов, министерства образования и науки, министерства культуры, а также представители российских и китайских СМИ, всего более 300 человек.

Дата публикации: 26 января 2018 года

Источник: Посольство КНР в России

27 января в Посольстве КНР в России прошёл праздничный вечер для детей, посвященный празднованию Китайского Нового года

27 января более 200 ребят из 13 российских школ, в том числе из Центральной детской художественной школы Московской области, Шуваловской школы, Школы талантов, школы-интерната циркового искусства им. Юрия Никулина и др. прибыли в Посольство КНР в России и вместе с китайскими учащимися школы при Посольстве КНР в России 《Янгуан》 отметили Китайский Новый год. Ребята вместе насладились китайскими традиционными новогодними забавами, побеседовали о китайско-российской дружбе и пожелали детям Китая и России прекрасного будущего. С торжественной речью на праздничном мероприятии выступила супруга посла КНР в России Ши Сяолин.

Дата публикации: 28 января 2018 года

Источник: Посольство КНР в России

ФЕВРАЛЬ

2 февраля сотрудники посольства КНР в России провели новогоднюю дружескую встречу с коллегами из МИД

России. Торжественное мероприятие проходило в посольстве КНР в Москве. На вечере присутствовало более 90 человек, гостей встречали посол КНР Ли Хуэй с супругой Ши Сяолин. Гостями праздничного вечера были заместитель министра иностранных дел РФ Игорь Моргулов с супругой, сотрудники первого департамента Азии, департаментов Азиатского и Тихоокеанского сотрудничества, службы государственного протокола и консульского департамента МИД РФ, а также члены семей китайских и российских дипломатов.

Дата публикации：4 февраля 2018 года

Источник：Посольство КНР в России

6 февраля посольство КНР в России и Российский дипломатический клуб провели 《День Китая》

6 февраля в Китайском культурном центре в Москве прошёл 《День Китая》, который был совместно организован Посольством КНР в России и Российским дипломатическим клубом. На мероприятии с приветственным словом выступили посол КНР в России Ли Хуэй и ректор Дипломатической академии и председатель Дипломатического клуба Евгений Бажанов. В числе почетных гостей были директор департамента информации и печати МИД РФ, официальный представитель МИД Мария Захарова, дипломаты из 29 посольств, представители СМИ, всего около

200 человек.

Дата публикации：7 февраля 2018 года

Источник：Посольство КНР в России

8 февраля посол КНР в России Ли Хуэй и заместитель председателя правительства РФ Ольга Голодёц присутствовали на церемонии открытия фестиваля 《Китайский Новый год》 в ГУМе

8 февраля в ГУМе，расположенном в самом центре Москвы，на Красной площади открылся фестиваль 《Китайский Новый год》. Посол КНР в России Ли Хуэй и заместитель председателя правительства РФ Ольга Голодёц присутствовали на мероприятии и выступали с речью. На церемонии открытия фестиваля присутствовало более 140 человек，в том числе председатель наблюдательного совета группы компаний Bosco di Ciliegi，заместитель председателя Общественной палаты Москвы М. Э. Куснирович，исполнительный директор Московского музея современного искусства В. З. Церетели，представители деловых кругов，коллекционеры，представитель китайских и российских СМИ.

Дата публикации：9 февраля 2018 года

Источник：Посольство КНР в России

9 февраля в Посольстве КНР в России состоялся Новогодний приём для российских китаистов

9 февраля в канун традиционного китайского праздника Весны посольство КНР в России устроило новогодний прием для российских китаистов. На приеме с приветствием к собравшимся выступили посол КНР в России Ли Хуэй и член Комитета Совета Федерации по экономической политике，председатель Общества

китайско-российской дружбы Дмитрий Мезенцев. В мероприятии приняли участие более 600 человек, в том числе представители Госдумы и Совета Федерации России, МИД, Общества китайско-российской дружбы, Российской Академии наук, научно-исследо-вательских, образовательных и культурных учреждений и высших учебных заведений, а также китаисты, работающие в компаниях, сотрудничающих с Китаем, представители китайских и российских СМИ, сотрудники посольства КНР в России и др.

Дата публикации: 10 февраля 2018 года

Источник: Посольство КНР в России

17 февраля посол КНР в России Ли Хуэй принял участие в мероприятии 《Китайский новогодний ужин—Веселый праздник Весны》 по случаю Нового года по лунному календарю

17 февраля в Москве состоялся праздничный ужин по случаю Нового года по лунному календарю, который организовали Министерство культуры КНР и Посольство КНР в России. Мероприятие состоялось при поддержке Всемирной федерации индустрии китайской кухни и московского ресторана Soluxe Club. На вечере присутствовали посол КНР в России Ли Хуэй и первый заместитель председателя Государственной думы России Иван Мельников.

Дата публикации: 18 февраля 2018 года

Источник: Посольство КНР в России

МАРТ

1 марта в Москве прошла встреча китайских и российских СМИ по случаю Праздника фонарей

1 марта в Москве прошла китайско-российская встреча журналистов по случаю праздника Фонарей, которая была совместно организована Союзом журналистов России, Союзом журналистов Москвы и Клубом китайских журналистов в Москве. Участники мероприятия выразили надежду на продолжение укрепления сотрудничества СМИ двух стран, с целью укрепления дружбы и дальнейшего стимулирования двусторонних отношений. В мероприятии приняли участие и выступили с речью посол Китая в России Ли Хуэй, руководитель секретариата Союза журналистов России Денис Токарский и более 80 представителей китайских и российских СМИ.

Дата публикации: 2 марта 2018 года

Источник: Информационное агентство《Синьхуа》

26 марта страны БРИКС подписали совместное заявление по вопросам интеллектуальной собственности

26 марта в г. Чэнду открылась 10-я конференция глав ведомств по интеллектуальной собственности стран БРИКС. Ответственными руководителями патентных ведомств стран БРИКС было подписано совместное заявление об усилении совместной работы в сфере прав интеллектуальной собственности. Тем самым впервые в официальном заявлении было объявлено о целях и сферах сотрудничества в данной сфере.

Дата публикации : 27 марта 2018 года

Источник : Информационное агентство《Синьхуа》

АПРЕЛЬ

13 апреля в Пекине состоялось открытие《своеобразие, интеграция—выставка союза галерей стран БРИКС》

13 апреля в Художественном музее Китая состоялось открытие 《своеобразие, интеграция выставка союза галерей стран БРИКС》. Выставка была организована Художественным музеем Китая. На выставке было выставлено 62 экспоната, которые были предоставлены художественными музеями стран БРИКС: Южно-Африканским Союзом музеев Iziko, Бразильской Национальной художественной галереей, Российским национальным музеем искус-ства народов Востока, Индийской национальной галереей совре-менного искусства.

Дата публикации : 13 апреля 2018 года

Источник : Информационное агентство《Синьхуа》

15 апреля в Посольстве КНР в России прошло совместное выступление молодёжных творческих коллективов Китая и России

15 апреля с ведома Китайского центра международного молодёжного обмена художественный ансамбль Пекинского центра культурного обмена《Новая эра》прибыл в посольство КНР в России, где выступил вместе с юными артистами Китайско-российского продюсерского центра МОСТ и Концертного хора Санкт-Петербурга. Концерт проходил в рамках культурных обменов между китайской и российской молодёжью《Передача слов

будущему—гармоничный мир—Международные культурные обмены между китайской и российской молодёжью в рамках Пояс и Путь》. В мероприятии приняли участие порядка 250 человек, в том числе посол КНР в России Ли Хуэй, представители педагогического коллектива и учеников школы 《Янгуан》 при посольстве Китая в России, дипломаты и члены их семьи, а также журналисты СМИ.

Дата публикации: 17 апреля 2018 года

Источник: Посольство КНР в России

16 апреля в Москве прошла выставка китайской культуры "Династия Мин: сияние учёности"

16 апреля в Московском Кремле состоялось открытие выставки китайской культуры 《Династия Мин: сияние учёности》. На выставке представлено 156 экспонатов, которые продемонстрировали российским посетителям квинтэссенцию древней китайской культуры и искусства, а также укрепили межкультурный диалог двух стран и более тесный контакт наших народов.

Дата публикации: 17 апреля 2018 года

Источник: Информационное агентство 《Синьхуа》

МАЙ

3 мая супруга посла КНР в России Ши Сяолин присутствовала на церемонии открытия выставки 《По Китаю》

3 мая супруга посла КНР в России Ши Сяолин по приглашению присутствовала на церемонии открытия выставки 《По Китаю》 в музее-усадьбе А. М. Герасимова в г. Мичуринске Тамбо-

вской области. В мероприятии также приняли участие глава администрации г. Мичуринска А. Ю. Кузнецов, директор музея-усадьбы Т. И. Воронова, народный художник России В. Б. Попов, член Союза художников России В. В. Гончаров и др.

Дата публикации : 4 мая 2018 года

Источник : Посольство КНР в России

11 мая в посольстве КНР в России состоялись приём для российских любителей игры вэйци, а также церемония открытия《Кубка посла Китая по вэйци－2018》

11 мая в посольстве КНР в России состоялся приём для российских любителей игры вэйци, а также церемония открытия 《Кубка посла Китая по вэйци-2018》. В мероприятии принимали участие посол КНР в России Ли Хуэй и его супруга Ши Сяолин, президент российской федерации Го Максим Волков, президент московской федерации Го Тимур Санкин и российские участники Кубка, представители российской и московской федераций Го, Министерства спорта РФ и СМИ, всего около 450 человек. Мероприятие было организовано Посольством КНР в России и союзом вэйци в России, непосредственно исполнено Китайским культурным центром в Москве и союзом вэйци в Москве.

Дата публикации : 12 мая 2018 года

Источник : Посольство КНР в России

14 мая посол Ли Хуэй посетил Институт Конфуция Рязанского государственного университета

14 мая посол Китая в России Ли Хуэй посетил Институт Конфуция Рязанского государственного университета им. С. А.

Есенина. В мероприятии также приняли участие вице-губернатор Рязанской области Игорь Греков, ректор РГУ им. С. А. Есенина Андрей Минаев, проректор университета Сергей Демидов, директор Института Конфуция китайской стороны Чжан Сянь и директор Института Конфуция российской стороны Елена Марьяновская.

Дата публикации: 16 мая 2018 года

Источник: Посольство КНР в России

16 мая посол Китая в России Ли Хуэй принял участие в презентации перевода трактата Лао-цзы 《Дао Дэ Цзин》 с каллиграфией и иллюстрациями

16 мая посол Китая в России Ли Хуэй принял участие в презентации перевода трактата Лао-цзы 《Дао Дэ Цзин》 с каллиграфией и иллюстрациями, которая прошла в Китайском культурном центре в Москве. Примерно 170 человек присутствовали на этом мероприятии, в том числе директор ИДВ РАН и первый заместитель председателя Общества китайско-российской дружбы Сергей Лузянин, первый заместитель председателя Общества китайско-российской дружбы Галина Куликова, председатель правления Союза писателей России Николай Иванов, академик Российской Академии Художеств Федор Конюхов, известный российский китаист, главный научный сотрудник Института Дальнего Востока РАН и переводчик этой работы Людмила Кондрашова, руководитель отдела Китая Института востоковедения РАН Артём Кобзев, и представители Комитета Государственной Думы по культуре, деятели культуры и искусства Китая и России, а также представители СМИ двух стран.

Дата публикации: 17 мая 2018 года

Источник : Посольство КНР в России

17 мая в Ханчжоу состоялось открытие 《Недели китайско-российского искусства – 2018》

17 мая в столице провинции Чжэцзян г. Ханчжоу состоялось открытие Недели китайско-российского искусства и передвижная выставка современных российских живописцев Академии живописи им. И. Е. Репина. Как стало известно, на выставке будет представлено порядка 200 полотен трёх знаменитых художников Академии Репина.

Дата публикации: 17 мая 2018 года

Источник : Информационное агентство Китая (ChinaNews)

17 мая открылся Первый конгресс деятелей культуры и искусства стран ШОС

17 мая в столице провинции Хайнань г. Санья открылся Первый форум специалистов в сфере культуры и искусства стран Шанхайской организации сотрудничества. Темой форума была выбрана 《 Трансляция и использование истории культуры— раскопки, сохранение и реставрация культурных реликвий в странах ШОС》. Член партийной группы китайского Министерства культуры и туризма Юй Цюнь присутствовал на открытии и выступил с приветственными словами. На форум прибыли специалисты и учёные из Китая, Индии, Казахстана, Киргизстана, Пакистана, России, Таджикистана и Узбекистана.

Дата публикации: 18 мая 2018 года

Источник : Китайская культурная газета

30 мая в Пекине состоялся художественный фестиваль стран ШОС

30 мая Художественный фестиваль стран-членов ШОС, организованный Министерством культуры и туризма Китая, открылся в пекинском театре《Баоли》.

Министр культуры и туризма КНР Ло Шуган принял участие и выступил с приветственным словом на церемонии открытия фестиваля и концерте народной музыки. На концерте присутствовало свыше 1000 человек, в том числе член партийной группы китайского Министерства культуры и туризма Юй Цюнь, делегаты всех стран-участниц ШОС, стран-наблюдателей и стран-партнёров по диалогу, представители дипмиссий и секретариата ШОС, а также представители всех кругов общества.

Дата публикации: 31 мая 2018 года

Источник: Китайская культурная газета

ИЮНЬ

8 июня в Пекине состоялась торжественная церемония вручения Ордена Дружбы. Председатель КНР Си Цзиньпин вручил Президенту РФ Владимиру Путину высшую награду Китая

8 июня во второй половине дня в Золотом зале Дома народных собраний состоялась торжественная церемония вручения китайской высокой награды Ордена Дружбы. Председатель Китайской Народной Республики Си Цзиньпин вручил президенту РФ Владимиру Путину Орден Дружбы КНР.

Дата публикации: 08 июня 2018 года

Источник: Информационное агентство《Синьхуа》

8 июня Си Цзиньпин и Владимир Путин в г. Тяньцзинь смотрели товарищеский матч между моложёными сборными Китая и России по хоккею

8 июня вечером председатель КНР Си Цзиньпин с президентом России Владимиром Путиным смотрели товарищеский матч между моложёными сборными Китая и России по хоккею.

Дата публикации : 8 июня 2018 года

Источник : Информационное агентство 《Синьхуа》

14 июня в Москве состоялось открытие 21-го Чемпионата мира по футболу. Спецпосланник председателя КНР Си Цзиньпина Сунь Чуньлань присутствовала на церемонии открытия

14 июня в столице России Москве состоялось открытие 21-го Чемпионата мира по футболу. Спецпосланник председателя КНР Си Цзиньпина, вице-премьер Госсовета КНР Сунь Чуньлань присутствовала на церемонии открытия Чемпионата.

Дата публикации : 15 июня 2018 года

Источник : Информационное агентство 《Синьхуа》

14 июня в Харбине состоялось открытие Китайско-российской недели спортивных обменов

14 июня в Харбине состоялся матч между молодёжными сборными Китая и России по хоккею, который ознаменовал открытие недельного форума китайско-российского регионального сотрудничества и Китайско-российского форума городов-побратимов, а также череды мероприятий в рамках Китайско-российской недели спортивных обменов.

Дата публикации : 14 июня 2018 года

Источник: Информационное агентство Китая (ChinaNews)

17 июня в Харбине состоялась большая пресс-конференция, посвященная 9-й Ярмарке китайской и российской культур

17 июня в Харбине прошла большая пресс-конференция, посвященная открытию 9-й Ярмарке китайской и российской культур. Обеими сторонами было принято совместное решение о проведении Ярмарки с 16 июня по 16 июля в китайском г. Хэйхэ и российском г. Благовещенск. Открытие российской части Ярмарки состоялось в Благовещенске 27 июня, а 28 июня прошло торжественное открытие в г. Хэйхэ. В пресс-конференции приняли участие начальник отдела культуры провинции Хэйлунцзян Чжан Лина, вице-мэр г. Хэйхэ Чэнь Сяоцзе, начальник отдела культуры и национальной политики Амурской области Ольга Юркова, которые подробно рассказали о деталях и подготовке предстоящего мероприятия и ответили на вопросы журналистов. На пресс-конференции приняли участие СМИ Китая и России.

Дата публикации: 20 июня 2018 года

Источник: Отдел культуры провинции Хэйлунцзян

18 июня посол КНР в России Ли Хуэй посетил Институт Конфуция Томского государственного университета

18 июня Посол КНР в России Ли Хуэй посетил с визитом Институт Конфуция Томского государственного университета в сопровождении ректора НИ ТГУ Эдуарда Галажинского, директора Института Конфуция китайской стороны Ван Гохун и директора российской стороны Ириной Шведовой.

Дата публикации: 20 июня 2018 года

Источник : Посольство КНР в России

19 июня в Музее изобразительных искусств КНР прошла церемония учреждения Международного альянса музеев изобразительных искусств Шёлкового пути

19 июня в Музее изобразительных искусств Китая состоялась церемония учреждения Альянса музеев изобразительных искусств Шёлкового пути. На торжественной церемонии принял участие и выступил с приветственным словом представитель министерства культуры и туризма КНР Юй Цюнь. В церемонии приняли участие 24 почетных гостя из 18 стран и регионов Шёлкового пути.

В мероприятии также приняли участие ответственные лица отдела внешних связей Министерства культуры и туризма, Международного театра Шёлкового пути, руководители музеев и библиотек, входящих в Альянс. В тот же день в Музее изобразительных искусств КНР состоялось первое заседание Альянса, прошедшее под лозунгом 《 Толерантность и совместное развитие 》. В нем приняли участие и выступили с докладами 24 делегата из Академии искусств Франции, Российской Академии художеств, Национального художественного музея Республики Беларусь, Национальной Академии искусств Украины и др. учреждений.

Дата публикации : 19 июня 2018 года

Источник : Правительственный интернет-портал Министерства культуры и туризма

27 июня в г. Чанчунь состоялось открытие Выставки культурной индустрии Северо-Восточной Азии 2018 г.

27 июня открытие Выставки культурной индустрии Северо-

Восточной Азии 2018 г. состоялось в г. Чанчунь. Выставка привлекла более 200 предприятий-участников из Южной и Северной Кореи, России, Пакистана, Афганистана, стран Африки, а также более 230 участников-мастеров народных ремесел со всех уголков Китая, среди которых 26 видов нематериального наследия национального уровня, более 30 экспонатов мастеров художественного промысла национального уровня. Кроме того, была представлена выставка детских книг Китай-Евросоюз, Словацкая филателистская выставка, выставка художественных произведений 《40 лет политике реформ и открытости》.

Дата публикации: 27 июня 2018 года

Источник: Управление культуры провинции Цзилинь

ИЮЛЬ

4 июля стартовал Сезон приграничных культур Китая и России

4 июля в Харбине стартовал Сезон приграничных культур Китая и России Цзямусы-Тунцзян. Данное мероприятие проходило в г. Тунцзян (КНР), в Хабаровском крае, Нанайском районе, Еврейской автономной области. Предполагаемой датой окончания фестиваля намечено 14 октября. Фестиваль поделен на 6 больших секторов, посвященных торгово-экономическому сотрудничеству, взаимным визитам, художественным выставкам, спортивной культуре, массовой народной культуре и творческим выступлениям.

Дата публикации: 24 июня 2018 года

Источник: Ежедневная газета 《Хэйлунцзян》

24 июля в Пекине открылась Неделя китайско-российских молодёжных обменов

24 июля в Пекине открылась Неделя международных молодёжных культурных обменов, инициированная Молодёжным центром научно-технических и культурных обменов им. Сун Цинлин и Российским культурным центром. В период проведения культурных мероприятий китайские и российские музыканты, художники, каллиграфы передавали свое мастерство молодому поколению Китая и России.

Дата публикации: 25 июля 2018 года

Источник: Интернет-портал Центрального народного радио

25 июля в г. Санья начала работу 15-я конференция подкомиссии по туризму Китайско-российской комиссии по гуманитарным обменам

25 июля 15-я конференция подкомиссии по туризму китайско-российской комиссии по гуманитарному сотрудничеству состоялась в четверг в китайском тропическом приморском курорте Санья провинции Хайнань. Руководителем китайской делегации выступил партийный руководитель Министерства культуры и туризма Китая Ду Цзян, российскую делегацию представлял заместитель руководителя Федерального агентства по туризму. Обе стороны обсудили результаты сотрудничества, достигнутые после 14-й встречи, обменялись мнениями по вопросам о безвизовом режиме для организованных туристических групп, углублении сотрудничества Китая и России в сфере туризма на региональном уровне, укрепления координированности в многостороннем формате, развитие новых областей сотрудничества, развитие механизмов контроля и

надзора за туристическим рынком, и достигли общего консенсуса.

Дата публикации: 26 июля 2018 года

Источник: Министерство культуры и туризма

27 июля в Москве состоялся ряд мероприятий, посвященных Дню Пекина

27 июля в центре российской столицы на Тверской площади состоялось торжественное открытие Дня Пекина в Москве. В открытии приняли участие руководители мэрии Пекина и Москвы, руководство Посольства КНР в России и китайское-российское сообщество. В течение пяти дней гости и жители Москвы и Санкт-Петербурга познакомились с изысканной столичной культурой, своеобразным очарованием Пекина и укрепить традиции дружбы народов двух стран. Представители правительственных и бизнес-кругов Китая и России посредством торгово-экономических переговоров, презентаций туристических объектов и специальных тематических дискуссионных площадок сделали еще один шаг к укреплению сотрудничества.

Дата публикации: 28 июля 2018 года

Источник: Международное радио Китая онлайн

АВГУСТ

3 августав г. Хуньчунь открылся туристический форум Северо-Восточной Азии 《Инициатива Большого Тумэня》

3 августа в г. Хуньчунь провинции Цзилинь (КНР) состоялось открытие туристического форума Северо-Восточной Азии 《Инициатива Большого Тумэня》. В работе форума приняли

участие специалисты и ученые из Китая, России, Южной Кореи, Монголии и других стран и регионов Северо-Восточной Азии. Основной темой форума стало сопряжение с китайской инициативой 《 Пояс и Путь 》 и совместное построение сообщества мультимодальной туристической сети. Участники форума совместно обсудили современное состояние и перспективы развития такой мульти модальной туристической сети.

Дата публикации : 7 августа 2018 года

Источник : Комитет по развитию туризма провинции Цзилинь

С 7 по 12 августа ученики школы 《 Янгуан 》 при Посольстве Китая в России побывали в гостях у детского летнего лагеря

С 8 по 12 августа 2018 г. 8 учеников из школы 《 Янгуан 》 и 18 учеников из начальной школы при Нанкинском педагогическом университете в сопровождении супруги посла Китая в России, директора школы 《 Янгуан 》 Ши Сяолин и учителей школы 《 Янгуан 》 гостили в детском летнем лагере 《 Строитель 》 в Ивановской области.

Дата публикации : 18 августа 2018 года

Источник : Посольство КНР в России

СЕНТЯБРЬ

3 сентября в России открылась выставка 《 Цянь Сюэсэнь— основоположник китайской космонавтики 》

3 сентября в Музее Московского авиационного института открылась выставка 《 Цянь Сюэсэнь—основоположник китайской космонавтики 》. Выставка организована библиотекой им. Цянь

Сюэсэня при Шанхайском транспортном университете и Московским авиационным институтом.

Дата публикации: 4 сентября 2018 года

Источник: информационное агентство Китая (ChinaNews)

12 сентября Си Цзиньпин и Владимир Путин посетили Всероссийский детский центр 《Океан》

12 сентября во Владивостоке председатель Китайской Народной Республики Си Цзиньпин и президент Российской Федерации Владимир Путин посетили Всероссийский детский центр 《Океан》. Си Цзиньпина ожидал горячий приём российского президента по приезду. Главы двух стран ознакомились с фотовыставкой, где были запечатлены наиболее драматические и яркие счастливые моменты жизни китайских детей, пострадавших от землетрясения, произошедшего в 2008 году в провинции Сычуань. После чего направились в театр, где приняли участие в памятной церемонии, посвященной 10-летней годовщине приёма пострадавших детей из г. Вэньчуань в детском центре 《Океан》.

Дата публикации: 13 сентября 2018 года

Источник: Информационное агентство 《Синьхуа》

14 сентября в Москве состоялся оперный гала-концерт 《Здравствуй, Россия!》

14 сентября на сцене Центрального академического театра Российской армии (ЦАТРА) состоялся оперный гала-концерт 《Здравствуй, Россия!》. На концерте совместно выступили коллективы Национального центра исполнительных искусств Китая, Симфонический оркестр Мариинского театра, артисты Краснозна-

менного академического ансамбля песни и пляски Российской армии имени А. В. Александрова，которые представили зрителям классические оперные произведения.

Дата публикации：16 сентября 2018 года

Источник：информационный портал 《Жэньмин жибао》

26 сентября в Москве прошло награждение конкурса молодёжных эссе 《Я и Китай》 и конкурса детского рисунка 《Китай в моих глазах》

26 сентября в Китайском культурном центре в Москве состоялось награждение победителей конкурса молодёжных эссе 《Я и Китай》 и конкурса детского рисунка 《Китай в моих глазах》. На церемонии награждения присутствовали посол КНР в России Ли Хуэй，советник Посольства КНР по вопросам культуры и по совместительству директор Китайского культурного центра в Москве Гун Цзяцзя，заместитель председателя комитета по образованию и науке Государственной Думы РФ Любовь Духанина，ректор Московский государственного академического художественного института им. В. И. Сурикова Анатолий Любавин，первый заместитель председателя Общества китайско-российской дружбы Галина Куликова.

Дата публикации：27 сентября 2018 года

Источник：информационный портал 《Жэньмин жибао》 российский канал

ОКТЯБРЬ

18 октября Ян Цзечи принял участие в 15-м Международном дискуссионном клубе 《Валдай》

18 октября член Политбюро ЦК КПК, начальник Канцелярии Комиссии ЦК КПК по иностранным делам Ян Цзечи принял участие и выступил с приветственным словом на 15-м ежегодном заседании Международного дискуссионного клуба 《Валдай》, который прошёл в российском г. Сочи. Международный дискуссионный клуб 《Валдай》, проводимый ежегодно, является важной площадкой, на которой политики и учёные из разных стран обмениваются мнениями по вопросам развития России.

Дата публикации：18 октября 2018 года

Источник：Информационное агентство 《Синьхуа》

25 октября в Москве открылась Международная научная конференция 《Китай, китайская цивилизация и мир: история, современность и перспективы》

25 октября 2018 года открылась XXIII Международная научная конференция 《Китай, китайская цивилизация и мир: история, современность и перспективы》, организованная Институтом Дальнего Востока РАН открылась в Большом зале Президиума РАН. Посол КНР в России Ли Хуэй, директор Первого департамента Азии МИД РФ Георгий Зиновьев, директор Института Дальнего Востока РАН Сергей Лузянин приняли участие в мероприятии и выступили с речью. Заместитель директора Института Дальнего Востока РАН Андрей Островский вел конференцию.

Ученые и специалисты из России, Китая, Германии и др., а также представители исследовательских институтов и СМИ двух стран-всего 200 человек присутствовало на мероприятии.

Дата публикации：26 октября 2018 года

Источник：информационный портал 《Жэньминван жибао》

29 октября 15 полотен из провинции Цзилинь отправились в Россию для участия в 20-й Художественной выставке регионов Северо-Восточной Азии

29 октября в Приморском крае прошёл 23-й Саммит по международному обмену и сотрудничеству региональных админи-страций стран Северо-Восточной Азии и 20-я Художественная выставка стран Северо-Восточной Азии. В церемонии открытия приняли участие и. о. губернатора Приморского края Николаевич, губернатор провинции Цзилинь Цзин Цзюньхай, руководители местных региональных правительств Японии, Республики Южная Корея, Монголии и др. регионов.

Дата публикации：12 ноября 2018 года

Источник：Управление культуры и туризма провинции Цзилинь

НОЯБРЬ

13 ноября вышла вторая книга проекта 《 Китайские революционеры в Советской России （1920-1930 гг.）》

13 ноября в Москве прошла презентация второй двуязычной книги проекта 《 Китайские революционеры в Советской России （1920-1930-е годы）》.

Создателями книги является коллектив Института Дальнего

Востока Российской академии наук. В книге представлены фотографии, знакомящие читателя с жизнью китайских революционеров в Советской России в 20-30 гг. XX века. В альбоме представлены фотографии, рассказывающие о буднях, прошлом и современном облике таких китайских революционеров, как Ли Цюши, Ван Жофэй и др.

Дата публикации: 14 ноября 2018 года

Источник: Информационное агентство 《Синьхуа》

С 19 по 24 ноября в китайском г. Линьи прошла серия мероприятий, посвященных китайско-российскому сотрудничеству по 《красным》 туристическим маршрутам

С 19 по 24 ноября под руководством департамента развития культуры и туристических ресурсов, управление культуры и туризма провинции Шаньдун, Народное правительство г. Линьи и комитет по туризму г. Линьи организовали и провели череду мероприятий, посвященных сотрудничеству Китая и России по 《красному》 туризму. Специалисты и учёные сферы туризма, крупные туристические компании, китайские и российские СМИ, — всего более 200 человек приняли участие в совместном обсуждении и выработке плана скорейшего продвижения на международный уровень 《красных》 туристических маршрутов.

Дата публикации: 30 ноября 2018 года

Источник: Отдел культуры и туризма провинции Шаньдун

20 ноября учащиеся школы 《Янгуан》 при Посольстве КНР в России приняли участие в Международном дне детства

20 ноября в Московском Доме искусства прошёл Междуна-

родный день детства, организованный школой-интернатом циркового искусства им. Ю. Никулина и автономной некоммерческой организацией《Социоцирк》. В мероприятии приняли участие и выступили с приветственными словами супруга посла КНР в России Ши Сяолин, которая также является директором школы《Янгуан》при Посольстве КНР в России, директор школы-интерната циркового искусства им. Ю. Никулина Игорь Акопянц и директор АНО《Социоцирк》Мария Маркова. На мероприятии присутствовали ученики и учителя школы《Янгуан》, школы-интерната циркового искусства, кавказский детский танцевальный коллектив, детского инновационного центра《Бибирева》и др. образовательных организаций, а также родители детей и представители СМИ Китая и России, —всего около 300 человек.

Дата публикации：22 ноября 2018 года

Источник：Посольство КНР в России

ДЕКАБРЬ

1 декабря посольство КНР в России приняло участие в зимнем благотворительном базаре Международного женского клуба в Москве

1 декабря прошёл ежегодный благотворительный базар, организованный Международным женским клубом в Москве. В мероприятии приняли участие члены клуба во главе с Ши Сяолин, супругой посла КНР в России Ли Хуэя, а также более 100 дипломатов с семьями.

Дата публикации：03 декабря 2018 года

Источник：Посольство КНР в России

12 декабря в Москве прошёл круглый стол «Итоги и перспективы развития китайско-российских отношений в свете 40-летия политики реформ и открытости»

12 декабря в Москве состоялся круглый стол «Итоги и перспективы развития российско-китайских отношений в свете 40-летия политики реформ и открытости КНР», организованного Российским советом по международным делам и Посольством КНР в России. Китайско-российский аналитический центр, учёные и специалисты высказали свои мнения и внесли предложения по развитию двусторонних отношений в будущем, а также преподнесли подарки по случаю 70-летия установления дипломатических отношений между Китаем и Россией. В мероприятии приняли участие более 100 дипломатов МИД России, Российского совета по международным делам, представителей основных вузов, Общества китайско-российской дружбы, Пекинского университета, представителей посольства КНР в России.

Дата публикации: 14 декабря 2018 года

Источник: Международное радио Китая онлайн

17 декабря в Институте Дальнего Востока РАН провели круглый стол, посвященный 40-летнему юбилею китайской политики реформ и открытости

17 декабря в Институте Дальнего Востока РАН был проведен круглый стол, посвященный 40-летнему юбилею китайской политики реформ и открытости. Торжественное собрание открыл директор Института Дальнего Востока РАН, доктор исторических наук, профессор С. Г. Лузянин. Посол КНР в России Ли Хуэй принял участие и выступил с программ-ным выступлением.

Дата публикации：19 декабря 2018 года

Источник：Информационное агентство《Синьхуа》

28 декабря в китайском г. Гуанъюань состоялся китайско-российский творческий фестиваль 2018 г.

28 декабря в Большом художественном театре г. Гуанъюань провинции Сычуань состоялся китайско-российский творческий фестиваль в рамках инициативы《Пояс и Путь》，организованный и проведенный районным комитетом Личжоу，районным правительством，отделом пропаганда районного комитета Личжоу и управлением по делам культуры，телерадиовещания и печати района Личжоу.

Дата публикации：29 декабря 2018 года

Источник：Китайский информационный Интернет-центр

31 декабря лидеры и главы правительств Китая и России обменялись поздравительными телеграммами по случаю наступления Нового года

31 декабря председатель Китайской Народной Республики Си Цзиньпин и президент России Владимир Путин обменялись поздравительными телеграммами по случаю наступления Нового года. В тот же день Премьер Госсовета КНР Ли Кэцян и глава российского правительства Дмитрий Медведев также отправили друг другу телеграммы с поздравлениями.

Дата публикации：31 декабря 2018 года

Источник：Информационное агентство《Синьхуа》

Приложение 3: Хроника китайско-российских в области культуры за 2019 год

ЯНВАРЪ

24 января церемония открытия мемориальной доски 《Совместное присутствие Мао Цзэдуна и И. В. Сталина на банкете》

24 января в Москве в гостинице Метрополь в Красном зале состоялась церемония открытия мемориальной доски 《Совместное присутствие Мао Цзэдуна и И. В. Сталина на банкете》. В мероприятии приняли участие около 100 человек, в числе которых посол КНР в России Ли Хуэй, председатель коммунистической партии России Г. А. Зюганов, генеральный менеджер гостиницы 《Метрополь》 Доминик, директор института Дальнего Востока Российской академии наук С. Лузянин, первый заместитель председателя Общества китайско-российской дружбы Г. Куликова, заместитель директора Первого департамента Азии Министерства иностранных дел России А. Шманевский, а также представители китайской и российской общественности и сотрудники средств массовой

информации. Руководил церемонией председатель Китайско – российскогоинформационно-аналитического центра имени И. А. Рогачева С. Санакоев.

Дата публикации : 25 января 2019 года

Источник : клиентское приложение газеты "Гуанмин жибао"

25 января в посольстве КНР прошел приём для китайстов по случаю Праздника Весны

25 января 2019 года в преддверии китайского традиционного Праздника Весны посольство КНР в России было украшено фонарями для торжественного приёма по случаю Китайского нового 2019 года. Посол в КНР России Ли Хуэй, директор Первого департамента Азии МИД России Г. В. Зиновьев выступили с поздравительной речью. В мероприятии приняли участие советник президента РФ по экономическим вопросам С. Ю. Глазьев, директор института Дальнего Востока Российской академии наук С. Лузянин, ректор Дипломатической академии МИД России Е. П. Бажанов, среди присутствующих были представители администрации президента РФ, Совета Федерации РФ, Государственной думы РФ, Министерства иностранных дел РФ, Общества китайско-российской дружбы, Российской академии наук, научно-технических, образовательных, культурных учреждений, а также китаисты из научных и высших учебных заведений, представители компаний, имеющих продолжительный опыт сотрудничества с Китаем, китаеведы из разных мест, китайские и российские СМИ, сотрудники посольства, общей численностью примерно 800 человек.

Дата публикации : 26 января 2019 года

Источник : Посольство КНР в РФ

25 января участие помощника министра иностранных дел Чжан Ханьхуэя и сотрудников Посольства России в КНР в дружественном мероприятии по случаю Китайского Нового года—Праздника весны

25 января Помощник министра иностранных дел КНР Чжан Ханьхуэй и посол РФ А. И. Денисов посещают МИД, вместе с сотрудниками посольства РФ участвуют в дружественном мероприятии, посвященном Празднику Весны. Чжан Ханьхуэй и А. И. Денисов, выступая с приветственной речью, призвали продолжать тесное взаимодействие, осуществляя работу по укреплению двустороннего сотрудничества, в год празднования 70-я установления дипломатических отношений между странами достичь дальнейшего развития китайско-российских отношений.

Дата публикации: 28 января 2019 года

Источник: Министерство иностранных дел

28 января участие полномочного посла КНР Ли Хуэйя в мероприятии общества китайско-российской дружбы по случаю празднования Весны и выставке картин новогодней тематики Ци Байши, посвященной 155-летию со дня рождения художника

28 января в Институте Дальнего Востока Российской академии наук прошла выставка, посвященная 155-летию со дня рождения китайского художника Ци Байши, приуроченная к дружественному празднованию Китайского нового года. Посол КНР в России Ли Хуэй был гостем мероприятия и выступил с приветственной речью. В мероприятии также приняли участие директор института Дальнего Востока Российской академии наук С. Лузянин, первый заместитель председателя Общества китайско-российской дружбы

Г. Куликова, представители китайско-русской общественности, сотрудники средств массовой информации, общее число посетивших мероприятие гостей составило примерно 150 человек.

Дата публикации : 29 января 2019 года

Источник : Посольство КНР в России

30 января Дружеская новогодняя встреча в посольстве КНР в России с коллегами из Министерства иностранных дел России

30 января в преддверии Праздника Весны (Китайского Нового года) в посольстве КНР в России состоялась дружеская новогодняя встреча с коллегами из МИД России. На мероприятии присутствовало более 100 гостей, в том числе посол КНР в России Ли Хуэй, его супруга Ши Сяолин, заместитель министра иностранных дел РФ И. Моргулов и его супруга, директор первого департамента Азии Министерства иностранных дел РФ Г. Зиновьев с супругой, директор консульского бюро Валентин с супругой, директор департамента Азиатского и Тихоокеанского сотрудничества МИД РФ А. Овчинников, а также чиновники данных департаментов и китайские дипломаты .

Дата публикации : 31 января 2019 года

Источник : Посольство КНР в России

ФЕВРАЛЬ

01 февраля участие посла КНР в России Ли Хуэйя в новогоднем приеме послов стран Восточной Азии, организованном заместителем министра иностранных дел И. Моргуловым

1 февраля 2019 года в преддверии празднования Нового года

по лунному календарю заместитель министра иностранных дел РФ И. Моргулов принял сотрудников посольств стран Восточной Азии в честь новогоднего праздника. В мероприятии присутствовал посол КНР в России Ли Хуэй, а также коллеги из Северной и Южной Кореи, Монголии, Вьетнама, Сингапура, всего около 100 человек, собравшиеся поздравили друг друга с праздником и пообщ ались в дружеской обстановке.

Дата публикации: 02 января 2019 года

Источник: Посольство КНР в России

07 февраля визит премьер-министра РФ Д. А. Медведева по приглашению посла КНР Ли Хуэйя в посольство КНР в России по случаю празднования Китайского Нового года

7 февраля по приглашению посла Китая Ли Хуэйя и его супруги Ши Сяолин премьер-министр РФ Д. А. Медведев прибыл в посольство Китая и вместе с китайскими дипломатами отметил Китайский Новый 2019 год. На мероприятии премьер-министра Д. А. Медведева сопровождали: заместитель председателя правитель-ства, руководитель Аппарата правительства РФ Константин Чуйченко, уполномоченный при президенте РФ по защите прав предпринимателей, председатель Китайско-российского комитета дружбы, мира и развития Борис Титов, заместитель Министра иностранных дел РФ И. Моргулов и т. д.

Дата публикации: 08 января 2019 года

Источник: Посольство КНР в России

09 февраля участие посла КНР в России Ли Хуэйя вновогоднем концерте по случаю Китайского национального праздника Весны

9 февраля вечером в Московском концертном зале 《Зарядье》 торжественно прошёл Большой концерт в честь Праздника Весны-китайского Нового года, данное мероприятие проводилось в рамках проекта 《Счастливый Праздник Весны》, организованном в 2019 году Министерством культуры и туризма КНР. В мероприятии приняли участие посол КНР в России Ли Хуэй, заместитель предссдателя Совета Российской Федерации И. Умаханов, а также китайские эмигранты в Москве, российские зрители, представители СМИ, всего около 1500 человек.

Дата публикации：11 января 2019 года

Источник：Посольство КНР в России

14 февраля дружественный вечер по случаю Праздника Весны с участием Посольства Китая в России и Китайско-российского общества дружбы

14 февраля по приглашению посла КНР в России Ли Хуэйя и его супруги Ши Сяолин для участия в дружественном вечере по случаю Праздника весны в посольство КНР были приглашены: первые заместители председателя Общества китайско-российской дружбы С. Г. Лузянин и госпожа Г. В. Куликова, супруга председателя общества китайско-российской дружбы госпожа Фролова, а также заместители председателя общества китайско-российской дружбы академик В. Мясников, А. Воскресенский, Ю. Галенович, А. Корнеев, А. Лукьянов, Е. Опасов, С. Санакоев, С. Уянаев и др. Прибывшие гости вмести с китайскими дипломатами провели

дружественный вечер в честь Праздника Весны.

Дата публикации: 15 января 2019 года

Источник: Посольство КНР в России

15 февраля мероприятие, посвященное 120-летию со дня рождения публициста, прозаика и литературного критика Цюй Цюбо (г. Москва)

15 февраля в институте Дальнего Востока обществом китайско-российской дружбы был организован симпозиум, посвященный 120-летию китайского публициста, прозаика и литературного критика Цюй Цибо. В мероприятии приняли участие посол КНР в России Ли Хуэй, директор Института Дальнего Востока РАН, первый заместитель председателя общества китайско-российской дружбы С. Г. Лузянин, первый заместитель председателя общества китайско-российской дружбы Г. В. Куликова, а также представители общественности Китая и России, сотрудники СМИ.

Дата публикации: 18 января 2019 года

Источник: Информационный портал 《Жэньминь жибао》.

МАРТ

14 марта уастие посла КНР Ли Хуэйя в торжественном открытии выставки сокровищ императорского дворца Гугун в Кремле

14 марта посол КНР в России Ли Хуэй принял участие в церемонии открытия выставки 《Сокровища императорского дворца Гугун. Эпоха процветания Китая в XVIII веке》. Выставка подготовлена совместно с Музеем Гугун и Музеем Московского

Кремля. Ведущей церемонии открытия выступила генеральный директор музеев Московского Кремля Е. Ю. Гагарина, на выставке также присутствовали заместитель директора китайского музеядворца Гугун Цзи Тяньбинь, заместитель председателя правительства РФ О. Ю. Голодёц, советник президента РФ по международному культурному сотрудничеству М. Е. Швыдкой, председатель правления ПАО 《 Газпром 》 А. Б. Миллер, заместитель министра иностранных дел РФ И. В. Моргулов, дипломаты из американского и нсмсцкого посольства в России, научные сотрудники музеев России и Китая, представители общественности, всего в церемонии открытия приняло участие около 200 человек.

Дата публикации: 16 марта 2019 года

Источник: Посольство КНР в России

15 марта приглашение послом КНР Ли Хуэйем российских китаистов в культурный выставочный центр посольства КНР в России

15 марта посол КНР в России Ли Хуэй пригласил специалистов и ученых Российского государственного музея Востока, занимающихся исследованиями в области китаеведения, посетить культурно-выставочный центр посольства КНР, обсудить актуальные вопросы истории и культуры Востока. В мероприятии приняли участие директор музея Востока А. В. Седов с более чем 30 ученых и специалистов.

Дата публикации: 17 марта 2019 года

Источник: Посольство КНР в России

25 марта Российская делегация из Челябинска прибыла в провинцию Хэйлунцзян с визитом в управление по культуре и туризму провинции Хэйлунцзян

25 марта делегация из Челябинска прибыла в провинцию Хэйлунцзян посетить управление по культуре и туризму провинции Хэйлунцзян. Заместитель начальника управления Юй Фэн встретился с делегацией. Обе стороны обсудили первые шаги дружеского и делового сотрудничества в рамках проведения 《 Челябинских мероприятий 》 во время шестой китайско-российской выставки. Участниками переговоров с представителями правительства провинции стали сотрудники отдела внешней связи и сотрудничества и отдела маркетинга.

Дата публикации： 12 апреля 2019 года

Источник： управление по культуре и туризму провинции Хэйлунцзян

АПРЕЛЬ

10 апреля совещание совместной рабочей группы по сотрудн- ичеству в торгово-экономической и гуманитарной областях реги- онов Приволжского федерального округа Российской Федерации и верхнего, среднего течения реки Янцзы КНР (формат 《 Волга-Янцзы 》)

10 апреля заместитель министра иностранных дел КНР Чжан Ханьхуэй совместно с заместителем полномочного представителя Президента России в Приволжском федеральном округе О. Машковцевым провели совещание рабочей группы по сотрудничеству в торгово-экономической и гуманитарной области регионов

Приволжского федерального округа Российской Федерации и верхнего, среднего течения реки Янцзы КНР, стороны обсудили подготовку к третьему заседанию Совета по межрегиональному сотрудничеству в формате 《Волга-Янцзы》, а также предложения по дальнейшей реализации совместных региональных проектов между двумя регионами по всем направлениям двусторонне-го сотрудничества.

Дата публикации : 11 апреля 2019 года

Источник : Министерство иностранных дел КНР

16 апреля участие посла КНР Ли Хуэйя в выставке китайс-кого фарфора в Восточном музее России

16 апреля 2019 года посол Китая в России Ли Хуэй посетил выставку китайского фарфора в Восточном музее России. Директор музея А. В. Седов, эксперт отдела востока Эрмитажа Мария Меньшикова приняли участие в выставке и выступили с речью.

Дата публикации : 17 апреля 2019 года

Источник : Посольство КНР в России

18 апреля заместитель министра иностранных дел Китая Чжан Ханьхуэй встретился с группой российских журналистов ведущих СМИ России

18 апреля 2019 года заместитель министра иностранных дел Китая Чжан Ханьхуэй встретился с российскими журналистами ведущих СМИ, заместитель министра рассказал собравшимся о развитии двусторонних отношений между странами, призвал жур-налистов активно освещать события, касающиеся китайско-россий-ского сотрудничества, как внутри стран, так и за их пределами

больше публиковать информацию о позитивном дружественном сотрудничестве двух стран, по случаю 70-летия установления дипломатических отношений между странами создавать благоприятную информационную атмосферу. Чжан Ханьхуэй ответил на вопросы журналистов, касающиеся как строительства инициативы экономического развития 《Пояса и Пути》, так и китайско-российского сотрудничества, развития регионов и т. д. .

Дата публикации: 19 апреля 2019 года

Источник: Министерство иностранных дел

23 апреля Провинция Хэйлунцзян (Китай) и Амурская область (Россия): рабочая встреча по вопросам взаимодействия и обменов в области физкультуры и спорта

23 апреля делегации провинции Хэйлунцзян и Амурской области во Всенародном фитнес-центре города Хэйхэ провели рабочую встречу между представителями управлений по физкультуре и спорту провинции Хэйлунцзян и Амурской области. Глава комитета по физической культуре Амурской области господин Кретов, заместитель начальника управления по физкультуре и спорту провинции Хэйлунцзян господин Хань Хуэйфэн, начальник управления по физкультуре и спорту г. Хэйхэ господин Ван Айхуа присутствовали на переговорах.

Дата публикации: 26 апреля 2019 года

Источник: китайская пресса

26 апреля присутствие председателя КНР Си Цзиньпина на церемонии вручения президенту России В. В. Путину звания почетного доктора университета Цинхуа

26 апреля 2019 года Председатель КНР Си Цзиньпин принял участие в церемонии вручения диплома степени Почетного доктора университета Цинхуа президенту России В. В. Путину. Церемония состоялась в гостинице 《Дружба》 г. Пекина.

Дата публикации： 26 апреля 2019 года

Источник： Министерство иностранных дел

28 апреля Почетные гости из Москвы в г. Яань провинции Сычуань： опыт культурного обмена

28 апреля приехавшая в город Яань российская делегация встречала Панд Жуи и Диндин, котрые вместе с гостями отправятся жить в Россию; члены делегации из России осмотрели цветочный зал, провели дружественные переговоры с ответственными лицами городского управления и ассоциации по культуре и туризму города Яань. Обе стороны представили друг другу культурные особенности, присущие родной местности, охарактеризовали туристические ресурсы, а также затронули вопросы, касающиеся усиления привлекательности культуры и туризма в рамках инициативы 《Пояса и Пути》 на фоне нынешних китайско-российских отношений.

Дата публикации： 06 мая 2019 года

Источник： Народное правительство города Яань (провинция Сычуань)

29 апреля цЦеремония открытия российского павильона на международной выставке садоводства в Пекине ЭКСПО-2019

29 апреля состоялась церемония открытия российских павильонов на международной выставке садоводства в Пекине. Заместитель министра промышленности и торговли Алексей Груздев, посол РФ в Китае Андрей Денисов, исполнительный директор Пекинского бюро выставок господин Чжоу Цзяньпин и ещё более 100 почетных гостей стали участниками церемонии открытия и посетили экспозицию.

Дата публикации: 30 апреля 2019 года

Источник: Международоные отношения онлайн

30 апреля Совместное празднование 70-летия установления дипломатических отношений КНР и России в рамках Юноше-ского фестиваля искусств в Харбине

30 апреля в Харбине состоялся 11-й китайско-российский юношеский фестиваль искусств, приуроченный к празднованию 70-летия установления дипломатических отношений между Китаем и Россией. Молодёжь двух стран через музыку, танцы, ушу и другие виды искусства с невероятной полнотой отразила красоту и яркость юношеских талантов.

Дата публикации: 01 мая 2019 года

Источник: Информационный портал 《Северо-восток》

МАЙ

25 мая участие заместителя министра иностранных дел КНР Лэ Юйчэна в презентации сборника статей《Дружба из поколения в поколение—70-летний юбилей установления дипломатических отношений между Китаем и Россией》

25 мая заместитель министра иностранных дел КНР господин Лэ Юйчэн по приглашению российского посольства в Китае принял участие в презентации сборника статей《Дружба из поколения в поколение—70-летний юбилей установления дипломатических отношений между Китаем и Россией》и выступил с речью, в которой от имени Министерства иностранных дел горячо поприветствовал уникальное издание сборника, Лэ Юйчэн отметил, что китайско-российские отношения прошли непростой путь развития и вышли на новый уровень с большими достижениями и успехами, он также подчеркнул важность выхода книги именно в это время, так как подобные издания помогают впитать мудрость и силу истории—вписать новую страницу в китайско-российские отношения новой эпохи.

Дата публикации : 25 мая 2019 года

Источник : Министерство иностранных дел

17 мая участие посла КНР Ли Хуэйя в организованном российской стороной мероприятии в честь 100-летия《Движения 4-го мая》

17 мая 2019 года в Институте Востока РАН состоялось мероприятие, посвященное 100-летию Движения 4-го мая. Организа-

торами мероприятия выступили Институт Востока РАН и Общество китайско-российской дружбы. Посол КНР в России Ли Хуэй принял участие в данном мероприятии и выступил с приветственной речью. В празднике также приняли участие директор Института Востока С. Лузянин, первый заместитель общества китайско-российской дружбы Г. Куликова, представители обществе- нности Китая и России, российские школьники-подростки и представители СМИ, всего около 120 человек.

Дата публикации: 18 мая 2019 года

Источник: Посольство КНР в России

28 Мая участие полномочного посла КНР Ли Хуэйя в церемонии открытия выставки《Великая русская и китайская каллиграфия》, посвященной 70-летию установления дипломатических отношений между Российской Федерацией и Китайской народной республикой

28 мая 2019 года в стенах Государственной Думы Федерального собрания Российской Федерации при содействии Современного Музея каллиграфии, Комитета Государственной Думы по образованию и науки и союза российских каллиграфов состоялось грандиозное открытие яркого культурного события, посвященного 70-летию установления дипломатических отношений между Россией и Китаем—выставка《Великая русская и китайская каллиграфия》. В церемонии приняли участие и выступили с приветственной речью: председатель Комитета Государственной Думы по образованию и науке В. А. Никонов, Комитета Государственной думы по развитию гражданского общества, вопросам общественных и религиозных объединений, член группы китайско-

российской дружбы С. А. Гаврилов, заместитель председателя Комитета Государственной Думы по международным делам, член партии Справедливая Россия А. В. Чепа, директор Современного музея каллиграфии А. Ю. Шабуров. Представители Института Дальнего Востока Российской академии наук, Всемирного клуба петербуржцев, Китайской каллиграфической ассоциации, Академии каллиграфии и живописи политического консультативного центра провинции Хэйлунцзян, Шанхайской делегации каллиграфов, любители каллиграфии, сотрудникикитаиских и российских СМИ приняли участие в выставке, всего около 200 человск. Руководителем церемонии открытия выступила Л. Н. Духанина (заместитель председателя Комитета Государственной Думы по образованию и науке).

Дата публикации : 30 мая 2019 года

Источник : Министерство иностранных дел

ИЮНЬ

03 июня презентация показа документального фильма китайско-российского производства《Это Китай!》(второй сезон) в посольстве КНР в России

3 июня 2019 года в посольстве КНР в России состоялась презентационный показ второго сезона масштабного документального фильма《Это Китай!》, снятого Пекинскими медиа и Российским телеканалом. Заместитель руководителя отдела пропаганды ЦК КПК Ван Сяохуэй, первый заместитель руководителя администрации президента РФ А. Громов, посол Китая в России Ли Хуэй, главный редактор Российского телеканала RT М. Симоньян,

представитель Пекинского центра по распространению культуры
《Яюнь》 Чэнь Боя выступили с приветственной речью. Начальник
управления администрации президента РФ по общественным
связям и коммуникациям А. И. Смирнов, глава Информационного телеграфного агентства России (ИТАР-ТАСС) С. В. Михай-
лов, глава редакции 《Российская газета》 П. Негоица,
генеральный директор телеканала RT А. Николов, а также представители администрации президента РФ по общественным связям и
коммуникациям, информационно-новостных структур правительства и посольства, российских и китайских СМИ приняли
участие в мероприятии, всего около 150 человек.

Дата публикации: 04 июня 2019 года

Источник: Посольство КНР России

**05 июня председатель КНР Си Цзиньпин и президент РФ
В. В. Путин приняли участие в Вечере, посвященном 70-летию
установления дипломатических отношений между Китаем и
Россией, и посмотрели концертное выступление**

5 июня 2019 года председатель КНР Си Цзиньпин и президент
РФ В. В. Путин посетили Большой театр в Москве, где состоялся
торжественный вечер, посвященный 70-летию установления дипломатических отношений между Китаем и Россий. Главы государств
посмотрели концертную программу, посвященную юбилею.

Дата публикации: 06 июня 2019 года

Источник: Министерство иностранных дел

06 июня церемония вручения председателю КНР Си Цзиньпину Почетного Доктора Санкт-Петербургского государственного университета

6 июня 2019 года председателю КНР Си Цзиньпину был вручен степени Почетного Доктора Санкт-Петербургского университета. На церемонии вручения присутствовал президент России В. В. Путин.

Дата публикации : 07 июня 2019 года

Источник : Министерство иностранных дел

06 июня церемония открытия Китайской недели туризма и культуры в Москве

Китайский центры культуры в Москве, китайское представительство по туризму в Москве, управление по туризму и культуры провинции Чжэцзян, компания 《 Пекинские авиалинии 》 выступили организаторами 《 Китайской недели туризма и культуры 2019 》, торжественная церемония открытия которой в сопровождении презентации туристических брендов состоялась в Москве 6 июня под названием 《 Прекрасный Китай 》. Заместитель начальника управления международного сотрудничества федерального агентства по туризму Владимир Фомин, начальник управления гостиничного хозяйства Комитета по туризму г. Москвы Алексей Тихненко, первый заместитель председателя общества Китайско-российской дружбы Г. Куликова, заместитель секретаря Дома культуры провинции Чжэцзян господин Ван Цюаньцзи приняли участие в мероприятии и выступили с приветственной речью. На мероприятии присутствовало более 200 человек, среди которых также были представители туристических ассоциаций, авиакомпаний, крупных туристических агентств, СМИ России и т. д.

Дата публикации：09 июня 2019 года

Источник：Информационный портал 《Жэньминь жибао》

13 июня Китайско-российский форум по развитию физкультуры и спорта（баскетбол）состоялся в Харбине

13 июня 2019 года в Хэйлунцзянском университете состоялся китайско-российский форум по развитию физкультуры и спорта（баскетбол）. Данное мероприятие проводится с целью расширения контактов в области физкультуры и спорта двух стран, реализации принципа взаимодополнения преимуществ на уровне воспитания имеющих выдающиеся способности в спорте молодых людей в высших учебных заведениях.

Дата публикации：13 июня 2019 года

Источник：Клиентское приложение газеты 《Гуанмин жибао》

21 июня выставка китайской каллиграфии и живописи 《Сверкание гор и рек—сохранение дружбы на века》 в честь 70-летней годовщины установления дипломатических отношений между Китаем и Россией прошла в Китайском культурном центре в Москве

21 июня 2019 года в Китайском культурном центре в Москве состоялась выставка китайской каллиграфии и живописи 《Сверкание гор и рек—сохранение дружбы на века》, мероприятие было приурочено к 70-летнему юбилею установления дипломатических отношений между Китаем и Россией. Посол КНР в России господин Ли Хуэй, заместитель председателя Комитета по образованию и науки Государственной Думы РФ Л. Духанина, заместитель председателя Российской академии художеств А. Золотов, дирек-

тор современного музея каллиграфии А. Шабуров, директор Китайской академии национальной живописи и каллиграфии Фэн Хай, научные сотрудники Китайской национальной живописи, генеральный секретарь учреждения каллиграфии и гравировке печатей Цэн Сян приняли участие в выставке. Общее количество участников церемонии открытия выставки вместе с почетными гостями и зрителями составило более 200 человек.

Дата публикации : 25 июня 2019 года

Источник : Соуху онлайн

23 июня 4-ое совещание министров туризма Китая, России и Монголии

23 июня в автономном районе Китая Внутренняя Монголия в городе Уланчабе состоялось совещание министров туризма Китая, России и Монголии. Руководитель министерства культуры и туризма Китая Лоу Шуган, заместитель руководителя Федерального агентства по туризму А. Конюшков, госсекретарь управления по окружающей среде и туризма Монголии Цингэлэ Цэгэмидэ приняли участие в данном совещании.

Дата публикации : 24 июня 2019 года

Источник : газета《Туризм в Китае》

23 июня Открытие 10-ой китайско-российской культурной ярмарки

23 июня в городе Хэйхэ провинции Хэйлунцзян состоялось торжественное открытие 10-й китайско-российской культурной ярмарки. Организаторами мероприятия выступили Министерство культуры и туризма Китая, правительство провинции Хэйлунцзян

и Министерство культуры Российской Федерации, Правительство Амурской области, в проведении церемонии открытия были задействованы Управление по культуре и туризму правительства провинции Хэйлунцзян, Министерство культуры и национальной политики Амурской области. Член партийной группы Министерства культуры и туризма Китая Ван Сяофэн, заместитель председателя народного политического консультативного совета провинции Хэйлунцзян Ма Лицюнь и заместитель министра культуры Российской Федерации Ярилова Ольга Сергеевна приняли участие в церемонии открытия и посмотрели масштабную программу выступлений 《Восхваляя дружбу》.

Дата публикации: 24 июня 2019 года

Источник: Газета 《Культура Китая》

ИЮЛЬ

25 июля участие полномочного посла КНР Ли Хуйэя в мероприятии 《Совместная посадка деревьев китайско-российской дружбы》

25 июля дерево дружбы появилось в столичном парке 《Сокольники》, организатором мероприятия выступил Российский музей каллиграфии. Посол Китая в России Ли Хуэй, заместитель председателя комитета Государственной Думы РФ по образованию и науке Л. Духанина высадили молодую березу в честь 70-я установления дипломатических отношений России и Китая. На мероприятии также присутствовали представители общественности России и Китая, представители СМИ, всего около 80 человек. Ведущим мероприятия стал директор музея каллиграфии

А. Шабуров.

Дата публикации : 26 июля 2019 года

Источник : Посольство КНР в России

АВГУСТ

13 августа Церемония открытия Недели китайско-российской культуры и искусства в Харбине

13 августа в Харбине состоялась церемония открытия третьей по счету Недели китайско-российской культуры. Главным организатором праздника выступило народное правительство города Харбина, в подготовке мероприятия также приняли участие главное управление радио, кино, телевидения и туризма и отдел по иностранным делам народного правительства города Харбина. Культурная неделя проходит в рамках масштабного культурно-туристического мероприятия «Очаровательное лето Харбина 2019» и включат в себя богатую культурную программу. Кроме удовлетворения спроса жителей и гостей города на культурное потребление, повышения силы культурного воздействия, получения чувства радости и счастья, целью мероприятия было также формирования культурного брэнда г. Харбина как города музыки, вместе с тем большая культурная программа способствовала укреплению дружбы и продвижению китайско-российского сотрудничества в многих областях, мероприятие стало новой площадкой для демонстрации взаимопроникновения культур двух стран, своего рода вкладом в празднование 70-й годовщины установления дипломатических отношений между Китаем и Россией.

Дата публикации : 14 августа 2019 года

Источник: информационный интернет-портал Гуанмин

14 августа 16-е заседание подкомиссии по сотрудничеству в области туризма китайско-российской комиссии по гуманитарному сотрудничеству

14 августа в Российском городе Владивостоке Приморского края состоялось 16-е заседание подкомиссии по сотрудничеству в области туризма китайско-российской комиссии по гуманитарному сотрудничеству. Заместитель министра культуры и туризма Чжан Сюй и заместитель руководителя Федерального агентство по туризму А. Конюшков совместно провели заседание.

Дата публикации: 21 августа 2019 года

Источник: газета Культура Китая

19 августа Церемония открытия фотовыставки 《 Чжоу Эньлай и китайско-российская дружба》 состоялась в Москве

Приуроченная к празднованию 70-й годовщины образования КНР и 70-летия установления дипломатических отношений между Китаем и России в целях расширения культурных обменов между двумя странами 19 августа в выставочном зале VI съезда Коммунистической партии Китая в Москве состоялась торжественная церемония открытия фотовыставки 《 Чжой Эньлай и китайско-российская дружба》. Главными организаторами выставки стали Центр Китайской культуры в Москве и Отдел пропаганды и агитации КПК города Хуайань провинции Цзянсу.

Дата публикации: 20 августа 2019 года

Источник: Информационный портал 《 Жэньминь жибао 》-международный канал

21 августа Презентация Китайско-российского культурно-образовательного фестиваля искусств в российском центре в Пекине

21 августа в Российском культурном центре в Пекине прошла презентация Китайско-российского культурно-образовательного фестиваля《Окно в Европу》. Организаторами мероприятия выступили китайская ассоциация Окно в Европу, Российский культурный центр в Пекине и китайско-российское объединение искусств.

Дата публикации：22 августа 2019 года

Источник：газета Лонг Бао

21 августа Церемония открытия выставки китайской живописи в стиле Сеи в России

21 августа в Китайском культурном центре в Москве состоялась церемония открытия выставки《Китай и отраженная в картинах китайских художников посредством техники масляной живописи сеи Россия》. В церемонии открытия принял участия посол Китая в России Чжан Ханьхуэй, ректор Центрального инсти- тута изящных искусств, председатель союза художников Китая Фань Диань, председатель Союза художников России А. Н. Кова-льчук и т. д. Церемонию посетили более 200 человек.

Дата публикации：22 августа 2019 года

Источник：агентство "Синьхуа"

22 августа визит делегации Хабаровского края в управление по культуре и туризму провинции Хэйлунцзян

22 августа российская делегация во главе с заместителем пред- седателя правительства Хабаровского края, по совместительству

министра культуры Хабаровского края А. В. Федосовым прибыла в провинцию Хэйлунцзян. В управлении по культуре и туризму провинции Хэйлунцзян состоялся первый этап переговоров с заместителем руководителя управления по культуре и туризму Юй Фэнцзюем, предметом обсуждения которых стало углубление сотрудничества в сфере культуры и туризма между регионами. В переговорах также приняли участие заинтересованные лица из отдела внешнего сотрудничества и взаимодействие управления по культуре и туризму, отдела рыночного управления правительства провинции Хэйлунцзян.

Дата публикации: 27 августа 2019 года

Источник: управление по культуре и туризму провинции Хэйлунцзян

29 августа открытие выставки экспонатов из музеев Московского Кремля《Церемониалы российского императорского двора》 в пекинском музее Гугун

29 августа в павильоне Северных Ворот (Шэньумэнь) пекинского музея Гугун состоялось торжественное открытие выставки экспонатов из музеев Московского Кремля《Церемониалы российского императорского двора》, мероприятие организовано пекинским музеем Гугун и Музеями Московского Кремля. В церемонии открытия выставки приняли участие члены партийной группы министерства культуры и туризма КНР, директор музея Гугун Ван Сюйдун, чрезвычайный и полномочный посол России в Китае Андрей Денисов.

Дата публикации: 30 августа 2019 года

Источник: Интернет-портал правительства министерства культуры и туризма КНР

СЕНТЯБРЬ

01 сентября участие чрезвычайного и полномочного посла Китая в России Чжан Ханьхуэйя в праздновании 115-летнего юбилея со дня образования Информационно-телеграфного агентства России（ТАСС）

01 сентября по приглашению генерального директора ТАСС С. В. Михайлова посол КНР в РФ Чжан Ханьхуэй принял участие в мероприятии, посвященном празднованию 115-летия со дня образования ТАСС, которое состоялось в пресс-центре российского государственного информационного агентства в Москве.

Дата публикации：02 сентября 2019 года

Источник：Министерство иностранных дел КНР

04 сентября открытие 8-го Туристического форума стран Северно-Восточной Азии в рамках проекта 《Расширенной Туман- ганской инициативы》（город Хуньчунь провинции Цзилинь）

4 сентября в городе Хуньчунь провинции Цзилинь состоялось открытие 8-го Туристического форума стран Северно-Восточной Европы в рамках проекта 《Расширенной Туманганской инициативы》. Организаторами форума выступили секретариат Программы развития Организации Объединенных наций（ПРООН）и управление по культуре и туризму провинции Цзилинь.

В этот раз главной темой форума стало обсуждение вопросов, касающихся развития морского туризма и создания прилегающих к морю туристических и экономических зон. Приехавшие из Китая, России, Северной Кореи и Монголии официальные лица структур по туризму, а также специалисты Секретариата «Расширенной Туманганской инициативы» и Международных туристических организаций, специалисты и ученые из научно-исследовательских учреждений стран Северо-восточной Азии, представители научно-исследовательских структур по туризму в Китае, ученые и специалисты институтов по туризму, отделов по туризму внутри страны, ответственные лица имеющих связь с туризмом предприятий приняли участие в Форуме, всего более 500 человек. Углубление сотрудничества в области международного туризма, создание туристического сообщества стран Северо-Восточной Азии, туристических продуктов трансграничного уровня, формирование прилегающих к морю туристических и экономических зон, расширение контактов во многих областях, активизация ускоренного развития морского туризма и т. д. -все это стало предметом обсуждения на форуме. Вместе с тем были намечены пути развития морского туризма Северно-Восточной Азии и обозначены перспективы создания прилегающих к морю туристических и экономических зон.

Дата публикации: 06 сентября 2019 года

Источник: Управление по культуре и туризму провинции Цзилинь

12 сентября открытие 23-й сессии Генеральной ассамблеи Всемирной туристской организации при ОНН в Санкт-Петербурге

С 10 по 12 сентября 2019 года в Санкт-Петербурге прошла работа заседания 23-й сессии Генеральной ассамблеи Всемирной туристской организации при ОНН (UNWTO). Участниками работы заседания стали более 1000 представителей из 124 стран мира. Китайская делегация во главе с заместителем министра по культуре и туризму Чжан Сюем также приняла участие в мероприятии.

Дата публикации: 12 сентября 2019 года

Источник: Управление по международному сотрудничеству и обменам (канцелярия Гонконг-Макао-Тайвань)

21 сентября состязания по китайским шашкам вэйци на Кубок посла Китая-2019 《Вэйци укрепляет дружбу!》 в Москве

С 21 по 22 сентября в Московском парке 《Сокольники》 прошли соревнования на Кубок посла Китая-2019 по китайским шашкам вэйци. Всего в состязаниях приняли участие более 250 игроков из разных уголков России. На площадке игроки продемонстрировали блестящую игру, что способствовало созданию атмосферы дружбы и согласия, укреплению взаимопонимания между народами двух стран.

Дата публикации: 23 сентября 2019 года

Источник: Информационное агентство "Синьхуа"

21 сентября финал первого китайско-российского велосипедного марафона, формирование китайско-российского брэнда по физкультуре и спорту

Управление по физкультуре и спорту провинции Хэйлунцзян, департамент культуры и спорта Приморского края выступили главными организаторами мероприятия. Под руководством подразделения массового спорта и центра по внешним связям, при участии народного правительства г. Суйфэньхэ и администрации правительства г. Владивостока, а также народного городского правительства Фуюань был организован финал китайско-российского велосипедного марафона с движением по дороге, примыкающей к реке с конечной остановкой в городе Фуюань. В соревновании приняли участие 31 велосипедист из России и более 260-ти как известных профессионалов, так любителей велоспорта из Китая.

Дата публикации: 21 сентября 2019 года

Источник: Интернет-версия 《Жэньминь жибао》

23 сентября церемония открытия серии мероприятий 《Культура Китая, очарование провинции Цзилинь》 в Москве

Официальная церемония открытия серии культурных мероприятий под названием 《Культура Китая, очарование Цзилинь》 состоялась в Москве 23 сентября. Организаторами данного мероприятия являются Народное правительство провинции Цзилинь, канцелярия по делам мигрантов Госсовета КНР и Общество российско-китайской дружбы. Посол Китая в России Чжан Ханьхуэй, член Постоянного провинциального комитета КПК и руководитель отдела пропаганды провинции Цзилинь Ши Юйган, первый заместитель председателя Общества российско-китайской дружбы Г. Куликова, а также представители эмиграции в России, структур с участием китайского капитала и многие другие организации приняли участие в мероприятии.

Дата публикации: 24 сентября 2019 года

Источник: Информационное агентство Китая (ChinaNews)

24 сентября церемония открытия фотовыставки 《70 лет дружбы Китая и России》 в Москве

24 сентября в Москве состоялось открытие фотовыставки 《70 лет дружбы Китая и России》, организованной совместно Информационный портал 《Жэньминь жибао》и Информационным телевизионным агентством России. Посол Китая в России Чжан Ханьхуэй, первый заместитель главного редактора Международного информационного агентства 《Россия сегодня》 Сергей Кочстков и другие почетные гости приняли участие в выставке.

Дата публикации: 24 сентября 2019 года

Источник: Международные отношения онлайн

24 сентября визит делегации провинции Гуйчжоу во главе с губернатором Чэнь Ицинь в Россию, презентация товаров провинции Гуйчжоу на Международной выставке продуктов питания в Москве

Заместитель секретаря комитета КПК провинции Гуйчжоу, губернатор провинции Гуйчжоу Чэнь Ицинь находился с визитом в Москве с 21 по 24 сентября. Визит делегации Гуйчжоу во главе с губернатором, приурочен к 70-летию установления дипотношений между Китаем и Россией, ознаменован последовательным осуществлением договоренностей по сотрудничеству между руководитслями двух стран, направлен на активизацию взаимодействия России и провинции Гуйчжоу в области торговли товарами, промышленными инвестициями, туризма, экокультуры и т. д., кроме того, нацелен реализацию проекта 《Продвижение товаров провинции Гуйчжоу в Россию》, что в свою очередь способствует развитию отношений всеобъемлющего партнерства и стратегического взаимодействия Китая и России новой эпохи. Исходя из потребностей российского рынка губернатором Чэнь Ицинь были представлены лучшие спиртные напитки, чай, плоды и характер-ные для Гуйчжоу продукты с надеждой на продвижение на российский рынок, на привлечение инвестиций российских предприятий и выдвижение китайско -российского сотрудничества на новый еще более высокий уровень.

Дата публикации: 26 сентября 2019 года

Источник: ежедневная газета провинции Гуйчжоу

25 сентября《Великий ход истории, блистательные достиже-ния: Крупномасштабная выставка достижений в честь 70-й годовщины образования КНР》. Участие дипломатов иностран-ных посольств в Китае в выставке.

24 сентября по приглашению Министерства иностранных дел КНР, дипломаты более чем 130 аккредитованных в КНР посо-льств, а также представители некоторых международных организа-ции, осуществляющих свою деятельность в Китае, посетили выставку《Великий ход истории, блистательные достижения: 70-я годовщина образования КНР》. Участвующий в мероприятии посол РФ в КНР Андрей Денисов вспомнил время работы в Китае в семидесятых годах прошлого века. Российский посол подчер-кнул, что Китай за 70 лет прошел небывалый этап развития в истории человечества, это поражает воображение, какими бы словами не восхвалять-этого будет недостаточно. В 2021 году будет осуществлена первая цель столетней борьбы, Китай также недалеко от осуществления второй цели столетней борьбы. Китай и Россия в скором времени отмечают 70-летие установления

дипломатических отношений, Россия нацелена на непрерывное углубление сотрудничества с Китаем в разных областях, совместно выстраивать отношения всеобъемлющего партнерства и стратегического взаимодействия Китая и России новой эпохи, поднять их на новый уровень развития.

Дата публикации: 25 сентября 2019 года

Источник: Министерство иностранных дел КНР

29 сентября участие министра иностранных дел КНР Ван И в церемонии открытия выставки архивных документов, посвященной 70-летию установления дипломатических отношений между Китаем и Россией

Член Государственного Совета КНР, министр иностранных дел КНР господин Ван И совместно с послом России в Китае А. Денисовым приняли участие в церемонии открытия выставки архивных документов по случаю 70-летия установления дипломатических отношений между Китаем и Россией. Выставка открылась 29 сентября в здании Министерства иностранных дел КНР. В мероприятии также приняли участие сотрудники МИД Китая и посольства России в Китае.

Дата публикации: 29 сентября 2019 огда

Иссточник: Министерство иностранных дел КНР

24 сентября моржественный прием в посольстве КНР в России по случаю празднования 70-летия установления дипломатических отношений между Россией и Китаем

30 сентября в посольстве Китая в России состоялся торжественный прием по случаю 70-летия со дня образования Китайской

народной республики и 70-й годовщины дипломатических отношений между Китаем и Россией. Посол Китая в России Чжан Ханьхуэй, первый заместитель председателя Росдумы РФ, председатель Общества китайско-российской дружбы И. И. Мельников выступили с приветственной речью. В мероприятии также приняли участие первый заместитель председателя Госдумы РФ А. Д. Жуков, заместитель председателя Госдумы РФ С. И. Неверов, заместитель председателя Совета Федерации И. М. Умаханов, председатель коммунистической партии РФ (ЦК КПРФ) Г. А. Зюганов, заместитель начальника генерального штаба Вооруженных сил РФ вице-адмирал В. Н. Лиина, бывший начальник Генерального штаба ВС генерал армии Н. Е. Макаров, начальник управления Администрации президента РФ по внешней политике И. С. Неверов, министр РФ по развитию Дальнего Востока и Арктики А. А. Козлов, заместитель министра иностранных дел РФ И. В. Моргулов, заместитель министра транспорта Ю. А. Цветков, заместитель министра спорта С. В. Косилов, заместитель министра финансов А. В. Моисеев, заместитель министра внутренних дел И. Н. Зубов, а также представители Администрации президента, Правительства, Госсовета, Госдумы, иностранные дипломаты, представители китайских учреждений, китайской диаспоры в России, студенты, представители широких кругов, СМИ, всего около 1500 человек.

Дата публикации: 01 октября 2019 года

Источник: посольство Китая в РФ

ОКТЯБРЬ

03 октября посол Китая в России Чжан Ханьхуэй посетил Творческий вечер китайских студентов, обучающихся в России, посвященный 70-летию образования Китайской народной республики

3 октября 2019 года в Московском педагогическом университете состоялся вечер, в котором с творческими номерами выступили китайский студенты, находящиеся в России на учебе. Мероприятие в честь 70-летия образования Китайской Народной Республики прошло под названием《Вместе единодушно строим Китайскую Мечту》. Посол Китая в России Чжан Ханьхуэй, ректор Московского государственного педагогического университета А. В. Лубков (доктор исторических наук, профессор, член-корреспондент РАО), китайские и русские студенты, преподаватели университета, представители СМИ приняли участие в празднике, всего более 800 человек.

Дата публикации : 09 октября 2019 года

Источник : газета《Кэцзи жибао》

08 октября фотовыставка《Стремление к лучшей жизни. К 70-летию основания Нового Китая》в Москве

Приуроченное к празднованию 70-й годовщины образования КНР и 70-летия установления дипломатических отношений между Китаем и Россией в Москве с 8-го октября по 15-е ноября в Центральном Доме журналистов была открыта фотовыставка под названием《Стремление к лучшей жизни. К 70-летию основания Нового Китая》. В церемонии открытия, состоявшейся 8 октября принял участие посол Китая в РФ господин Чжан Ханьхуэй, председатель Союза журналистов России В. Г. Соловьев, член Совета Федерации Федерального собрания РФ (верхняя палата) Г. Карасин, первый заместитель председателя общества российской дружбы Г. Куликова приняли участие в пресс-конференции открытия выставки.

Дата публикации: 10 октября 2019 года

Источник: международные отношения онлайн

17 октября встреча Полномочного посла Китая в России Чжан Ханьхуэйя с председателем комитета по туризму города Москвы Е. В. Проничевой

17 октября посол Китая в России господин Чжан Ханьхуэй в посольстве КНР в Москве провел встречу с главой комитета по туризму г. Москвы Е. Проничевой и ее заместителем Т. Шаршавицкой.

В ходе встречи посол Чжан Ханьхуэй отметил, что в июне этого года председатель КНР Си Цзиньпин успешно завершил государственный визит в Россию, во время которого совместно с президентом РФ В. В. Путиным объявил о развитии китайско-российских отношений всеобъемлющего партнерства и стратегического взаимодействия, вступающих в новую эпоху. Развитие туризма—это одна из важных составляющих гуманитарного сотрудничества между странами, которая способна стимулировать контакты между двумя народами и укреплять их взаимопонимание. Посол также высоко оценил деятельность правительства г. Москвы, говоря о том, что для привлечения туристов из Китая и их комфортного пребывания в России проводится большой объем работы. Он подчеркнул готовность китайской стороны тесно координировать работу с российскими коллегами, чтобы в дальнейшем повысить качество двустороннего сотрудничества в области туризма.

Е. Проничева отметила, что оказание качественных услуг для китайских туристов-это важная часть работы комитета. В настоящее время идет активное создание цифровой платформы по предоставлению туристического сервиса, чтобы гости из Китая имели возможность спланировать туристический маршрут через мобильное клиентское приложение, публичный аккаунт в WeChat и др., что в свою очередь повысит степень комфортности во время туристических поездок в Россию. Комитет намерен укреплять сотрудничество с соответствующими ведомствами Китая, непрерывно совершенствовать механизмы работы по взаимодействию в области туризма, осуществлять наблюдение и контроль в целях предоставления туристических услуг более высокого качества.

Дата публикации: 19 октября 2019 года

Источник: посольство КНР в России

25 октября Блестящие произведения Шелкового пути. Ряд мероприятий ассоциации китайских и российских вузов искусства 2019 в городе Наньнин

25 октября в академии искусств провинции Гуанси прошло торжественное открытие ряда мероприятий ассоциации китайских и российских вузов искусства—2019. Главным организатором мероприятия выступил отдел по международному сотрудничеству и обмену министерства образования КНР, при участии ассоциации китайских и российских вузов искусства и академии искусств провинции Гуанси. Для участия в мероприятии из России приехали

представители Санкт-Петербургской государственной консерватории им. Н. А. Римского-Корсакова, института живописи, скульптуры и архитектуры им. И. Е. Репина, а также представители семи художественных институтов Китая. Все участники собрались в городе Наньин.

Дата публикации: 01 ноября 2019 года

Источник: интернет-версия ежедневной газеты Китая (China Daily)

28 октября сборная российских спортсменов-военнослужащих заняла второе место на Всемирных военных играх в городе Ухань

С 18 по 27 октября в городе Ухань провинции Хубэй прошли VII Всемирные военные игры, в которых приняли участие более 9300 спортсменов-военнослужащих из 109 государств, что является рекордом за всю историю проведения Всемирных военных игр. Соревнования прошли по 329 дисциплинам в 27 видах спорта. Сборная России из 257 спортсменов-военнослужащих выступила в 23 из них. По итогам соревнований российские спортсмены-военнослужащие завоевали 51 золотую медаль, 53 серебряных и 57 бронзовых и вышла на второе место после хозяев турнира Китая.

Дата публикации: 28 октября 2019 года

Источник: информационное телевизионное агентство России

НОЯБРЬ

29 ноября открытие юношеского турнира 《Китайско-российской междугородней хоккейной лиги 2019-2020》

Юношеский турнир китайско-российской междугородней хоккейной лиги 2019-2020 на кубок 《Воля Неба》 открылся в городе Цицикар. Юношеская команда города Цицикар одержала победу над российской командой Амурской области со счетом 6 : 0.

Дата публикации: 01 ноября 2019 года

Источник: информационное агентство Китая (ChinaNews)

04 ноября официальный старт работы лагеря китайско-российских молодёжных обменов (новые медиа) в городе Уси, Китай

Согласно подписанному председателем КНР Си Цзиньпином и президентом РФ В. В. Путиным совместному заявлению 《Об Отношениях всеобъемлющего партнерства и стратегического взаимодействия между Китайской народной республикой и Российской Федерацией, вступающих в новую эпоху》, по случаю празднования 70-летия установления дипломатических отношений между Россией и Китаем, в городе Уси провинции Цзянсу был организован 《Третий китайско-российский форум по вопросам новых медиа-Новая эпоха. Новая точка отсчета. К 70-летию установления дипломатических отношений между Китаем и Россией》. Будучи особенно важным в серии мероприятий китайско-российский форум новых медиа и китайско-российский лагерь молодёжных обменов привлекли всеобщее внимание правительства двух стран, высших учебных заведений, Интернет-СМИ, Интернет-предприятий.

Дата публикации: 04 ноября 2019 года

Источник: ежедневная газета Китая (China Daily)